I0124017

CHARLES DESMAZE

LE CRIME ET LA DÉBAUCHE A PARIS

LE DIVORCE

Sunt scelus et libido nostri farrago libelli
(JUVÉNAL, sat I)

PARIS
G CHARPENTIER, EDITEUR
13, RUE DE GRENELLE SAINT GERMAIN, 13
1881

LE CRIME
ET LA
DÉBAUCHE A PARIS

LE DIVORCE

OUVRAGES DE M CHARLES DESMAZE

Conseiller en la Cour de Par s officier de la Légion d honneur,
Correspondant de l Académ e royale de Bruxelles
et de plusieurs sociétés savantes de France, officier d Académie (1845 1881)

L'UNIVERSITÉ DE PARIS
LE PARLEMENT DE PARIS
LE CHATELET.
LES PÉNALITÉS ANCIENNES (supp ices et prisons)
LES CURIOSITÉS DES ANCIENNES JUSTICES, d apres les manuscrits
DES CONTRAVENTIONS A LONDRES.
LE FORMULAIRE DES MAGISTRATS
COMMUNES ET ROYAUTÉ
LA SAINTE CHAPELLE
LE BAILLIAGE DU PALAIS ROYAL
LES MÉTIERS DE PARIS
L'ABBAYE D ISLE DE SAINT QUENTIN
LE SUICIDE
LA PICARDIE, étud ée d après les manuscrits
LE MUSÉE DU PEINTRE DE LA TOUR, A SAINT-QUENTIN
BAUCHANT (bibliophile Saint-Quentinois, quatorz eme siecle)
RAMUS (philosophe Picard, seizieme siecle)
HISTOIRE DE LA MÉDECINE LÉGALE, d apres les a rêts criminels
LES ALIÉNÉS (proposition Gambetta et Magnin)

SOUS PRESSE

LA MAGISTRATURE FRANÇAISE — LES PREMIERS PRESIDENTS DE LA COUR DE PARIS

LE CRIME

ET LA

DÉBAUCHE A PARIS

LE DIVORCE

PAR

CHARLES DESMAZE

Sunt scelus et libido nostri farrago libelli
(JUVÉNAL) sat 1)

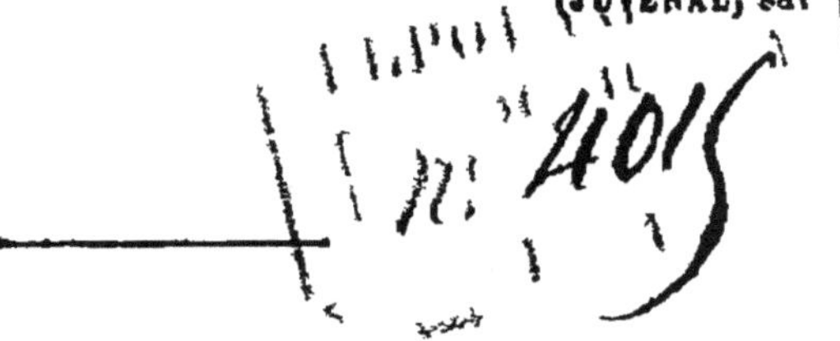

PARIS

G. CHARPENTIER, EDITEUR

13, RUE DE GRENELLE SAINT-GERMAIN, 13

1881

PRÉFACE

Caveant consules ne quid detrimenti
Respublica capiat.

Les meurtriers, les voleurs, les filles, vivent dans une compagnie étroite et nécessaire — disait l'accusé Humbert, en 1878, devant la Cour d'assises de la Seine.

C'est cette coupable et dangereuse association, qu'il importe de briser, au plus vite, en soumettant à une loi commune, celle du travail honnête, et bien rétribué, les filles[1] tombées, en éloignant d'elles tous les repris de justice, qui les tiennent sous leur joug terrifiant.

Elles leur indiquent les crimes à commettre, en recèlent, en dissipent les produits,

1. Pièce justificative XXIX.

vivent d'une existence d'agitation, d'émotion, de luxe et de misère, d'où il ne leur est plus permis de se retirer.

La ligue du mal est formidablement organisée, elle a ses chefs jeunes, résolus, actifs, déterminés, partout obéis ; elle a ses asiles, ses réunions, ses clubs silencieux, sa livrée sur sa casquette d'uniforme, son argot multiple, variable, fécond; les filles nourrissent leurs amants, en liberté comme en prison, entourées qu'elles sont d'une surveillance active et occulte [1].

Dans notre société Française, la condition des femmes est douloureuse à étudier. L'exemple du luxe, la coquetterie, la convoitise, les lectures, les romans malsains, les danses voluptueuses, sont autant de pentes, qui conduisent rapidement au désordre, à la débauche [2]. Une fois séduite (souvent sous les yeux, parfois avec la complicité de ses parents), la jeune fille, vite abandonnée par son capricieux amant, tombe, de chute en chute, au fond de l'abîme. D'abord

1. Alfred Delvau : *La langue verte*. Lorédan Larchey, l'érudit chercheur : *Dictionnaire d'argot*.

2. Pièces justificatives XI, XIII, XXI, XXVI.

l'hôpital, quelquefois la prison, deviennent les étapes nécessaires et fatales, par lesquelles marchent toutes ces malheureuses, auxquelles a manqué une direction morale, ferme, éclairée.

Un joli visage est, pour l'enfant du peuple, un funeste et dangereux présent. Des loups ravisseurs, cherchent à dévorer cette victime, si pure, mais si frêle, si isolée. De quelque côté qu'elle tourne ses pas et ses regards, le péril est partout.

On lui souffle à l'oreille des paroles mystérieuses et brûlantes, on lui montre à l'horizon, des mirages décevants. Malheur si elle hésite; elle est perdue, perdue à toujours, elle est devenue le jouet, la chose, qu'une main invisible fait marcher, sans repos, sans trêve! Ainsi qu'Ophélia, par le fleuve entraînée, elle mourra, après avoir cueilli quelques fleurs, sur la rive. Oh! c'est un long et douloureux martyrologe, dont chaque année voit grossir le chiffre.

A Paris même, nous vivons encore aujourd'hui (mai 1881), sans nous en douter, malgré tant de révolutions accomplies sous couleur de liberté et d'émancipation, sous le régime arbitraire du bon roi saint Louis. (Ordon. de décembre, 1244-1248-1256.) M. Vivien, l'austère ministre de la justice, l'ancien président du conseil d'État, me racontait qu'après la révolution de 1830, emprunté d'abord au barreau, féconde pépinière, par le parquet de la Cour royale d'Amiens, puis bientôt par la haute administration Parisienne, on lui avait, comme préfet de police, présenté à signer des ordres de détention, à Saint-Lazare, pour deux mois, sans jugement, contre des filles publiques, inculpées de contravention, d'après le procès-verbal d'un agent des mœurs.

Après avoir refusé d'abord de signer, M. Vivien, sur le vu des ordonnances des prévôts de Paris, remontant au treizième siècle, se décida à décerner les mandats demandés, lui le légiste, l'avocat, resté, toute sa vie, fidèle en théorie, aux idées de liberté individuelle.

Autrefois, la prostitution[1] était limitée à certaines femmes, connues, inscrites, portant ceintures dorées, cantonnées en certains

1. Lecour. *La prostitution à Paris et à Londres.*

quartiers[1], aujourd'hui, à Paris, elle se répand partout, peuple toutes les rues, revêt tous les costumes, dont elle règle la coupe et la mode[2].

Jadis, la débauche se nombrait par un certain chiffre fixe, maintenant, elle se nomme légion, et ses rangs s'augmentent chaque jour, alimentés par les ateliers, les magasins et les théâtres, dans ce pêle-mêle des âges, des sexes, des ingénuités, des vices, on peut acheter toute vertu ; il suffit d'y mettre le prix, en s'adressant aux maisons connues, mais non patentées, qui font ce commerce étendu, pour Paris, la France, les colonies et l'étranger. Exportation, commission, livraisons garanties *franco*, et *fragile* sur l'enveloppe.

Des comptoirs existent pour *la traite des blanches*, on les recrute sous prétexte d'emplois de lectrices, d'intendantes, dames de compagnie pour Londres, Saint-Pétersbourg ou ailleurs.

Ces lectrices, dames de compagnie, modistes, une fois arrivées on les exploite par

1. *Pénalités anciennes* (Plon, éditeur à Paris). Les mémoires de Canler et de Vidocq.

2. Pièce justificative XXVII.

l'installation coûteuse, dans un bar voisin, au prix de 15 fr. pour logement et nourriture. La place annoncée n'est plus vacante, il faut en subir une autre, que la misère et la honte imposent, car les fonds manquent à l'Ambassade française, pour opérer d'urgence le rapatriement[1].

A Paris, les débauchés vont cueillir toutes leurs victimes dans les théâtres, bals, cafés-concerts, à la sortie des prisons, des hôpitaux, et les emmènent dans leurs demeures[2].

La Justice réserve toutes ses indulgences, toutes ses pitiés, toutes ses immunités même, pour la mère qui étrangle son enfant, pour la femme qui tue son amant ou le blesse avec un revolver, qui défigure son séducteur ou sa rivale avec du vitriol. (Relire les procès de Marambot, réparant l'honneur de sa fille; de Marie Bière, châtiant, avec son arme, Gentien oublieux; madame de Tilly, inondant

1. Pièces justificatives I, VII.

2. Affaire Vert, fabricant de jouets, condamné avec ses jeunes victimes (*Gazette des tribunaux* du 23 septembre 1880). C'est à ce recueil, dont les tables sont dressées avec tant de soin chaque année, par Me Lesage, avocat, que nous renvoyons pour les citations de tous les procès faits au cours de ce livre.

d'acide sulfurique les traits de celle à qui son mari la sacrifiait trop ouvertement)[1].

On ne peut méconnaître que ces violences révèlent, en éclatant, l'inégalité criante qui existe, dans nos mœurs, entre l'homme et la femme, courbée sous des servitudes cruelles, contre lesquelles son âme et son corps brisés se révoltent parfois. Ces jours-là, le sexe appelé par antiphrase *le sexe faible*, se relève, se redresse pour frapper, et montre que si la femme a des devoirs plus austères que l'homme, elle peut revendiquer elle aussi les mêmes droits[2]. Cette thèse, Alexandre Dumas fils la veut soutenir avec sa plume, toujours éloquente, parce qu'elle trace des faits vrais, réels, humains, dans sa brochure inspirée par son cœur : *les Femmes qui tuent et les Femmes qui votent.*

Nous ne voulons pas ici (dans notre sphère plus modeste, forcément aussi plus humble), tenter de si hautes revendications. Au nom de la religion, qui précédant la loi humaine,

1. Pièce justificative IX.

2. Voir la remarquable thèse, pour le doctorat, sur le *Divorce* 1880, par M. Emilien Combier, avocat à Paris, fils de l'éminent président du tribunal de Laon, mon ancien et regretté ubstitut (1852-1856).

et d'accord avec elle, a proclamé l'égalité des créatures humaines, il est bon que s'effacent des tortures arbitraires, capricieusement infligées sur un signe d'un agent obscur, et que des règlements législatifs (devant lesquels tous s'inclineront, dans un pays marchant toujours à la tête de la civilisation) interviennent enfin. Depuis bien longtemps, ils sont attendus, avec résignation et en silence, par des esclaves, des parias qui sont, elles aussi, mûres pour la liberté[1].

1. L'*Égale de l'homme*, par Émile de Girardin. Paris, 18 septembre 1880.

LE CRIME A PARIS

I

LES MALFAITEURS ET L'ARMÉE DE L'ORDRE.

> « Ainsi Abadie, vous déclarez que vous vous êtes moqué de la Justice.
> — Parfaitement, monsieur le Président. »
> (*Cour d'assises de la Seine*, août 1880. Affaire Abadie, Knobloch et Kirail. Présidence de M. Bérard des Glageux.)

Il faut désormais modifier ainsi les vers de Santeuil, gravés au Châtelet en 1789 :

> Hic pœnæ scelerum ultrices posuere tribunal,
> Civibus undè tremor, sontibus undè salus.

Les criminels sont, à Paris, bien moins effrayés que les honnêtes gens qui, comme les autruches, se cachent la tête sous l'aile emplumée, pour ne plus voir venir le danger.

On ne veut pas constater qu'en 1878, 35784 arrestations sont opérées à Paris, 31158 *pour délits, parmi lesquels* 14550 *vagabonds et* 3553 *mendiants*[1].

Dans une année, la prison de Saint-Lazare compte 2720 entrées, 1859 sorties. Dans le nombre figurent 232 *jeunes filles*. Sur 4881 femmes, *arrêtées pour prostitution*, 4719 sortent bientôt pour faire place à d'autres, les rangs sont pressés.

Les 1500 cellules, construites dans les prisons de la Seine, parfaitement tenues et chauffées, reçoivent des hôtes volontaires, qui s'y font renfermer, pour la saison d'hiver, dure au travailleur; ils sont libérés au printemps.

Environ 6000 individus, vagabonds, repris de justice s'éveillent à Paris, chaque matin, sans savoir comment ils vivront jusqu'au soir.

Jadis, à Paris, les bourgeois faisaient d'abord eux-mêmes le service, la police de la capitale, sous la surveillance du guet royal[2], mais bientôt ces

1. Dès 1863, nous avions proposé de confier à un juge unique, assisté d'un substitut et d'un greffier, avec réserve du droit d'appel, la connaissance des délits flagrants et avoués, rupture de ban, vagabondage, mendicité (*Formulaire des magistrats*).

2. *Le Châtelet de Paris*. Didier, éditeur. — Maxime Du Camp, *Paris et ses organes*. — *Le Parlement de Paris*. Cosse, éditeur. — *Les métiers de Paris*. Leroux, éditeur. — *Le guet de Paris*, par M. Tasson, lieutenant de la garde républicaine. Léautey, éditeur. — *La fin de la gendarmerie*. V. Palmé, éditeur. Paris, 1880. Pièces justificatives XXIV.

forces réunies ne suffirent plus, en face de l'audace toujours croissante des malfaiteurs. Les sergents du Châtelet, les archers[1], les arbalétriers, les arquebusiers, la maréchaussée sont organisés sous la direction du prévôt du Châtelet, qui se met lui-même en campagne, pour arrêter les bandes de malfaiteurs et qui suit même les armées du roi. Le désordre commença le jour où les lois du 14 décembre 1789, 16 août 1790, conférèrent aux maires le droit et le devoir d'assurer la paix de la cité; la révolution était faite.

Après diverses transformations, plus ou moins heureuses, inspirées moins par l'expérience qu'imposées par des faits politiques, la sécurité de Paris, *qui n'est pas, disait Charles-Quint, une ville, mais un monde*, est aujourd'hui confiée sous la direction du préfet de police, à la garde républicaine (infanterie et cavalerie), à la gendarmerie mobile (admirable troupe, insuffisamment utilisée), aux gardiens de la paix, répartis dans les postes des divers arrondissements pour la police municipale et enfin aux brigades centrales, destinées à agir, sur les points divers et variables où, chaque jour, leur puissant con-

1. *Les archers et arbalétriers de France*, remarquable et savante étude, due à M. Delaunay, avoué à Corbeil, 1880.

cours est réclamé. Il convient d'y ajouter le régiment si utile des sapeurs-pompiers.

Les troupes de la garnison, renfermées dans leurs casernes et dans les forts, n'agissent plus, au dehors, même par des patrouilles de nuit, et restent tout à fait en dehors du service de protection, réclamé par les habitants, si ce n'est au cas d'incendie considérable, dans un rayon voisin[1].

II

LA POLICE MÉTROPOLITAINE A LONDRES (SON ACTION).

M. Howard Vincent, le directeur des recherches criminelles, et le colonel Henderson, le chef de la police métropolitaine de Londres, viennent de

1. Supposez, par un effort de votre pensée, qu'un jour la France, et pendant vingt-quatre heures seulement, les administrations soient toutes fermées, le pays marche moins bien, mais il marche toujours ; le lendemain c'est la justice qui est suspendue, le pays marche encore ; d'autres jours les écoles sont closes, l'industrie est arrêtée, le pays marche encore. Mais supposez que pendant quelques heures seulement le gendarme s'endorme, c'en est fait de vos biens, de vos droits, de vos familles, de vos existences : La société ne marche plus.
Général AMBERT.

publier chacun leur rapport sur la police de Londres[1].

Le corps de la police métropolitaine de Londres, se compose de 10711 hommes divisés comme suit : 25 superintendants, 603 inspecteurs, 915 sergents, et 9168 constables. Dans cette énumération, n'est pas comprise la police de la cité, qui relève entièrement du lord-maire. En 1879, 21891 crimes ou délits ont amené l'arrestation de 11431 individus, dont 6221 ont été condamnés à diverses peines. Il y a eu 9 assassinats et 7 condamnations à mort sur 12 accusés.

La valeur des objets volés s'est élevée à 101798 livres sterling, ou 2544950 fr., 22460 livres sterling (561500 fr.) ont été recupérées. Malgré les avertissements de l'autorité, 26276 portes ou fenêtres ont été laissées ouvertes, pendant la nuit, ce qui a facilité le pillage de 903 maisons dont 599 étaient absolument abandonnées. L'ivrognerie donne le chiffre respectable de 33892 buveurs arrêtés et mis en jugement, et bien que

1. Ces attributions, nouvellement organisées sur de nouvelles bases, se rapprochent du rôle de la préfecture de police et de la sûreté générale à Paris, en tenant compte de la différence des nationalités et de la législation.

l'on ne possède pas de service des mœurs, 2152 demoiselles, qui faisaient sur le trottoir leurs dangereuses propositions, ont été conduites en prison. Il faut remarquer qu'à ce sujet les plaintes sont nombreuses et que, d'ici peu de temps, Regent Street n'aura rien à envier au boulevard Montmartre, mais la loi ne permet l'arrestation de ces aimables personnes que sur une réquisition formelle, et bien des gens préfèrent se laisser provoquer que de comparaître en Police-Court auprès de femmes, qui ne sont pas précisément l'honneur de leur sexe.

124 personnes sont mortes écrasées par les voitures et 2 950 ont été plus ou moins grièvement blessées par les véhicules. On a perdu dans Londres 28 enfants plus 141 individus, qui n'ont laissé aucune trace, et 43 cadavres dont on n'a pu établir l'identité, ont été découverts. Il y a eu 259 suicides accomplis, et 404 tentatives, qui ont été prévenues à temps. Enfin, 25 669 chiens errants ont été conduits en fourrière, 3065 de ces animaux ont été réclamés par leurs propriétaires, 102 ont été vendus. Le bâtiment va bien à Londres, car pendant l'année qui vient de s'écouler on a construit 21 589 maisons, ouvert 401 nouvelles rues et 2 squares, le tout d'une longueur

totale de 71 milles; pour peu que cela continue, il n'y aura qu'une seule ville en Angleterre. Si vous voulez avoir une idée du travail que nécessite l'administration de la police anglaise, je signalerai un dernier chiffre : M. Howard Vincent a reçu 40 128 lettres officielles ou rapports spéciaux, relativement à son service, ce qui prouverait que ce poste de création récente n'est pas tout à fait une sinécure [1].

III

LES ARRESTATIONS D'INCULPÉS.

Soit au cas de flagrant délit, soit en vertu de mandats décernés par le préfet de police ou les juges d'instruction.

Les arrestations à Paris et la banlieue se montent, en 1878, à 34,699 [2].

1. Pendant que nous désorganisons toutes nos institutions, les Anglais, peuple essentiellement pratique, profitent, pour protéger les citoyens, de leurs vieilles lois, si tutélaires, si énergiques. Cependant, et pour les ramener au bien, M. Flowers, juge du tribunal de police de Bow-street, a offert aux voleurs de Londres un thé avec fourchette et couteau. (*Décembre* 1880).

2. *Comptes de Justice criminelle en France et en Algérie.*

Hommes majeurs..................	22,611
Hommes mineurs..................	8,255
Femmes majeures.................	3,0[illegible]
Femmes mineures.................	801
Français........................	32,302
Étrangers.......................	2,399
Expulsés	365
Expulsés après condamnation.....	362
Sans antécédents................	21,006
Déjà arrêtés dans l'année........	3,003
Arrêtés antérieurement....	18,690
Libérés en surveillance...........	458
En janvier......................	3,068
En février (*minimum*)............	2,051
En juillet......................	2,275
En août (*maximum*).............	3,294
Flagrant délit..................	33,553
Mandats de la Seine.............	866
Mandats du préfet de police[1]......	46
Arrêtés à Paris.................	31,224
Arrêtés dans la banlieue.........	3,175

Les travaux du *Petit-Parquet*, 1878, comprennent, à Paris, sur inculpés 25,751, 1660 non-lieu; 15,967 mis en liberté; 12,211 placés sous mandats.

Les professions sont les suivantes :

1. On voit qu'il est impossible de trouver une application plus réservée, et qu'il n'y a lieu, ni à Paris, ni dans les départements où il est ignoré, d'abroger l'article 10 du Code d'instruction criminelle.

Couturières, 722; voituriers, 822; filles publiques, 491 ; cochers, 530; domestiques, 1184 ; serruriers-mécaniciens, 1,740 ; journaliers, 10,008; colporteurs, 520; imprimeurs, 647: chiffonniers, 241 ; tailleurs, 376; cordonniers, 852; cuisiniers, 215.

Les autres professions sont aussi représentées par des chiffres bien moins élevés. Il faut remarquer que les nombres ci-dessus s'appliquent principalement à des inculpés, vivant surtout dans les rues, par suite en contact continuel avec le public et les agents.

IV

LES VOLS A L'AVENTURE. — A L'AMÉRICAINE. — NATIONALITÉ DES INCULPÉS. — ÉTAT DE LA CRIMINALITÉ.

Dans cet immense Paris, en dehors des meurtres, empoisonnements, attentats aux mœurs, crimes plus rares forcément, il y a : vols la nuit, avec violence, sur la voie publique, 296 ; avec effraction, fausses clefs, 649; pendant la nuit, 669; à l'américaine, 2 seulement.

Parmi les arrêtés, on compte, pour Paris,

10,749 ; pour Seine-et-Oise, 1152 ; Seine-Inférieure, 668 ; Aisne, 752 ; les Landes n'envoient que 11 individus.

Les étrangers figurent pour 2,978, dont 698 Italiens, 758 Belges, 273 Allemands, 232 Suisses, 70 Anglais et Américains. Les voleurs ont leurs cafés, leurs cabarets, leurs bals, leurs garnis ; trop surveillés, ils vont prendre gîte chez des filles, leurs ouvrières, qu'ils surveillent dans leur effroyable labeur, dont ils recueillent les profits, sur l'état de leurs recettes.

Si l'on constate, de 1874 à 1878, une décroissance apparente des affaires soumises au jury, 4,084 en 1874 ; 3,736 en 1875 ; 3,693 en 1876 ; 3,485 en 1877 ; 3,368 en 1878 ; c'est que beaucoup de crimes sont, à tort, renvoyés aux tribunaux correctionnels, de là des déclarations d'incompétence soulevées, par les prévenus et des réglements de juges.

Crimes contre les personnes : 1874, 1731 ; 1875, 1765 ; 1876, 1849 ; en 1877, 1653 ; en 1878, 1614. Parricides : 1874, 5 ; 1875, 12 ; 1876, 13 ; 1877, 10 ; en 1878, 8. Empoisonnements : 1874, 17 ; 1875, 17 ; 1876, 13 ; 1877, 19 ; 1878, 15. Assassinats : 1874, 188 ; 1875, 195 ; 1876, 222 ; 1877, 193 ; 1878, 186. Infanticides : 1874, 198 ; 1875, 203 ; 1876, 216 ; 1877, 204 ; 1878, 184.

On compte en 1874, 1875, 1876, 1877, 1878 :

Infanticides : 198, 203, 216, 204, 184.

Viols et attentats à la pudeur sur des adultes : 139, 140, 140, 108, 84.

Viols et attentats sur des enfants : 825, 813, 875, 804, 788.

Avortements : 28, 24, 27, 25, 10.

Les crimes contre les mœurs sont ainsi réprimés : sur 100 accusations, 20 suivies d'acquittements, 30 de condamnations afflictives et infamantes, 50 de peines correctionnelles.

28 condamnations à mort sur 4,222 accusés, traduits en 1878 ; 7 exécutions seulement ont eu lieu ; 19 condamnés à mort étaient des repris de justice (27 hommes, 1 femme) ; 21 ont obtenu commutation de la peine, prononcée par le jury, pénétré de ses devoirs et de sa mission sociale, qui est de protéger les habitants, dont il est le délégué pour la question répressive.

Sexe des accusés. — Les hommes figurent sur 4,413 accusés pour 3,780 (83 p. 100), et les femmes 733 (17 p. 100).

20 accusés sur 100,000 habitants.

4 femmes accusées sur 100,000.

Age. — Sur ces 4,413 accusés, 766 n'étaient pas encore majeurs (37 étaient mineurs de seize ans) ; 12 accusés de 11 à 21 ans sur 100,000 habitants.

La proportion des femmes acquittées est de 33 0/0, tandis qu'elle est, pour les hommes, de 19 0/0. Les accusées d'avortement sont acquittées, 39 0/0. 34 0/0 pour assassinat. 27 0/0 pour infanticide.

Sur 31 condamnations à mort en 1877 (29 hom. et 2 fem.), 16 condamnés étaient des repris de justice ; 12 exécutions seulement, 19 commutations ; sur 28 crimes, 5 avaient pour mobile la débauche, et le meurtre avait suivi le viol.

Il y a augmentation de 3,531 dans les délits de vol, vagabondage, mendicité en 1877, 1,255 fraudes envers les restaurateurs (*Loi du* 26 *juillet* 1873).

V

AUGMENTATION DES RÉCIDIVES. — AGE ET SEXE DES CRIMINELS.

Sur 3,488 accusés devant les assises (1877) 1,688 (48 0/0) étaient récidivistes [1].

1. Voici le texte du projet tel qu'il a été voté par la Chambre

La faiblesse de la répression apparaît, dans ce fait, que des récidivistes sont condamnés, par le même ou divers tribunaux, dans une année[1] : — 57,875 : pour les Bouches-du-Rhône, 1,789 ; pour l'Aisne, 1,398 ; pour la Somme, 1,034 ; pour la Gironde, 1,315 ; pour le Nord, 2,994 ; pour le Pas-de-Calais, 1,491 ; pour le Rhône, 1,331 ; pour l'Hérault, 1,181 ; pour la Seine, 7,623 ; pour Seine-et-Oise, 1,413 ; pour la Seine-Inférieure, 1,811.

Il y a là un regrettable abus qu'il importe de

haute, sur la répression des crimes commis dans les prisons (*Décembre* 1880) :

Lorsque, à raison d'un crime commis dans une prison par un détenu, la peine des travaux forcés à temps ou à perpétuité est appliquée, la Cour d'assises ordonnera que cette peine sera subie, dans la prison même où le crime a été commis, à moins d'impossibilité, pendant la durée qu'elle déterminera, et qui ne pourra être inférieure au temps de réclusion ou d'emprisonnement que le détenu avait à subir au moment du crime.

L'impossibilité prévue par le paragraphe précédent sera constatée par le ministre de l'intérieur, sur l'avis de la commission de surveillance de la prison. Dans ce cas, la peine sera subie dans une maison centrale.

La Cour d'assises pourra ordonner, en outre, que le condamné sera resserré plus étroitement, enfermé seul et soumis, pendant un temps qui n'excédera pas un an, à l'emprisonnement cellulaire.

1. Voir le rapport de M. le garde des Sceaux, ministre de la justice, en tête du dernier compte de *Justice criminelle*.

signaler aux tribunaux, dont la mollesse est un encouragement certain aux délinquants [1].

Récidives. — Hommes, 33 0/0; femmes, 20 0/0.

Les récidives, pour les jeunes détenus libérés, sont fréquentes et montrent la nécessité de faciliter leur reclassement dans la société, dans les familles, les ateliers. Les étrangers entrent pour sept centièmes dans ce nombre.

En 1877, à Paris, sur 35,083 arrestations : 30,194 hommes, 4,289 femmes, 9,382, ou 27 0/0, n'avaient pas encore atteint la majorité civile; autrefois, on disait les vétérans du crime, aujourd'hui, il faut dire : les débutants du crime [2].

Les attentats aux mœurs se maintiennent, depuis quatre années, dans une période qui ne varie guère :

Délits contre les mœurs. — 1874, 3,369; 1875, 3,756; 1876, 3,655; 1877, 3,418; 1878, 3,355.

1. M. l'avocat général Petiton. — Audience de rentrée à la Cour de cassation. — Discours sur les récidives (1860).

2. L'abus des circonstances atténuantes est revélé par ce chiffre, qu'en 1878, sur 4498 libérés, 2155 ont obtenu le bénéfice des circonstances atténuantes.

VI

FONCTIONNEMENT DE LA JUSTICE CRIMINELLE A PARIS.

Si les malfaiteurs sont ici nombreux, résolus, hardis, il faut convenir qu'ils sont recherchés, avec une incroyable énergie par les magistrats et les agents, spécialement préposés à cette ingrate et dangereuse mission.

En général les individus arrêtés sont, *dans les vingt-quatre heures*, traduits devant un juge d'instruction sur la réquisition du ministère public, et devant la juridiction compétente, s'ils ne sont mis en liberté.

C'est la *juridiction des flagrants délits*, à Paris, imités de ce qui se passe à Londres[1], et que, chez nous, on a appelé, avec raison souvent, *la justice subite*[2]. Trop subite, en effet, parfois, parce qu'elle a alors permis à des prévenus (en l'absence de casier et sommier judiciaire

1. Voir les beaux travaux sur la justice anglaise, publiés par M. G. Picot, ancien directeur des affaires criminelles, et les études de M. de Franqueville sur les *Institutions anglaises*.

2. Loi du 20 mai 1863, votée en un jour, le dernier de la session. (*Formulaire des magistrats. — Préface.*)

relatant leurs véritables antécédents), de se faire condamner, sous un faux nom et de se créer ainsi une personnalité nouvelle.

Il est vrai que, depuis quelque temps, ce fait d'avoir pris faussement un nom d'emprunt, dans un interrogatoire signé et relaté au jugement, a été avec raison, considéré et puni comme un faux, en écriture authentique et publique, pouvant gravement nuire aux tiers.

Aucune critique sérieuse ne peut donc être adressée à la marche des procédures criminelles, confiées à des magistrats modestes, dont les travaux obscurs ne trouvent souvent leur seule récompense que dans la conscience et le sentiment du devoir accompli. Les seuls retards viennent forcément des dénégations primitives des accusés, qui résistent jusqu'à ce que l'évidence du fait ait été démontrée.

Des retards naissent ainsi des expertises médico-légales et des analyses chimiques, souvent longues, lorsqu'il s'agit de rechercher la présence et l'action des poisons végétaux[1]. Il faut recon-

1. Affaire de madame Lafarge où Raspail fut mandé pour contredire les décisives analyses d'Orfila ; voir les travaux de J. Barse sur les *Recherches de l'arsenic par l'appareil de Marsh*. *Procès de Lapommeraye et de Danval.*

naître ainsi que, dans les hôpitaux, les médecins se refusent, en général, à délivrer des rapports sur l'état des malades, afin de ne pas être appelés plus tard à en affirmer ou à en défendre le contenu devant le juge d'instruction ou aux débats d'audience, dans le pêle-mêle des témoins et les irritantes discussions en public, à l'égard de confrères, produits sans étude, à la dernière heure, pour se prononcer sur une cause, dont ils n'ont pu apprécier, ni réunir tous les éléments si divers, si variés, si complexes, si épars. Il est enfin une autre cause de retard qu'il importerait de faire disparaître et qui jure, avec la rapidité des communications, par la voie des télégraphes et des chemins de fer. Nous voulons parler de l'exécution des commissions rogatoires par la voie diplomatique. De Paris à Bruxelles une lettre met *au maximum* douze heures, une commis-mission, adressée, par l'entremise du Ministère des affaires étrangères à la capitale de la Belgique, n'en reviendra exécutée qu'après un délai, en moyenne, de deux mois.

Avec les autres nations, plus éloignées, plus formalistes, comprenant moins notre langue, notre législation, les lenteurs seront plus considérables encore, surtout si, au lieu d'une simple audition de témoins, il s'agit de saisir des pièces après perquisition, de compulsoires et surtout d'extradition [1]. En cette matière, il est indispensable d'énoncer, sur le mandat à exécuter à l'étranger, la nature du crime ou des crimes poursuivis, les articles de la loi pénale invoqués en France ; quelques nations mêmes demandent la production légalisée de la pièce, formant la plainte, comme s'il s'agissait là d'accorder à une cause civile la sentence *d'exequatur* [2].

VII

LA CAUSE DES CRIMES A PARIS.

En recherchant la cause des crimes dans la capitale, en dehors des mobiles qui agissent dans toutes les agglomérations d'hommes, on en trouve de spéciales à Paris. Là se trouvent, en effet, réunis les dépôts, accumulés en papier

1. Voir l'affaire de l'accusé Foulloy, assassin de M. Joubert, arrêté à Strasbourg, amené devant les assises de la Seine, pour y répondre du crime de meurtre et de vol sur son patron, alors que l'extradition avait été accordée, pour le premier crime seulement ; l'affaire est revenue le 20 octobre 1880 et suivie d'une sentence de mort.

2. *L'extradition en Angleterre*, par M. Vincent Howard.

ou en métal, de toutes les fortunes, publiques ou privées ; là sont exposés en public, sans protection ni défense, sous de fragiles vitrines, les diamants, les bijoux, les billets de banque, les monnaies d'or et d'argent ; là aussi sont constamment ouverts les cercles, les bourses, les tripots clandestins, où l'on se ruine rapidement ou bien l'on s'enrichit vite, des débits de boissons capiteuses versent incessamment l'excitation, l'ardeur passagère, l'oubli momentané, nécessaires pour une vengeance, pour un meurtre, pour un suicide, Les salaires sont trop peu élevés, en raison du nombre et des besoins de la famille ; les garçons de recette, les clercs, les comptables, maniant, à chaque instant, des valeurs considérables, sans autre garantie ou sauvegarde que leur conscience, leur probité, fragiles comme l'organisation humaine, ne sont guère plus ni mieux payés que les ouvriers, qui, gagnent un salaire moyen de huit francs, par journée de dix heures.

De là tant de chutes profondes, longtemps cachées, masquées par des faux en écriture.

Nous avons dit aussi que l'on avait imprudemment accordé la permission de fermer, après une heure du matin, les cafés, restaurants, cabarets; mieux eût valu, a-t-on ajouté, dans l'intérêt public et privé, en prescrire l'ouverture, jour et nuit, dans la vue de sauvegarder, en chaque quartier, les bourgeois imprudemment attardés et les agents en tournée.

Les attaques nocturnes, devenues si fréquentes, auraient été ainsi forcément désarmées devant des refuges, toujours éclairés et fréquentés. Quoi qu'il en soit, il est certain que la tenue des théâtres jusqu'à minuit, des restaurants, voisins des spectacles, desservant les Halles, étaient sans inconvénient, parce qu'il y avait là une circulation incessante et protectrice, et moins de dangers, pouvant résulter de la solitude de la nuit, plus complète à mesure que l'on s'éloigne du centre.

Les piquets de service, dans les théâtres, dans les bals, ont, après leur longue et périlleuse faction, trop peu nombreux toujours, regagné leurs casernes, les gardiens de la paix font leur évolution périodique et prévue; eux passés, la ville appartient aux bandits, derrière chaque carrefour aux aguets, et qu'un coup de sifflet a vite réunis.

Ajoutez à ces causes la facilité de se cacher dans des garnis, dont les registres sont d'une vérification bien difficile, les logeurs étant comme leurs hôtes de passage, absolument illettrés et d'une orthographe, dépassant, pour les noms, toutes les fantaisies. De plus, on a trouvé bon de supprimer à l'intérieur et à la frontière les passeports, comme une garantie illusoire[1].

On voit par là que les malfaiteurs ont beau jeu et cependant l'on s'indigne, une fois le crime commis, lorsque la police de sûreté, malgré ses chefs vigilants et ses agents si intelligents, n'en a pas immédiatement découvert et arrêté l'auteur. On ne songe pas à notre pays, dont les frontières de terre et de mer sont si voisines et que les chemins de fer permettent de gagner si rapidement.

On s'étonne qu'une arrestation préventive ait été ici opérée; là, on demande pourquoi l'inculpé d'un délit n'a pas été maintenu en état de détention, au lieu de s'occuper du fait en lui-même avec sang-froid ; l'opinion s'émeut, s'agite pour ou contre le prévenu, plus rarement en faveur

1. Des voyageurs, extrêmement spirituels, ont écrit aux journaux qu'ils avaient franchi la frontière, en jetant à la gendarmerie et aux autres agents ébahis cette réponse préméditée : *Feu Pritchard et sa famille !* — Rien de sérieux, toujours la charge.

de la victime, à laquelle, sans la connaître, on décerne volontiers tous les vices.

C'est à travers ces passions, ces exagérations que l'administration et la justice doivent marcher, d'un même pas, vers un but commun et social, qui est la recherche importante de la vérité. Les honnêtes gens devraient y aider de toutes leurs forces, comme chez nos voisins les Anglais, peuple essentiellement pratique, dont nous invoquons constamment l'exemple, trouvant qu'il est probablement trop difficile pour nous de l'imiter[1].

En dehors, en effet, de tant d'agressions nocturnes avec armes, suivies de blessures, constatées, sans relâche ni trêve, il faut retenir les attaques de vive force contre les agents, commises récemment aux Lilas, au boulevard Montparnasse, où des dragons sont heureusement venus en aide aux gardiens de la paix et au plaignant, hardiment maltraités et écrasés, sous le nombre des Italiens.

Il faut suivre, sur un plan de Paris, ces meurtres, accompagnés de vols, qui frappent des

1. A Londres les attaques nocturnes cessèrent, dès qu'il fut publié que leurs auteurs seraient, en dehors d'autres pénalités, frappés de la queue de chat, aux lanières plombées.

femmes isolées, des débitants de vins : M. Schmidt, à Clichy; madame Lachaud, rue du Pont aux Choux ; madame Bazingeaud, à Romainville ; M. Lecercle, à Saint-Mandé ; madame Garin, rue de Chazelles, auxquels il convient d'ajouter les assassins, inconnus encore de madame Joubert, libraire, rue Fontaine-Saint-Georges ; et Foulloy, qui assomme, rue Fontaine au Roi, son patron, M. Joubert, pour le dévaliser et dépenser, à Strasbourg, le produit de son crime.

Ces faits indiquent qu'il n'y a pas eu là, suivant nous, inertie de la police, mais, pour elle, une fois de plus, impuissance d'agir, à cause de son petit nombre et de son cercle, trop étendu de surveillance, inutilement et dangereusement développé.

C'est ce moment pourtant que des esprits, sans doute plus libéraux qu'éclairés, choisissent pour demander le retrait de la loi du 12 juillet 1852, qui éloignait si sagement les repris de justice de Paris et de Lyon, afin de ne pas faire, en même temps, de ces deux cités la double capitale de l'émeute et du crime, un moment triomphants.

VIII

LES PRISONS DE PARIS. — EXÉCUTION DES PEINES. GRACES.

Il peut intéresser de constater la population des prisons de Paris :

Le département de la Seine possède huit prisons à Paris et une à Saint-Denis, qui va, comme dépôt de mendicité, être transférée à Nanterre.

Elles peuvent enfermer (en cellules ou dortoirs), 7,612 détenus.

Le dépôt de la Préfecture de police contient 95 cellules (hommes), 96 (femmes) ; il a été construit, en 1857, une infirmerie pour les aliénés, quatre salles communes, pouvant recevoir 400 hommes et 100 femmes.

La Conciergerie, appropriée en 1854, renferme 75 cellules et 250 places pour les prévenus de contraventions.

La Petite-Roquette, construite en 1835, pour les jeunes détenus, peut recevoir 515 individus.

La prison de la Santé date de 1864 ; on y compte 800 cellules et 817 places en commun.

Mazas fut construit en 1846, et possède 1,230 cellules.

La Grande-Roquette date de 1836 ; on y envoie les repris de justice, les condamnés pour rupture de ban, les condamnés à mort. On y compte 259 cellules et 200 places en dortoirs.

Saint-Lazare date du quinzième siècle ; elle sert de maison d'arrêt, de correction et de prison administrative pour les femmes. Le chiffre des détenues est de 1,158 à 1,500, suivant les événements et les saisons.

La prison de Sainte-Pélagie date de 1651 ; elle reçoit les condamnés pour délits de presse, les récidivistes ; 817 lits, 54 cellules, le reste en dortoirs.

La maison de mendicité (Saint-Denis, bientôt à Nanterre) contient 1,200 pensionnaires.

Un autre dépôt de mendicité pour le département de la Seine existe à Villers-Cotterets (Aisne).

Les peines ne reçoivent pas, en général, leur complète exécution ; pour un tiers d'entre elles, les motifs de commutation, partielle ou totale, sont tirés de la nature même du fait, des antécédents des inculpés, des influences recommandables, dont ils sont l'objet ; enfin, il faut le dire aussi, des limites imposées au budget, toujours en accroissement, des prisons et établissements pénitentiaires ; un fait remarquable se produit aussi, c'est que pour échapper au régime rigoureux et silencieux des maisons centrales, des réclusionnaires y commettent des crimes, afin d'être dirigés sur la Nouvelle-Calédonie, qui leur ouvre les perspectives d'un avenir plus doux, d'un travail moins pénible, moins continu et aussi des chances fréquentes d'évasion [1].

Une réforme devra donc être, sur ce point, introduite dans l'échelle des peines qui, en l'état actuel, ne répondraient plus à une gradation nécessaire, pour l'intimidation [2].

Nous ne sommes plus au temps où Rodogune pouvait dire :

> Comme reine à mon gré, je fais justice ou grâce.

Les souverains eux-mêmes doivent compte à

1. La cour d'assises d'Eure-et-Loir a eu à juger un assassin qui, après une condamnation capitale, avait été l'objet de commutations successives, qu'il avait reconnues en commettant un nouveau crime, aussitôt sa libération.

2. Voir plus haut, page 14, le projet de loi adopté, avec modification par le Sénat, portant que le crime, commis dans une prison par un détenu, peut y recevoir son exécution perpétuelle ou à temps, à moins d'impossibilité. — Le condamné pourra être resserré étroitement et laissé seul !

leurs sujets de l'exercice du pouvoir et ils sont justiciables, devant l'opinion et devant l'histoi.'e.

L'attentat d'Orsini (14 janvier 1858) avait, par des bombes métalliques, jetées, sous la voiture de l'Empereur et de l'Impératrice, devant l'Opéra, atteint 166 personnes, frappées de 511 blessures mortelles ou graves.

A la suite du procès, suivi devant la Cour d'assise de la Seine, et malgré l'éloquente plaidoirie de Me Jules Favre, Orsini, Pièri, Gomez furent condamnés à la peine de mort et Da Silva à la peine des travaux forcés à perpétuité, en laquelle fut, sur la demande de l'Impératrice, commué aussi l'arrêt concernant Gomez.

Lors de la discussion, qui eut lieu aux Tuileries, au Conseil des ministres, auquel avaient été appelés les membres du Conseil privé, le général Espinasse, ministre de l'intérieur et de la sûreté générale, combattit et entraîna l'opinion de ceux qui voulaient une commutation de peine, pour Orsini et Pièri, en se fondant sur ce motif que : l'Empereur n'ayant pas été frappé, n'avait pas ici le droit de gracier des *meurtriers étrangers*, qui avaient, dans un guet-apens, fait couler le sang de citoyens Français ; cet avis prévalut.

Le nombre des condamnations à mort augmente dans tous les départements, comme pour en témoigner ici hautement la situation effrayée. *Le jury veut*[1], espère une répression nécessaire, attendue. En même temps, les grâces suivent plus nombreuses, presque toujours inexplicables et toujours inexpliquées (Assises du Rhône [parricide], de la Seine, du Nord, de la Gironde, de la Haute-Vienne). Empoisonnements, assassinats ayant suivi ou précédé d'autres crimes, commis par des repris de justice, dans des circonstances horribles, toujours graciés. Pourquoi ? Mystère ?

Il paraît qu'il n'y a plus de Pyrénées, car, en Espagne, le nombre incessant des grâces accordées en 1880, aux condamnés à mort, inquiète aussi les populations.

Les bandits y puisent un encouragement croissant, dans cette indulgente faiblesse du gouvernement débile.

La loi d'amnistie, récemment votée et exécutée, a été une mesure essentiellement politique, et le gouvernement, qui l'a présentée, avec ce carac-

1. Afin d'augmenter les chances d'impunité, on veut effacer les sages et tutélaires dispositions de l'article 336 du Code d'instruction criminelle. Tout dans l'intérêt des malfaiteurs, est le projet de suppression du résumé. (*Chambre des députés*, 30 novembre 1880.)

tère, a pu, à peine jusqu'à présent, bien apprécier si les effets ont été en rapport avec le but, par lui rapidement poursuivi et obtenu des Chambres.

S'il nous faut parler du *régime cellulaire*, appliqué chez des nations voisines, en Angleterre, en Belgique, notamment dans les *Prisons de Louvain*, nous devons dire que l'élévation des dépenses qu'il entraînerait (4000 fr. en moyenne par cellule), n'a pas jusqu'ici permis de l'étendre en France, à beaucoup de prisons, bien que la durée des peines ainsi subies, dans l'isolement, ait été diminuée dans une certaine proportion. Des colonies agricoles, tentées en Corse, n'y ont pas réussi, pour diverses causes, dans lesquelles l'insalubrité du sol a été invoquée. Sur le continent, malgré les intelligents efforts de l'administration, il faut reconnaître que l'enfant de Paris, fait plutôt pour la vie de l'atelier, se plie difficilement à la vie des champs[1] plus salubre pourtant.

Là aussi les sociétés de patronage, pour les libérés, doivent être d'un précieux et continuel

1. Voir les fondations dues à l'initiative privée, et notamment celle que vient d'inaugurer à Orgeville, M. Georges Bonjean, pour l'enfance abandonnée.

secours, afin de surveiller, d'employer et de ramener au bien des natures mobiles et ignorantes.

Dans cette tâche immense et bien complexe, parce qu'elle comprend l'humanité, avec ses faiblesses, il faut que tous se mettent résolument à l'œuvre, parce qu'il s'agit de conjurer un péril commun et menaçant.

LA DÉBAUCHE A PARIS

IX

ANTIQUITÉ DE LA DÉBAUCHE. — CHARLEMAGNE. — ORDONNANCES SOMPTUAIRES. — ORDONNANCE DE SAINT-LOUIS (1259) CANTONNANT LES PROSTITUÉES. — (1242) ORDONNANCE PERMETTANT AU ROI DES RIBAUDS DE PRÉLEVER UNE DIME SUR LES FILLES.

Nulla fèrè causa est in quâ non femina litem
Moverit... (Juvénal, satire v.)
Où est la femme? (*Un juge d'instruction.*)

La débauche est vieille comme le monde[1]; elle se trouve au berceau, comme au déclin de toutes les sociétés humaines; les religions, comme les histoires et les législations en font foi[2].

En Grèce, vingt-deux classes de courtisanes desservaient, en leurs groupes sympathiques,

1. Rapport sur l'instruction primaire et l'instruction secondaire, due à la plume si savante, si compétente de M. O. Gréard, vice-recteur de l'Académie de Paris.

2. *Histoire de la médecine légale, d'après les arrêts criminels*, Paris, 1880.

les vingt-deux branches de la volupté; elles étaient les prêtresses[1] inspirées de la Vénus impudique. C'étaient la Fellatrice, coquette, trompant le désir, pour en prolonger les brûlants accès; la Tractatrice, venant de l'Orient parfumé où les plaisirs, qui font rêver, sont en honneur; la Subagitatrice, fille de Lesbos; la Lémane, avec les voluptés, douces et chatouilleuses; la Corinthienne, qui pourrait les remplacer toutes; l'agaçante Phicidisseuse, aux dents dévorantes et lutines, dont l'émail semble intelligent; enfin, la brillante et fougueuse Propétide, qui montre, en fuyant, les trésors qu'elle ignore elle-même, et qu'elle offre aux autres de contempler d'un œil enivré, de flatter d'une main caressante.

Paris, la grande Babylone, possède et exhibe encore les mêmes variétés, cultivées avec un art singulier, comme toutes les primeurs du vice[2].

Remontons à la législation ancienne. La débauche est donc bien vieille; mais elle sait cacher ses rides sous le fard, se noircir les yeux, sourire, et raccoler force victimes. Elle suit une route parallèle à la marche progressive, qui

1. Honoré de Balzac.
2. Lecour, *La prostitution à Paris et à Londres.*

pousse en avant les peuples ; dans les sociétés, l'importance qu'elle acquiert, est de plus en plus grande, et lassée pour ainsi dire de régner sur les hommes, elle veut étendre son empire sur les arts. La peinture consacre ses toiles à ses scènes de volupté, la littérature lui donne grandes et petites entrées dans les journaux, dans les romans, dans les théâtres, la voilà qui étend sur tout ses mains avides ; il faut compter avec elle. Aussi ne peut-il pas être sans intérêt de suivre cette course, de marquer ces étapes, de voir quels moyens ont été, tour à tour, et toujours inutilement employés, pour placer, devant elle, des barrières, sans cesse renversées.

Nous avons pensé qu'il serait curieux de passer en revue les défenses, essayées dans le dessein d'arrêter la luxure, l'amour de la débauche ; et, fouillant dans l'arsenal où sont déposées les armes émoussées, nous avons voulu arriver jusqu'au temps présent.

Lointain est le moment où les rois frappaient les courtisanes d'une main, non gantée de velours.

En comparant les anciennes ordonnances aux règlements nouveaux, on ne peut manquer de trouver intéressantes ces recherches et d'en tirer peut-être plus d'un enseignement.

Que de chemin parcouru depuis le temps où le Lévitique flétrissait, comme une infamie, digne du dernier supplice, les crimes contre nature, chantés à Rome et à Athènes par les poètes. Aujourd'hui, moins sévères qu'aux jours primitifs, moins indulgents qu'Horace et Virgile, nous prenons en main le Code pénal et disons : Art. 330 et suivants : Ce délit est réprimé lorsqu'il est accompagné de violence, de publicité, qu'il est exercé sur des mineurs de treize ans ; ou par un ascendant sur un mineur de plus de treize ans, non émancipé par le mariage, ou lorsqu'il y a enfin habitude de proxénétisme, pluralité de victimes et d'actes impudiques. Oui, le vice persiste, le mal grandit ; que faire ? à l'histoire à prendre la parole !

Sans chercher des exemples aux époques où les règlements, les ordonnances se suivent sans ordre et se contredisent, ouvrons cette instructive série de documents à l'heure où véritablement tout s'organise.

Charlemagne, ajoutant aux peines, prononcées par ses prédécesseurs, ordonna (800) que : le propriétaire, chez lequel, se prostitueront des filles de mauvaise vie, les portera l'une après l'autre, sur la place du Marché, pour y être fustigées. S'il refuse, il sera lui-même frappé de la même peine.

Les guerres augmentèrent les débauches et saint Louis les réprima par la sévérité de son ordonnance de 1254.

Les ordonnances royales alors cantonnent les prostituées, dans certains quartiers de Paris, leur défendant de résider ailleurs, sous peine de confiscation, ni louer maisons et défendant à tous propriétaires de les recevoir ou loger en autres quartiers.

Défense de se trouver dans leur bordel ou clapier, après sept heures sonnées, sous peine de prison et d'amende arbitraire.

Défense de porter sur leurs habits, de l'or, de l'argent, des perles, du jais, des broderies, des fourrures, des collets renversés, des robes à queues traînantes, des ceintures dorées et autres ornements, que pourraient porter les femmes d'honneur, à peine de confiscation desdits habits et d'amende arbitraire.

Défense à toutes personnes de produire des femmes prostituées, à peine du pilori, d'être marquées d'un fer chaud et bannies (Ordonnances de 1395, de 1415, 1420, 1426, 1480; *Delamare*, 21 825, Fr.; *Bibl. Nat. manuscrits*).

Marguerite de Provence, la reine de France, digne femme de saint Louis, allant à l'offrande, après avoir touché de ses lèvres la patène consacrée, se retourna, selon l'usage de la primitive Église, pour donner le baiser de paix à sa voisine. Elle embrassa une dame de riche costume, de belle et haute apparence, qui n'était autre qu'une ribaulde folieuse (*Bibl. Nat.*, *manuscrits français*, 13 635, *Fr. supp.*, 4945).

De là serait venu le proverbe:

> Bonne renommée
> Vault mieux que ceinture dorée.

A Paris, dès 1259, par les ordonnances du bon roi saint Louis, les prostituées étaient cantonnées, dans certains quartiers : la Cité, la rue Glatigny, rues de Mascon, de la Boucherie, du Clos-Breuneau, Froidmanteau, Robert de Paris, Baillèhoe, de Tion, Chapon, de Champfleury.

Les règlements se succèdent, mais toujours impuissants. Le 3 février 1368, le roi Charles défend : qu'on tienne doresnavant bordeau, rue du Chapon, près le cimetière Saint-Nicolas-des-Champs. On forniquait même dans le cimetière des Innocents, nous apprend un chroniqueur indigné.

Le 8 janvier 1415. — Ordonnance du prévôt de Paris reproduisant, pour les prostituées, les mesures édictées par saint Louis, sous peine d'être brûlées d'un fer chaud, tournées au pilori, mises hors la ville.

Défense aussi de porter or, argent, boutonnières d'or et d'argent sur les habits (*Livre rouge*, vieil du Châtelet).

Malgré les sévérités des ordonnances royales de saint Louis (1259), du roi Charles (3 février 1368), du prévôt de Paris (8 janvier 1415), les lupanars confinaient aux salles des cours et détournaient les étudiants. Guillaume Breton (*Philippidos*. Lib. I), nous révèle ces malsaines habitudes, qui ne respectaient même pas les cimetières. (*La Taille de Paris*, 1292.)

Au treizième siècle, dans une enquête suivie à Douai, le procureur de messieurs du Chapitre de Saint-Amé répudie le témoignage de Waghe le Vaut, produit par les échevins, parce qu'il est homme de mauvaise vie, qu'il est nommé en ceste ville, roi des ribaulds, tient femmes folles, qui sieent èsbordiaux et waguent en péchié de leur corps.

En 1242, une ordonnance des échevins de Douai porte que les jeux de dés, breleng, boules et autres étant interdits au roi des ribaulds, il percevra, à l'avenir, sur chaque femme de folle vie, demeurant à Douai, en estuves ou en bourdel, pour bienvenue, pour la première fois, deux gros ; sur chacune de ces femmes, par mois, un gros ; si elles changent de maison, en ville, un gros ; sur chaque individu hébergeant ou soutenant telles femmes de folle vie, un gros chaque mois ; sur chaque femme d'estuve ou de bourdel, à la saint Pierre, un gros, et à la fête de saint Rémy, un gros ; sur les femmes mariées, filles ou meskines, qui mésuseront de leur corps, ledit roi pourra prendre, à son profit, le mantel ou chaperon ; de même, l'habit du ladre, venant habiter la ville sans permission. (*Archives de Douai*. Layette, 34, armoire 7, cartulaire B.)

II

APPARITION DU MAL VÉNÉRIEN (SENTENCE DE MOISSAC, 1303). — ACCROISSEMENT DES MAISONS DE FILLES. — ORDONNANCE DE CHARLES VI (1420) INDIQUANT CERTAINS QUARTIERS POUR LES PROSTITUÉES. — ARRÊT DU PARLEMENT (1490) POUR ARRÊTER LES PROGRÈS DE LA CONTAGION.

D'après une sentence consulaire de Moissac (relevée par l'historien de cette ville, M. Lagrèze-Fossat), dès 1303, la femme Naude, épouse de Bernard Dagen, procédait, comme mineure, avec l'assistance de son curateur Guiraud Alaman contre la Lombarde, femme de Bernard Marin ; cette dernière est condamnée à cinq sols de Cahors et à cinq sols tournois, pour avoir appelé la demanderesse vilainement atteinte d'une maladie honteuse [1], ce qui était une calomnie, bien entendu.

Un des premiers actes de Hugues Aubriot, nommé prévôt de Paris, fut d'aller visiter tous les bordeaux de Paris (1367) [2].

1. Voltaire croyait que cette affection, à laquelle succomba le galant François Ier, était découverte seulement avec l'Amérique. (Voir les beaux travaux de Ricord, ce vénéré maître dont l'esprit est resté jeune, comme son visage, reproduit par le sculpteur Doublemard.)

2. *Pénalités anciennes*, page 63. Plon, éditeur.

Cette utile inspection a été renouvelée, de nos jours, par des administrateurs très pénétrés de l'accomplissement de leurs devoirs, et suivie d'une haute approbation sur la tenue du lupanar le plus élégant de Paris.

L'Église elle-même, alors[1], n'avait qu'une molle indignation, pour le voisinage des belles pécheresses, confinées dans les maisons de débauche.

Au quinzième siècle même il fut dit que : les chanoines de la paroisse Saint-Merry avaient intérêt que les bordeaux restassent, dans les immeubles avoisinant l'église, parce qu'ainsi leurs loyers et rentes en valaient mieux.

Le 18 juin 1367, le Parlement, sur l'appel de Jehanne-Lapelletière, ordonne qu'elle videra d'ici à la fête de Saint-Lazare la rue Coquatrix, qui est foraine[2], et où il y a un bordel, de si longtemps, qu'il n'est mémoire du contraire.

3 février 1368. — Lettre du roi Charles au prévôt de Paris, interdisant les bordeaux rue Chapon, rue Beaubourg, Simon Langevin, des

1. *Le Châtelet de Paris*. Didier, éditeur. *Métiers de Paris*. Leroux, éditeur.

2. Registre du Châtelet, *Archives nationales*. Delamare, 21,625. Fr. *Bibliot. nat.*

Jongleurs, de Simon le Franc, de la Fontaine-Maubuée, ni autour Saint-Denis[1].

Les ordonnances de Charles VII (14 septembre 1420) et arrêts du Parlement rendus en conséquence, défendent aux filles de loger ailleurs que dans les rues de l'Abreuvoir, de Mascon, de la Cour Robert de Paris, Baillehoë, Chapon, rue Pavée, à peine de confiscation, prison.

Leur fait défense aussi de tenir cabarets.

Hugues Aubriot, le 10 octobre 1368, défend de faire grandes poulaines par vanité et mondaines présomptions. (*Bibliothèque nationale, manuscrits*. Collection Delamare, 82).

Cette ordonnance demeura stérile, et, en 1485, Charles VIII défend aux gens, non nobles, de porter veloux et drap de soye.

Le 28 février 1375, le Parlement de Paris, statuant sur appel d'une sentence du Châtelet, condamne au pilori des Halles, avec une couronne de parchemin sur la tête, portant ces

1. Sous un portrait d'Isabeau de Bavière, femme de Charles VI, on lit sous une gravure, conservée au musée de Melun :

> Dans le dérèglement où vécut cette dame,
> Elle fut un beau monstre et dedans et dehors,
> Aussi fit-elle voir qu'aux laideurs de son âme
> S'accommodaient trop bien les beautés de son corps.

mots, en grosses lettres : *Faussaire*, Agnès Piédeleu, *maquerelle publique.* (*Archives nationales. Section judiciaire.*)

Des lettres sont accordées, le 28 juillet 1830, au duc d'Anjou, pour ôter un lupanar, proche de son hôtel (*Ordonnance du* 3 *août* 1387, reproduisant de précédentes prescriptions inexécutées).

Les parentés les plus hautes ne préservaient pas les contrevenantes et la nièce de M. le premier Président de Popincourt est interdite de la ville et prévôté de Paris (21 juin 1483), pour faits de débauche.

Le registre de la ville d'Amiens énonce une décision du 9 décembre 1485, prescrivant que les filles de vie malvaise et dissolute y porteront pour enseigne, une aiguillette rouge de quartier et demi de long, sur le brach dextre, au-dessus du queute, sans qu'elles puissent avoir mantils ou failles, pour couvrir ladite enseigne, ni porter chayntures d'or et d'argent, sur peine de confiscation et bannissement.

Puis en avril 1424, par lettres patentes d'Henri, roi d'Angleterre, occupant alors la France, adressées au prévôt de Paris, lui ordonnait de faire vuider d'un lieu, appelé *Baillehoë*, proche l'église Saint-Merry, les femmes de vie dissolue qui y tiennent clapier et bordel public, ce lieu étant un chemin, par lequel plusieurs habitants venaient à ceste église. (*Registre du Châtelet, livre noir.*)

A Londres, comme en Espagne, en Italie, ce pays des belles et célèbres courtisanes, que Montaigne n'admirait pas pourtant, la prostitution s'exerce librement. Elle y est réprimée seulement, comme tous les autres délits, lorsque, dans la rue, en public, elle s'exhibe et trouble l'ordre, la morale; on lui abandonne ses quartiers réservés, ses franchises, ses victimes mêmes.

Le mal de Naples a déjà fait son entrée en France et le Parlement de Paris, prévoyant pour le printemps (6 mars 1496), un progrès de la contagion, ordonne que, de par le roy, il sera fait cry que les forains hommes et femmes, attaqués de la dite maladie, sortiront de Paris, dans les vingt-quatre heures, sous peine de la hart[1].

1. *Code ou nouveau règlement sur la prostitution dans la ville de Paris.* (Londres, 1775, in-12.)

III

SEIZIÈME SIÈCLE : LES FILLES A DIJON, A PÉRONNE. — (1518) LETTRES PATENTES DE FRANÇOIS 1er SUPPRIMANT LE BORDEAU DE GLATIGNY. — (1556) ÉDIT DE HENRI II SUR LES FILLES AYANT CELÉ LEUR GROSSESSE.

Jehan Auxeau, sergent de la mairie de Dijon, afferme de 1510 à 1511, moyennant 30 livres, la maison commune où se tiennent les filles publiques, et il lui est fait remise du prix du loyer, à cause du *Mal de Naples*, qui a régné et eu cours, pourquoi plusieurs n'ont fréquenté en la dite maison (*Comptes de la ville de Dijon*). On agissait là en bon père de famille, envers un locataire malheureux.

A Péronne, le 28 janvier 1518 et 11 février 1519, « il est fait commandement à toutes les filles de se retirer dans le lieu public, à l'usage d'estuves, pour elles édifié, et ne soient si osées ne hardies coucher, ne tenir résidence, hors du dit lieu, si ce n'est de jour, pour boire, manger, honnestement et sans bruit, scandale ou confusion [1], Défense aux hosteliers, taver-

1. Registre aux délibérations de la ville de Péronne.

niers, cervoisiers de Péronne, vendant vin ou victuailles, de retirer les dites filles, sur peine de bannissement, si ce n'est pour maladie ou aultres cas pitoyables. » Que les temps sont changés !

La débauche troublait et inquiétait, par ses désordres, les âmes pieuses. En 1518, à la prière de la reine Claude, le roi François Ier signa des lettres patentes, prescrivant la destruction du bordeau de Glatigny, situé derrière l'église de Saint-Denis de la Chartre, à cause des impuretés qui s'y commettaient, par chascun jour. En démolissant lesdites maisons y furent trouvés les squelettes de trois hommes et le lendemain, qui était dimanche, par ordonnance de monsieur l'archevêque de Paris, furent faites processions générales autour de la Cité (*Journal d'un bourgeois de Paris*).

En 1539, Le Parlement de Paris, chargé de juger et d'administrer en même temps, ordonne « aux gouverneurs de l'Hôtel-Dieu de pourvoir l'hôpital Saint-Nicolas, destiné aux pauvres vérolés, de draps, linges, appareils nécessaires, de sorte que plainte ne vienne. »

L'édit de Henri II contre les filles ayant celé leur grossesse, leur accouchement, pour faire périr leurs enfants sans baptême, décide qu'elles seront punies de mort (février, 1556).

Une sentence de mort prononcée est exécutée le 27 septembre 1724, contre Marie Lordiol, veuve Birat, pendue et étranglée à un poteau au haut de la rue Mazarine, son corps mort y[1] demeurera vingt-quatre heures, puis porté au gibet de Paris.

IV

DIX-SEPTIÈME SIÈCLE : ORDONNANCE DE POLICE, (JUILLET 1629,) ORDONNANT AUX FILLES DE QUITTER PARIS. — SENTENCE DU CHATELET (6 JUILLET 1663). — LETTRE DE LA REINE ANNE D'AUTRICHE. — LA FILLE HUÉ (1679). — CRIMES CONTRE NATURE, DE 1640 A 1660, DANS LE RESSORT DU PARLEMENT DE PARIS.

Ordonnances de police des 19 juillet 1629 et de septembre 1644, prescrivant aux filles débauchées, aux vagabonds, de vuider la ville de Paris, dans 24 heures, à peine de prison.

Défendant aux propriétaires de louer leurs maisons, en tout ou en partie, à gens de mau-

1. Sentence du lieutenant criminel (16 septembre 1724) confirmée par arrêt du Parlement du 26 du même mois.

vaise vie, filles débauchées, à peine de cent livres parisis d'amende, et de confiscation des loyers, pour trois ans, au profit de l'Hôtel-Dieu, pour la première fois, et pour la seconde, de pareille amende, et de voir les maisons murées pour autant de temps[1]. Enjoignant à tous propriétaires et principaux locataires des maisons où existent telles sortes de gens, de les en faire vuider, dans trois jours[2].

Par dépêche du 28 juin 1657, adressée au gouverneur et maire de Compiègne par Anne d'Autriche, mère du Roy ; il leur est ordonné de recevoir Marguerite Bourlet, de ladite ville, ayant mené jusqu'à présent une vie fort libertine, où Dieu a été offensé, et de la faire mettre en lieu où elle ne puisse continuer à faire du mal, et lui faire donner la nourriture nécessaire et proportionnée à la pénitence qu'elle doit faire de ses offenses, pour y demeurer jusqu'à nouvel ordre, et qu'il ait été pourvu à la faire vivre,

1. Voir arrêts conformes du Parlement du 6 septembre 1668, déclarant le commissaire au Châtelet follement intimé par les appelants.

2. Déclaration de Louis XIV, à Marly, 26 juillet 1714, arrêt du Parlement de Paris, 9 décembre 1712. — Sentence du Châtelet de Paris, 6 juillet 1763. — Procès de la femme Stranzac (rue de Suresnes, février 1873).

comme elle doibt. (Donné à Lafère, Anne.) — Voir aux Archives de la ville de Compiègne et à la Préfecture de police les lettres de cachet (1721, 1789), ainsi que les registres d'écrou des prisonniers, en vertu d'ordres du Roi, pour Paris et les provinces (1728, 1792). *Le Bailliage du Palais. — Les Communes et la Royauté* (Willem, éditeur, 1877).

Une sentence du Châtelet de Paris (6 juillet 1663) intervenue sur le réquisitoire du procureur du Roi au Châtelet prescrit de mettre les scellés rue du Fouarre, sur une maison occupée par la[1] nommé Hue, dite Godefroy, déja condamnée en plusieurs amendes, mesme par arrêt de la Cour du Parlement, à estre fustigée, ayant un chapeau de paille sur la teste, avec écriteau portant ces mots : *Maquerelle publique*, et bannie de la prévosté et vicomté de Paris, laquelle, au mépris desdites sentences, n'aurait gardé son bien, se serait maintenue en ladite maison, sans la vouloir vuider, et continue d'y tenir, plus que jamais, bordel public, hanté par quantité de filles et femmes de mauvaise vie, qui se disputent, jour et nuit, de quoi se

1. *Histoire de la médecine légale*, d'après les arrêts criminels. Charpentier, éditeur, 1880, pages 130 et suiv.

plaignent les voisins, bourgeois en ladite rue.

Le prévôt de Paris ordonne que sera ladite Hue, dite Godefroy, prise au corps et ses meubles inventoriés, puis mis sous scellés, et défense à la dame Foucault de louer la maison, dont elle est propriétaire, sinon à des gens d'honneur.

En 1679, ceux qui se trouvent à l'hôpital attaqués du mal vénérien ou qu'on y enverra, ne seront reçus qu'à la charge d'être sujets à correction, avant toutes choses, et fouettés, ce qui sera certifié par leurs billets d'envoi.

Bien entendu, à l'égard de ceux qui auront gagné ce mal par leur désordre et débauche, et non de ceux qui l'auront contracté, comme une femme par son mari et une nourrice par l'enfant. (Archives de l'Assistance publique de Paris, citées par le directeur, M. Armand Husson, de l'Institut.)

Au dix-septième siècle, un arrêt du Parlement de Paris, sur les conclusions conformes de l'avocat général, repoussa une demande, afin de congrès, motivée pour cause d'impuissance contre un mari, âgé de soixante ans !

L'âge parut à Messieurs de la Cour une suffisante excuse, une circonstance atténuante, au moins, comme on dit aujourd'hui.

Ce n'est pas seulement la prostitution qui gagne du terrain, s'étend, ravage la ville et appelle l'attention de l'autorité.

De nombreux attentats à la pudeur contre nature étaient commis autrefois.

Dans le ressort du[1] Parlement de Paris, composé de l'Ile-de-France, la Beauce, le Berry, la Sologne, l'Auvergne, le Forez, le Beaujolais, le Nivernais, l'Anjou, l'Angoumois, la Champagne, la Brie, le Maine, la Touraine, le Poitou, l'Aunis et le Rochelois, nous trouvons (de 1540 à 1692) 49 condamnations au feu, à la corde[2], au bannissement.

Sommes-nous en progrès ?

V

DIX-HUITIÈME SIÈCLE : D'ARGENSON ET LA FEMME BAUDOUIN (12 NOVEMBRE 1703). — MESURES PRISES POUR L'ARRESTATION DES FILLES. — PRISONS D'ÉTAT. — STATISTIQUE FAITE DES RELIGIEUX SURPRIS CHEZ DES FILLES.

Le 12 novembre 1703, d'Argenson demande au

1. *Bibliothèque nationale de Paris* (département des manuscrits, suppl. français, 7645, 10,969, 10,970.

2. Voir *Les comptes de notre justice criminelle*, établis avec grand soin. Imprimerie nationale, 1826-1878.

ministre (qui la lui refuse) l'autorisation de faire enfermer au Refuge une jeune femme, âgée de seize ans, dont le mari se nomme Baudouin; elle publie hautement qu'elle n'aimera jamais son mari, qu'il n'y a pas de loy qui l'ordonne, et que chacun est libre de disposer de son cœur et de son corps, comme il luy plait, mais que c'est une espèce de crime de donner l'un sans l'autre.

Suivant ces principes, elle va coucher chéz sa mère, où elle trouve, dit-on, un ami, tantôt chez un autre amant.

Quoique depuis plusieurs années habitué aux discours impudents et ridicules, je n'ai pu m'empêcher d'être surpris des raisonnements dont cette femme appuie son système, regardant le mariage, comme un essai, ajoutant qu'il n'y a rien de fait, quand l'inclination ne s'accorde pas avec le contrat. (George Sand, *Indiana*, — Alexandre Dumas, *Antony*, — A. Dumas fils, *la Question du Divorce;* le R. P. Didon.)

Sur la plainte de madame veuve de Fresquesne, dont le mari était mort président à mortier, au Parlement de Rouen, d'Argenson propose de renfermer à l'Hôpital général la fille Bressaux, qui avait fait dépenser au fils de Fresquesne, lequel voulait l'épouser, plus de vingt mille livres. (*Bibl. nat.*, Fr. 8125.)

En vertu de commission du Roi, de lettres de cachet ou de mandats du lieutenant de police, l'inspecteur délégué opérait, de nuit, l'enlèvement des contrevenantes, dont l'arrestation était opérée par des exempts, accompagnés de fiacres escortés par des soldats de la maréchaussée. Je possède un précieux tableau du temps, attribué au peintre Jaurat, représentant l'audience du lieutenant de police, devant lequel étaient traduites les filles, déposées d'abord à la prison[1] Saint-Martin, puis au Châtelet.

A cette audience publique sur le vu du procès-verbal, le procureur du Roi ouï, le lieutenant de police condamnait, depuis un jusqu'à six mois d'hôpital ou bien renvoyait les inculpés.

Ces femmes étaient amenées dans une voiture fermée, au bas de l'escalier du Châtelet, et de là menées dans le prétoire, encombré de seigneurs, placés derrière la cour, de public mêlé et d'étrangers.

1. Aujourd'hui, depuis le remplacement de M. A. Gigot, une commission composée du Préfet ou de son délégué, de M. le chef du bureau des mœurs et du commissaire délégué, statue sur ces détentions.

Pendant le trajet de Saint-Martin au Châtelet, et, dès leur entrée dans la salle d'audience, malgré la majesté du lieu et la présence des gardes armés et des sergents à verge, ces filles criaient, menaçaient, provoquaient les spectateurs, les témoins.

Quelques-unes riaient, pleuraient tour à tour, se déchiraient les robes ; d'autres se découvraient avec indécence, bravant, par leur attitude, leurs propos, les magistrats qui allaient prononcer la sentence, devant d'autres filles perdues, des badauds et des libertins d'elles connus.

Outre les filles ainsi enlevées, il en était d'autres que l'on ne pouvait arrêter qu'en vertu d'ordre du Roi, parce-qu'elles étaient domiciliées et dans leurs meubles.

Celles-là n'étaient pas menées à l'audience, mais directement conduites dans les prisons d'État, désignées sur la lettre de cachet.

Ces prisons étaient : le château de Saumur, Pierre-Encise, le mont Saint-Michel, le château Trompette, Ham, les îles Sainte-Marguerite, Angers, Nancy, Rouen, Toul, Amboise, Armentières, le fort Brehon, Bicêtre, Saint-Lazare, la Bastille, Lille, Romans, Cadillac, Pontorson, Poitiers, Château-Thierry.

Les femmes avaient pour prison, et souvent pour tombeau : le Refuge, à Dijon; les Annonciades, à Clermont; la Madeleine, à la Flèche; Notre-Dame de Guingamp, les Ursulines de Chinon, les Hospitalières de Gomont, Sainte-Pélagie à Paris et le château de Valdonne.

En février 1714, dans une assemblée tenue chez M. le premier Président, il est arrêté que les femmes vagabondes, qui ne sont de Paris, seront assignées et contraintes à vider la ville. Celles de Paris [1], sans domicile, en cas qu'elles désavouent et qu'elles soient réclamées, devront élire domicile dans le lieu de leur résidence actuelle, avec défense d'en changer sans avoir prévenu le commissaire de police du quartier.

Le 3 décembre 1729, sentence de M. Hérault, lieutenant général de police, condamnant [1] Scipion Toussaint à être attaché au carcan, dans la place du Palais-Royal, vis-à-vis de l'Opéra, pendant trois jours de spectacles consécutifs, ayant écriteaux, devant et derrière, portant ces mots : Domestique violent envers les gardes de l'Opéra, et en neuf années de bannissement. (*Bibl. Nat.*,

1. Delamare, *Bibliot. nation.* V[e] carton, Fr. 2165, *manuscrits.*

département des manuscrits, collection Delamare. Fr. 21625.)

Sur une médaille en bronze, possédée par l'érudit baron O. de Wateville, on lit cette inscription aux armes de la ville de Rouen : *Proxénète juré.* Cette pièce devait se porter au col de son propriétaire.

Dans un tableau de la débauche, à Paris, relevé au dix-huitième siècle, les religieux des différents ordres sont inscrits, dans l'ordre suivant[1] : Cordeliers 12, Bernardins 5, Carmes 3, Dominicains 5, Capucins 3, Récollets 2, Picpus 1, Minimes 1, Feuillants 1, Augustins 7, Mathurins 2, Religieux de la Mercy 1, Prémontrés 3, Pénitents de Nazareth 1, Théatins 2, Bénédictins 2, Clunistes 1, Célestins 2, Religieux de la Charité 2, Oratoriens 4, Jésuites 1, Chanoines de Sainte-Geneviève 8 (*Trésor judiciaire de la France. Curiosités des anciennes justices*, p. 204, Plon, éditeur). Les rapports de police étaient, pour distraire les favorites, communiqués à la

1. *Tableau historique des ruses, subtilités des femmes où sont représentées leurs mœurs, humeurs, tyrannies, cruautés, le tout confirmé par histoires, arrivées en France de nostre temps*, par L. S. R. (Rollet-Boutonné, 1623, in-8°. — *La police de Paris*, dévoilée par Manuel. — *La police de Paris sous Louis XIV*, par Pierre Clément (de l'Institut).

Pompadour et à la Dubarry (Déclaration royale de juillet 1713; Ord. des 6 novembre 1778, 8 novembre 1780.)

En 1739, de grands criminels, condamnés pour meurtres et vols, prièrent la justice de ne pas les faire exécuter en même temps que d'autres, reconnus coupables de crimes contre nature, faveur qui leur fut accordée.

Dans cette même année, à Harlem, en Hollande, les noms des condamnés pour sodomie [1], furent publiquement affichés et, sur le vu de l'arrêt, leurs femmes devinrent libres de se remarier, de reprendre leurs noms de famille, leurs armoiries et livrées personnelles.

Une déclaration du roy Louis XVI [2], donnée à Marly, le 26 juillet 1713, règle les formalités, qui doivent être observées pour la correction des femmes et filles de mauvaise vie. Le 8 décembre 1713, le Parlement de Paris, sur la requête du

1. Ambroise Tardieu, *Attentats aux mœurs.* — Lecour, *de la Prostitution.* — *Cahier et doléances d'un ami des mœurs*, requête présentée à Bailly (Sylvain), maire de Paris, par Florentine de Launay, contre les marchandes de modes et autres grisettes, commerçant sur le pavé de Paris. 1790, in-8°.

2. *Histoire de la médecine légale, d'après les arrêts criminels*, page 123 et suiv. Charpentier éditeur, 1880. — *Éclaircissements sur le roy des ribauds*, par Longuemare. Paris, 1718, in-12.

Procureur général du roy, ordonne que la Grand-Chambre connaîtra des appellations, interjetées par les filles et femmes, prévenues de débauche publique et de vie scandaleuse, tant en vertu de sentence du lieutenant général de police que par suite d'information, suivies de décrets, prescrivant, même par provision, que les inculpées seront conduites à l'Hôpital général, ce qui ne pourra être exécuté que si, par la cour, il a été ordonné.

Dès 1755, monseigneur[1] l'archevêque de Paris voulant refréner le libertinage des ecclésiastiques, s'était adressé à M. le lieutenant au Châtelet de Paris. Il fut entendu qu'on serait averti, dès qu'un prêtre, moine ou individu portant l'habit, entrerait chez une fille, le procès-verbal, transmis en minute au magistrat, serait communiqué, en double copie, au roi et au prélat. Plusieurs de ces procès-verbaux furent publiés et conservés en 1789.

Pour étudier le prix de la débauche, ses trafics et marchés, au dix-huitième siècle, il faut lire les rapports de police sur les jeunes seigneurs, les riches étrangers, entretenant les

1. *Le Châtelet de Paris.*

actrices en renom, les filles à la mode ou même entretenus, par elles.

On les nommait alors greluchons, aujourd'hui on dit souteneurs. (*Bibl. Nat., manuscrits Fr.* 1357-1360).

André de Clermet, chanoine de Beauvais, est trouvé, le 29 avril 1755, rue des Vieilles-Étuves-Saint-Honoré, dans la chambre de la Montpellier, femme du monde.

Jean Jolibert, prêtre de la cure de Bicêtre, quarante-deux ans, est surpris, chez la Donde, femme du monde, avec Marie Dupont, vingt-deux ans, native de Reims.

Chez Aubry, marchand de vins, rue Froidmanteau, le R. P. Gérard (Jean-Baptiste) de l'ordre de Saint-François, est surpris avec les filles de débauche Moulinard et Voitoux, âgées de seize ans.

Un inspecteur de police était à Paris, chargé du service général des prostituées, il disposait arbitrairement, à son gré, des personnes, de la liberté de ces femmes, placées hors la loi, et dont il étendait le cercle maudit à d'autres, qui ne l'avaient pas encore franchi. Sur toutes, il prélevait, à son profit, des impôts, des redevances variables dont elles se rachetaient par des présents en argent ou en nature, comme si l'ordonnance du 23 octobre 1425 n'eut pas déjà expressément défendu au prévôt de Paris d'appliquer à son profit les ceintures, joyaux, habits, vestemens ou paremens défendus aux fillettes et femmes amoureuses et dissolues. (Châtelet de Paris.)

Les religieux surpris en débauche, signent les procès-verbaux suivants : Honoré Regnard, cinquante-trois ans, chanoine de l'ordre de Saint-Augustin, procureur de la maison de Sainte-Catherine, reconnaît que, le 26 octobre 1755, il a été trouvé, par le sieur Morer, chez la Saint-Louis, rue des Figuiers, chez laquelle il est venu de son gré, pour s'amuser avec la Félix, qu'il a fait déshabiller, qu'il a touchée avec la main, enveloppée dans le bout de son manteau, en jouant avec la Julie et la Félix, sa compagne, lesquelles lui ont ôté ses vêtements religieux. Elles m'ont, ajoute-t-il, mis en femme, avec des mouches et du rouge, l'inspecteur a surpris les groupes, en cet état, le religieux avoue que, depuis plusieurs années, il avait telle fantaisie, qu'il n'avait pu satisfaire plus tôt. Le curé Champion, du diocèse de Soissons, logé au Palais-Royal, chez son oncle, M. Petit, médecin de monseigneur le duc d'Orléans, est trouvé[1] le 10 avril 1755 à huit heures du soir chez la Mitronne, fille du monde, avec Marie-Louise Blage, âgée de dix-neuf ans.

VI

AU DIX-HUITIÈME SIÈCLE, ORDONNANCE DU 6 MAI 1778 POUR RÉPRIMER L'AUDACE DES FILLES. — DIVERSES PRATIQUES DES COUPABLES POUR COMMETTRE DES ATTENTATS AUX MŒURS.

Les désordres signalés, les découvertes faites, les scandales retentissants devaient naturellement inspirer aux écrivains quelques ouvrages, de nature à attirer l'attention publique.

Bien qu'il fût difficile à cette époque de se procurer les documents nécessaires pour toucher du doigt le mal, révéler les choses laissées dans l'ombre et chercher profondément le remède, il n'était pas impossible, tout au moins, de se livrer à quelques investigations, à certaines constatations.

1. Cette mise en scène se reproduit de nos jours dans toutes les affaires suivies contre des pédérastes en chambre. Voir Lecour, *De la prostitution à Paris et à Londres*. — Tardieu, *Attentats aux mœurs*. — Du Camp, *Paris et ses organes*. — Docteur Martineau, médecin de l'Ourcine. Déformations observées chez les prostituées.

C'est ainsi que l'ouvrage de Pierre Manuel, *la Police de Paris dévoilée*, fut rédigé, sur les registres secrets des inspecteurs des mœurs, sous Louis XV, enlevés lors de la prise de la Bastille et transportés à la Commune de Paris, dont Manuel était un administrateur.

L'ordonnance du 6 novembre 1778 portait : sur ce qui nous a été remontré par notre Procureur du Roi que le libertinage est aujourd'hui porté à un point que les filles et femmes publiques, au lieu de cacher leur infâme commerce, ont la hardiesse de se montrer, pendant le jour, à leurs fenêtres, d'où elles font signe aux passants pour les attirer; de se tenir, le soir, sur leurs portes, et même de courir les rues, où elles arrêtent les personnes, de tout âge et de tout état; qu'un pareil désordre ne peut être réprimé que par la sévérité des peines prescrites par les lois, et capables d'imposer, tant aux filles et femmes de débauche, qu'à ceux qui les soutiennent et favorisent, pourquoi, il requiert y être, par nous pourvu en conséquence : *Article* 1er : Faisons très expresses inhibitions et défenses à toutes femmes et filles de débauche, de raccrocher dans les rues, sur les quais, places et promenades publiques, et sur les boulevards de cette ville de

Paris, même par les fenêtres, le tout sous peine d'être rasées et enfermées à l'Hôpital, même en cas de récidive, de punition corporelle, conformément aux dites ordonnances, arrêts et règlements.

La loi municipale du 19 juillet 1791 n'étant pas applicable aux filles publiques, le Directoire exécutif, par son message de l'an IV, avait demandé une loi spéciale, mais il n'en a été rendu aucune.

M. Debelleyme, devenu de Procureur du Roi à Paris (1826, juillet), préfet de police, avait tenté de défendre aux filles de se montrer sur la voie publique, en dehors des habitations où elles étaient tolérées [1].

L'article 330 du Code pénal et l'article 334 devraient être appliqués, à défaut de l'ordonnance de 1778, dont les dispositions demeurent implicitement abrogées.

Dès 1269, le Parlement de Paris condamnait à la peine de mort une femme, qui donnait à ses victimes des breuvages pour les endormir et les [2]

1. *Histoire des galeries du Palais-Royal*, par Lefeuve.

2. L'individu coupable de viol était, quel que fut l'âge de la victime, condamné à être pendu. — (Beaumanoir, chapitre XXX.) Bouteillier (livre Ier, titre XXIX) les coupables doivent être traînés jusques à la justice et pendus, tant qu'ils soient

dévaliser ainsi plus facilement, pendant leur sommeil. (*Archives nationales*. Procès criminels, vol. LIV.)

On voit que l'innovation, en cette matière, n'a heureusement pas fait, jusqu'à nous, grands progrès, malgré le magnétisme et l'hypnotisme.

subitement en la forteresse de Pignerol (avril 1680), l'affaire concernant le chevalier de Rohan, enfin ces décès si rapides, si nombreux, que les poisons, apportés de l'Italie ou fabriqués dans des laboratoires inconnus, rendaient dans toutes les familles foudroyants et mystérieux. *La poudre de succession* était répandue partout, non seulement dans les mets d'un souper joyeux, mais dans les parfums subtils d'un bouquet, dans les gants mis pour un bal, dans les perles d'un collier, placé sur les épaules.

Si Reich de Penautier, receveur général du clergé, fut acquitté, faute de preuve, de la prévention d'avoir empoisonné son prédécesseur, la Chambre de l'Arsenal prononça, de 1679 à 1682, 36 sentences de mort, 226 accusés appartenant à toutes les conditions sociales, étaient traduits devant elle, et les prisons d'État ensevelirent dans leur ombre, ceux qui ne furent pas condamnés. C'était plus que la mort, c'était l'oubli dans une tombe ignorée.

La Brinvilliers avait été brûlée en place de Grève, le 16 juillet 1676, et M. le premier président Lamoignon avait dit au prêtre qui assistait cette grande coupable : Nous avons intérêt pour le public que ses crimes meurent avec elle, et qu'elle prévienne, par une déclaration de ce qu'elle sait, toutes les suites qu'ils pourraient avoir. (*Pierre Clément. — La Chambre de l'arsenal*, 1864. — *Le gouvernement de Louis XIV. — Le procès de La Voisin.* Bibliothèque nationale, *manuscrits français*, 7608. — Archives nationales. — *Bibliothèque du Corps législatif et bibliothèque nationale*, recueil Bouilland, *manuscrit S. F.* 997.

Malgré les supplices édictés par cette lente et rigoureuse justice, dès le 21 septembre 1677, un billet anonyme, trouvé dans un confessionnal de l'église des jésuites de la rue Saint-Antoine, révélait le projet d'empoisonner le roi et le dauphin. Des soupçons s'élevèrent contre quelques gentilshommes de l'Artois, mais ils tombèrent n'étant étayés d'aucune preuve.

Il est curieux de lire les rapports des chirurgiens jurés experts, reçus à Saint-Côme, qui visitent les victimes, les reconnaissent atteintes de la crystalline, tumeur qu'il leur est expressément défendu de panser et médicamenter. (Arrêt rendu, pour crimes contre nature, par le lieutenant général de police, Réné Hérault, lieutenant de police, contre Nicolas Deschauffours, le 25 mai 1726, le condamnant à être brûlé en

Grève, avec la minute de l'arrêt, puis, ce fait, les cendres jetées et semées au vent, les biens confisqués au profit du Roy, après prélèvement de trois mille livres d'amende.

Il était de tradition, parmi tous les médecins [1], depuis cent ans, de considérer comme appartenant au domaine de la jonglerie et de la mystification tous les phénomènes, qui rentraient dans ce qu'on appelait le magnétisme animal ou somnambulisme provoqué. D'après la communication faite au congrès de Reims par le docteur Richet [2], il faut beaucoup rabattre de cette opinion.

En étudiant l'hypnotisme, le professeur Heidenhein, de Breslau, a été amené à constater que les phénomènes de somnambulisme artificiel peuvent parfaitement être reproduits par des *passes* et des frictions, convenablement exécu-

1. Rapport sur le magnétisme, présenté à l'Académie de médecine par M. le docteur Husson, l'excellent et affectueux praticien de l'Hôtel-Dieu et du lycée Louis le Grand.

2. Voir les beaux et remarquables travaux, suivis par M. le professeur Charcot en sa clinique, et à l'hôpital Lariboisière, par M. le docteur Proust (de l'Académie de médecine). La cour d'assises de Rouen a condamné, pour viol, un dentiste qui avait, en l'endormant, par l'apposition d'une bague sur le front, abusé de sa victime, la mère présente et regardant par la fenêtre !

tées. Au bout d'un certain temps la sensibilité du patient s'émousse, les muscles se contractent et prennent une rigidité singulière. Puis la volonté s'assoupit, comme paralysée. A ce moment, la personne magnétisée n'est plus en état de combiner et de méditer ses sensations, de manière à en déduire une interprétation du monde extérieur, et à prendre, par elle-même, une détermination. Mais il se manifeste des phénomènes réflexes très bizarres. Si l'on irrite la peau de la région dorsale des vertèbres pectorales, les bras se lèvent comme d'eux-mêmes au-dessus de la tête. Mais il y a mieux encore : les mouvements perçus d'une façon inconsciente à l'aide de la vue et de l'ouïe, sont imités automatiquement par l'hypnotisé. Si vous criez : au feu! il fera le geste d'un homme qui se brûle. Quant à l'explication, elle demeure encore absolument hypothétique, et se rattache, sans doute, aux problèmes les plus mystérieux de la physiologie mentale. Mais, il n'est pas moins très important que les phénomènes de cet ordre aient enfin reçu droit de cité, dans le monde scientifique. Trop de savants, en effet, par l'excès d'une qualité, sont amenés à nier les faits qu'ils ne comprennent pas, c'est-à-dire qu'ils ne peuvent classer encore à côté d'autres faits déjà connus. C'est l'opposé du *credo quia absurdum* des catholiques. Il ne faut jamais croire ce qui est absurde, mais il faut se garder de déclarer absurde tout phénomène nouveau ou même rebelle aux théories classiques. On doit observer la nature sans parti pris, et, comme un loyal juré, dire sur ce qu'on a vu, la vérité, toute la vérité, rien que la vérité.

VII

MESSAGE DU DIRECTOIRE EXÉCUTIF. — LE CODE PÉNAL. — NOMBRE DES MAISONS DE DÉBAUCHE A PARIS. — TABLEAU DES MAISONS OU S'EXERCE A PARIS LA PROSTITUTION DES FILLES INSCRITES ET NON INSCRITES. — OPINION DE FAUSTIN-HÉLIE SUR LES POUVOIRS DE LA PRÉFECTURE DE POLICE ENVERS LES PROSTITUÉES.

Le Directoire exécutif, dans le message adressé au *Conseil des Cinq-Cents*, le 17 nivôse, an IV, se préoccupait, sinon d'anéantir la prostitution, du moins d'empêcher, par des pénalités nouvelles, son développement et ses scandales. Les « mœurs sont, citoyens législateurs, la sauvegarde de la liberté et, sans elles, les lois, même les plus sages, sont impuissantes. L'austérité, en doublant les forces physiques, donne à l'âme plus de vigueur et d'énergie. Il importe donc d'arrêter, par des mesures fermes et sévères, les progrès du libertinage qui, dans les grandes communes, particulièrement à Paris, se propagent, de la manière la plus funeste pour les jeunes gens et surtout pour les militaires. » (Loi du 19 juillet 1791 ; 330, 331, 334 du Code pénal.)

Les termes de l'art. 334 du Code pénal sont formels et généraux, ils[1] visent : « quiconque aura attenté aux mœurs en excitant, favorisant ou facilitant habituellement la débauche ou la corruption de la jeunesse de l'un ou de l'autre sexe au-dessous de vingt-un ans. »

Il a fallu s'envelopper de subtilités pour appliquer ce texte, si formel, seulement aux proxénètes, qui sont artisans habituels de la débauche et échangent, contre de l'or, la vertu des enfants, commettent un infanticide mo-

1. Voir la législation sur les attentats aux mœurs, autrefois réprimés par la loi Raptores au Digeste. — *De raptu virginum* au Code. — *Loi Julia de adulteriis.* — *Novelle* 117, *de his qui luxuriantur contrà naturam.* — *Caroli magni capitularia.* — Muyart de Vouglans. *Lois criminelles.* — Jousse. *Lois criminelles et la Loi du* 19-22 *juillet* 1791, titre II.

ral. Il est nécessaire d'appliquer les dispositions de cet article aux faits personnels et directs d'impudicité, sur des mineurs, sans exiger capricieusement, dans telle ou telle espèce, la double condition de répétition des actes impudiques et de pluralité de personnes corrompues, comme l'avait fait l'arrêt solennel de la Cour de cassation du 26 juin 1838.

Il ne faudrait point croire, en voyant une diminution dans le nombre des maisons officiellement connues, que la débauche sente les rangs de son armée s'éclaircir. Loin de là; mais la prostitution ouverte, reconnue, perd du terrain pour faire place à une prostitution plus dangereuse encore, la prostitution libre, exercée sans contrôle ; de jour en jour s'augmente le nombre des femmes qui tiennent boutique ouverte de plaisirs dangereux, en conservant toute liberté d'allures, en évitant toute surveillance. Le nombre des maisons de filles diminue, et dans certains quartiers, chaque logis meublé n'est à vrai dire qu'une maison de filles, dont la porte s'entr'ouvre chaque soir, pour livrer passage à des quêteuses d'hommes. C'est ainsi encore que chaque jour donne naissance à ces établissements étranges qu'on décore du nom de café, de brasserie, et où le service est fait par des filles, dont l'influence est d'autant plus grande sur les consommateurs que leur véritable profession, la prostitution, se dissimule sous l'apparence trompeuse d'une occupation plus régulière. Dans le quartier Latin, en particulier, on compte plus de soixante maisons de ce genre; c'est là que les jeunes gens se rassemblent, avec d'autant moins d'hésitation qu'un pavillon rassurant couvre, pour ainsi dire, la marchandise.

Mercier disait déjà dans son *Tableau de Paris* (1780), qu'il y avait alors, dans cette ville, 30 000 femmes perdues. Qui en dirait le chiffre réel aujourd'hui, sinon les hôpitaux, dans leurs chiffres éloquents, et les médecins, les chirurgiens, dans leurs intimes et désolantes constatations? Sur 116 filles soumises, on trouve une ou deux malades seulement, tandis que, sur 100 insoumises, on compte 61 malades.

En 1865, un rapport d'inspection générale constate que les casernes des régiments de la Garde Impériale, mieux soldés, sont désertes, que leurs soldats, à Paris, fournissent 20 000 journées d'hôpital, et que les hôpitaux et infirmeries militaires regorgent de vénériens (Maxime Du Camp, docteur Martineau, Lecour).

En 1843, le département de la Seine comptait 235 maisons de tolérance.

En 1851	219
En 1855	204
En 1860	194
En 1865	172
En 1869	152
En 1871	136
En 1874	134
En 1877	136

Les filles inscrites dans les maisons étaient :

En 1855	4,259
En 1860	4,199
En 1865	4,225
En 1869	3,731
En 1872	4,242
En 1875	4,580
En 1876	4,380

A Paris 1870-1880.

Le nombre des filles inscrites en 1870 était de	3,359	
Le nombre des filles inscrites en 1880 était de	3,375	
Années comparées de 1870 et 1880 (augmentation pour 1880)		16
Pendant la période de 1870 à 1874 l'effectif s'est élevé à	4,603	

Nombre de prostituées dans Paris.

Inscrites.	En tolérance............	972	3,375
	Isolées.................	2,160	
Nombre de prostituées (banlieue).			
Inscrites.	En tolérance............	68	
	Isolées.................	175	
Non inscrites........................			400

Prostitution clandestine dans Paris.

S'exerçant dans les garnis	15,000	40,000
— dans les boutiques.........	2,000	
— dans les chambres isolées..	20,000	
— dans les bals, concerts et cafés...................	3,000	

Maladies.

Nombre de prostituées inscrites (malades) 2 p. 100.
— non inscrites..... 40 —

Age des prostituées.

Pour les filles inscrites de............ 18 à 68 ans.
Pour les insoumises de................ 13 à 50 ans.

Origine.

Françaises, 2,800; Belges, Allemandes, Russes, Suisses, Italiennes, Espagnoles, Portugaises, Algériennes, Américaines, 575.

Mariées..........................	330	3,375
Non mariées......................	3,045	

Par mois, la police arrête, en moyenne, 300

filles insoumises ; sur lesquelles 115 mineures sont inscrites par an.

Il y a environ 2600 filles en cartes, pouvant sortir seulement de 7 à 11 heures du soir.

Les anciennes dispositions relatives à la réglementation de la prostitution, ont été implicitement maintenues par l'article 484 du Code pénal, ainsi conçu : « Dans toutes les dispositions, qui n'ont pas été réglées par le présent[1] Code et qui sont réglées par des lois et règlements particuliers les Cours et Tribunaux, continueront de les observer. (*Voir encore les lois des 14 décembre* 1789 ; 16, 24 août 1790 ; 19, 22 juillet 1791.)

L'article 471 du Code pénal punit d'amende de 1 franc à 5 francs inclusivement ceux qui auront contrevenu aux règlements ou arrêtés publiés par l'autorité municipale, en vertu de la loi des 16 août 1790 et 19 juillet 1794. Cette disposition, appliquée dans les départements, n'est pas visée, dans la pratique de Paris (qui opère et agit, elle déclare y être forcée), d'une manière absolument arbitraire pour les arrestations et détention des filles.

1. Sous la rubrique *Attentats aux mœurs*, art. 330 et suivants du Code pénal, les crimes et délits de cette nature sont prévus et réprimés.

A l'égard de ces filles, dit M. le président Faustin-Hélie [1], *aucune loi* ne donne à l'administration le droit de les arrêter et détenir arbitrairement.

Quelle que soit la position de ces femmes, elle doit les surveiller, mais elle ne peut les arrêter, lorsqu'elles ne commettent pas un délit punissable. On ne peut constituer de classe à part, qui soit en dehors du droit commun et pour laquelle les lois n'aient ni force ni protection; on ne peut reconnaître à l'administration d'autres droits que ceux que la loi lui confère. Qu'en conclure donc? Qu'il faut revenir à l'égalité devant la loi.

VIII

LA PRÉFECTURE DE POLICE. — SAINT-LAZARE. — LE MOUVEMENT EN ANGLETERRE ET EN FRANCE SUR LA RÉPRESSION DE LA DÉBAUCHE.

Veut-on connaître quelques détails sur cette administration, qui a pour mission de réprimer la débauche, et à laquelle on refuse des armes?

1. Les ouvrages de M. Faustin-Hélie, aujourd'hui président du conseil d'État, sont écrits dans un esprit plutôt libéral qu'autoritaire.

A la Préfecture de police, dont le fonctionnement est si important, le service des mœurs comprend : le chef de la première division, le chef du deuxième bureau de la première division, l'officier de paix, chef du service des mœurs, l'inspecteur principal, un brigadier et trois sous-brigadiers, dirigeant soixante inspecteurs, pour surveiller Paris et la banlieue, divisés par arrondissements et lots.

A Saint-Lazare sont cinq catégories de recluses :

1° Les filles détenues, administrativement, soumises ou insoumises ;

2° Les prévenues, en vertu de mandats de justice ;

3° Les condamnées à moins d'un an de prison, pour délits ;

4° Les condamnées à plus d'un an, attendant leur transfèrement, dans les maisons centrales ;

5° Les jeunes filles, détenues par correction paternelle ou condamnées pour avoir agi avec ou sans discernement. (66, Code pénal.)

L'infirmerie de Saint-Lazare peut recevoir 360 malades ; elle en compte habituellement de 250 à 300.

L'emprisonnement à Saint-Lazare varie d'un mois à deux mois, dans l'intérêt des entrepreneurs des prisons.

La maison de Saint-Lazare est dirigée par soixante religieuses, appartenant à l'ordre de Marie-Joseph.

Les mineures de dix-huit ans accomplis figurent, parmi les filles publiques :

En 1855	182
En 1860	80
En 1865	76
En 1869	65
En 1872	160
En 1873	188
En 1874	174
En 1875	149
En 1876	114

Les mineures au-dessous de dix-huit ans :

En 1855	75
En 1860	20
En 1865	13
En 1869	22

Les poursuites exercées à Paris, à diverses époques, plus récemment encore à Auch[1], Marseille, Lyon, démontrent qu'à ces écoles de la débauche, se forment, par le chantage, par

1. *Mémoires de Canler.* — Ambroise Tardieu, *Médecine légale.* — Assises de la Seine : Pascal, lancier, accusé d'assassinat sur un bourgeois.

l'association étendue dans l'ombre, les plus habiles et les plus audacieux criminels [1].

Les revenus quotidiens des souteneurs, à Paris, sont importants, ainsi qu'on peut en juger par le document qui suit :

Depuis quelque temps, les habitants de Neuilly étaient effrayés par de fréquentes attaques nocturnes et de nombreux vols à main armée ; voulant mettre fin à cet état de choses, on en référa au chef de la sûreté, qui expédia aussitôt plusieurs agents. On ne tarda pas alors à découvrir les coupables. D'après certaines indications, les soupçons se portèrent sur trois individus, qui occupaient, avec deux filles de mauvaise vie, un taudis, rue du Marché, 49. Une descente de police fut organisée et l'on arrêta les cinq individus. Depuis, une souricière ayant été établie,

1. Les débauches de la rue du quartier de la Madrague, jugées à Marseille, en septembre 1880, y ont révélé une association, qui attirait les jeunes filles pour les livrer aux libertins. On disait aux victimes : Vous gagnez par votre rude travail 1 fr. 50 cent. par jour, vous obtiendrez 50 fr. par nuit. Les prévenus étaient une femme et un cocher, qui racolait les voyageurs, pour les conduire et accueillir en ce repaire. Dans les villes industrielles, les jeunes filles, dont le salaire est en moyenne de 1 fr. 75 cent. par jour, se livrent au désordre après la fermeture des ateliers, le soir, elles font, disent-elles, un cinquième quart (Jules Simon, l'*Ouvrière*). Voir la préface de la *Dame aux camélias*. *La prostitution en Europe*, par Rabutaux.

le chiffre des arrestations s'éleva graduellement à quatorze. Dans cette bande, se trouvent deux repris de justice, dont le casier judiciaire est amplement garni.

Un détail curieux et tout à la fois écœurant. Le système de défense des hommes de cette bande, lorsqu'on leur reproche les attaques nocturnes, est celui-ci : « Pourquoi aurions-nous volé, disent-ils, puisque nos *marmites* — c'est ainsi que dans leur langage naturaliste ils désignent les femmes — nous donnent six cents francs par mois. »

Comme ce chiffre paraissait invraisemblable, l'un d'eux a fourni comme preuve le carnet de comptabilité d'une des femmes ; nous extrayons une feuille du carnet de la fille Paola.

	RECETTES		POUR GUSTAVE
	fr.	c.	fr.
Dimanche	47	»	40
Lundi	22	»	20
Mardi	18	50	15
Mercredi	13	»	10
Vendredi	18	»	15
Samedi	24	»	20
Dimanche	34	50	25
	174	»	145 [1]

1. A rapprocher de l'*Art d'élever les lapins* et de s'en faire

Le 16 février 1879, MM. Schœlcher, sénateur des Colonies, Thulié, Tolain, députés ; Iiouville, conseiller municipal ; Tirard, député-ministre, donnaient leur démission de membres d'une commission d'enquête sur la Préfecture de police, n'ayant pu accomplir leur mission.

Pourquoi? On ne leur avait rien montré; toujours le secret professionnel, à tous les degrés.

C'est qu'une pareille recherche découvrirait sans résultat possible, si ce n'est pour la curiosité publique, les recherches d'une administration, obligée d'opérer dans l'ombre, avec ses agents secrets, contre les malfaiteurs, qui se cachent, dans tous les mondes et sous toutes les couches sociales.

3,000 livres de rente. — *Histoire des barrières de Paris*, par Delvau.

Les courtisanes italiennes, un peu trop vantées, les Fossita, les Blaziflora, la belle Imperia, enterrée avec pompe, du temps de Léon X, dans l'église Saint-Georges, avaient, à leur suite, des condottiere, des sbires à leur solde. — Le velours, la soie des pourpoints recouvraient et poétisaient ces hontes ; à notre époque, résolument naturaliste, l'étalage de la vendeuse d'amour en plein boulevard, dans les gares, aux stations du chemin de fer de Ceinture, la procession errante des ombres faméliques sur les boulevards, les maigres théories des bouquetières, offrant leurs fleurs déjà fanées, attristent profondément. Derrière elles, dans l'ombre, guette la horde des ribauds, des souteneurs, des tard venus, des fils de joie déguenillés, etc.

En Angleterre fut pris, surtout dans l'intérêt des garnisons et[1] stations navales, le 29 juillet 1864, un bill contre les maladies contagieuses (*the contagious diseases prevention act*).

Depuis cette époque, le parti libéral en a demandé le rappel; 10 députés seulement sur 26 représentants des villes, soumises à ce régime, en ont demandé le maintien, énergiquement combattu par MM. Williams Fowles, Bright, Gladstone, Mandella, Stainfeld, Childen, S. Bourcourt, Johnston, madame Joséphine Butler de Liverpool, madame Venturi, ont remis au Parlement des pétitions, couvertes de dix-neuf cent soixante-huit mille trois cent soixante-dix-neuf signatures, réclamant l'abrogation d'un acte aussi contraire à la liberté et à la légalité. A Paris même, madame Chapman a, dans le même but, organisé une société, rue de Rivoli, 217.

1. Voir : Lettre de M. Yves Guyot sur la *Police des mœurs* du 31 mars 1879. — *Actes du congrès de Genève*, 17-22 septembre 1877. — *De la prostitution*, par Parent-Duchatelet, annoté par Tribuchet et Poirat-Duval. — Lecour, *La prostitution à Paris et à Londres*. — *La prostitution dans les grandes villes*, par le docteur Jeannel. — *Les ouvriers en Europe*, par M. Le Play, conseiller d'État (1867). — *Le monde des coquins*, par Moreau. — Christophe, *Les mœurs de Paris*.

IX

LA POLICE DES MŒURS. — SON ACTION. — SES RÈGLEMENTS.

On sait quelles critiques sont journellement dirigées contre la police des mœurs, ses agents, et leur façon d'opérer; on sait quelle ardente campagne est menée à ce sujet, dans bon nombre de journaux; mais ce qui est généralement ignoré, ce sont les recommandations si sages, insérées dans le règlement arrêté le 15 octobre 1878 par M. Al. Gigot, alors préfet de police.

Ces instructions, courtes et simples, visent la prostitution clandestine et les filles insoumises, la prostitution tolérée et les filles inscrites, et contiennent quelques dispositions particulières sur les outrages publics à la pudeur, le service administratif et le service médical.

Les inspecteurs à qui une maison est signalée, comme lieu clandestin de prostituées, en préviennent le chef de la police municipale; celui-ci, *après enquête*, fait donner, par le chef de la première division, un mandat de perquisition, en vertu duquel on peut, avec l'assistance du commissaire de police, visiter, de jour ou de nuit, l'établissement suspecté.

Si quelque fille, ayant obtenu l'autorisation de loger en garni, est trouvée faisant commerce de prostitution, dans le garni qu'elle habite, elle peut être arrêtée, car l'autorisation obtenue par elle n'a d'autre but que de lui fournir un asile ; mais elle éviterait cette conséquence si elle était trouvée avec un individu, la gardant comme concubine, chose facile à établir par le relevé du registre de police.

Il est rappelé que les cabarets et lieux connus pour favoriser la débauche clandestine peuvent être visités par les commissaires de police, sans mandat, jusqu'à l'heure de leur fermeture, et même après, dans le cas où les portes ne seraient pas fermées à l'heure ordonnée.

On recommande aux agents, pour ce qui regarde les filles insoumises, leur surveillance et leur arrestation, une prudence excessive. Il est dit qu'on ne les doit emmener qu'après la constation de faits précis et multipliés de provocation à la débauche, à moins qu'il n'y ait aveu de la fille ou de l'homme, trouvé avec elle, et que les agents ne doivent pas user de subterfuges et de provocations.

Dès qu'une fille est arrêtée, un rapport doit être dressé par les inspecteurs, qui ont à vérifier immédiatement si l'adresse indiquée est bien celle de la demeure réelle; il faut en effet se livrer aux recherches nécessaires pour constater des faits habituels de débauche publique, un fait de débauche privée n'est jamais suffisant pour permettre l'arrestation de celle qui s'y livre.

C'est ainsi qu'une femme, trouvée dans un garni avec un homme, n'encourt point une arrestation, quand elle est en relation habituelle avec celui qui l'accompagne, à plus forte raison quand il n'y a pas un commerce de prostitution, moyennant argent, il est ordonné de ne point se saisir de la femme; de même quand elle est trouvée seule, quel que soit le lieu de la découverte.

Les commissaires de police ont à décider si l'arrestation doit être maintenue, et ce, après avoir entendu les agents et la personne arrêtée; procès-verbal est dressé sur formules imprimées.

Les inspecteurs doivent exercer une surveillance journalière sur les maisons de tolérance, et veiller à ce que les obligations imposées soient rigoureusement observées. Pour les filles inscrites, il est permis d'exiger la représentation de leur carte, afin de s'assurer de leur exactitude à la visite; mais les agents doivent avoir le soin, quand ils ne trouvent pas au domicile indiqué une fille qu'ils sont chargés de prendre, de ne point laisser trace de leur recherche.

Sur les filles disparues une grande circonspection est nécessaire; aussi faut-il se borner à faire connaître, dans un rapport spécial, la situation nouvelle de ces femmes, quand elles ont pris un autre genre de vie, et qu'elles se sont remises au travail; on ramène au bureau administratif celles qui n'ont point renoncé à la débauche.

Quant aux filles arrêtées, quand elles ne peuvent être dirigées sur la Préfecture de police, on les conduit dans les postes, d'où elles sont transférées au Dépôt.

Ce ne sera point seulement pour la recherche et la surveillance des prostituées que les agents des mœurs ont des fonctions à exercer; on leur rappelle que le cas de sodomie, consommé ou tenté dans un lieu public, constitue un outrage public à la pudeur, devant lequel ils ne sont point désarmés; on leur renouvelle la recommandation de ne point agir par voie de provocation.

Les instructions, données sous la rubrique du service administratif, portent sur l'examen des pièces, sur l'interrogatoire auquel se livre le commissaire interrogateur, au bureau des mœurs, lequel doit soumettre à une commission spéciale le cas des filles insoumises majeures, qui refusent leur inscription et la position à examiner, avec leur famille, des filles mineures.

Les punitions disciplinaires à infliger aux filles continuent, dit la note, à être infligées par le préfet, et, dans le cas d'une réclamation, par la commission, qui entend la fille arrêtée ; dans cette commission entrent le préfet lui-même et deux commissaires de police.

La dernière recommandation est adressée au service médical, qui doit s'abstenir de procéder à la visite corporelle, quand une résistance est rencontrée chez la fille ; l'incident est alors soumis au préfet. Telles sont, en résumé, les instructions données aux agents des mœurs et qui limitent le champ, dans lequel ils doivent agir. On voit que, dans une ville comme à Paris, théâtre de tant de désordres, il est bien difficile d'agir avec plus de mesure, de circonspection, de manière à sauvegarder les intérêts publics et privés. Comment, sur le grand nombre, éviter une erreur ? On en a signalé parfois, avec grand bruit, mais sans preuves le plus souvent.

LE DIVORCE

I

LE DIVORCE.

> Trop heureux si bientôt la faveur d'un divorce
> Me soulageait d'un joug, qu'on m'imposa par force.
> (Racine. — *Britannicus, II*).

Nous venons d'exposer les chiffres, le personnel du crime et de la débauche à Paris. A toutes les causes suffisantes de dissolution pour la société Française, si profondément travaillée déjà, est venue, dans ces derniers temps, s'en ajouter une nouvelle qui, suivant nous, s'attaque à la famille elle-même et la détruit. Nous voulons parler ici du divorce, dont bien des unions, déjà désorganisées ou séparées judiciairement, attendent la prochaine proclamation, comme un bienfait, comme une libération. Divorçons [1] est la devise, trop facilement acceptée par des époux qui ont, à peine, essayé du mariage et qui s'en montrent, de suite, dégoûtés, ne voulant pas comprendre

1. Titre d'une comédie, donnée par Victorien Sardou. (1880.)

qu'il est indissoluble, dans son essence [1] civile et religieuse, comme étant de toutes les actions celle qui intéresse le plus la société.

Molière, ce grand penseur, ce grand écrivain, ce martyr résigné a écrit, dans l'*École des femmes* (III) :

> Le mariage, Agnès, n'est point un badinage,
> A d'austères devoirs le rang de femme engage.

De son côté, Bourdaloue, s'écriait avec éloquence : « On ne regarde plus, ce semble, le mariage, comme une chose [2] sacrée, mais comme une affaire temporelle et comme une simple négociation. »

Enfin, et à un autre point de vue [3], Buffon constatait que, dans son temps, c'est-à-dire il y a près de cent ans, chaque mariage produisait à Paris [4] environ quatre enfants deux tiers, au lieu qu'à présent chaque mariage ne produit, tout au plus, que quatre enfants !

1. Montesquieu. *Esprit des Lois XXVI.*
2. Sermon. Deuxième dimanche après l'Épiphanie.
3. *Problèmes de la vie.* (Pièces justificatives XXIX.)
4. Dans les familles riches, les unions sont presque toujours limitées à un ou deux enfants, souvent stériles pour des causes du domaine de la médecine ou de la chirurgie, croyons-nous. En Normandie, pays où l'on calcule tout, les mariages sont improductifs.

Dans les autres pays (moins riches et peut-être à cause de cette situation même, car la misère est prolifique), la population augmente et, en France, nous la voyons décroître, sans nous en préoccuper, sans en rechercher [1] les causes, sans en appliquer les remèdes possibles. Les logements doivent être aérés, les aliments doivent être sains et surveillés sur les marchés, les boissons, trop souvent frelatées, troublent les cerveaux et déterminent de fréquentes maladies des centres nerveux. Il y a là, dans les ménages, pour la conception, tout un ensemble de phénomènes mystérieux à étudier, à prévenir, à guérir, par une science [2] habile. Ce sont là, suivant

1. On s'attache toujours ici aux mesquines et petites mesures; tandis que pour diminuer les causes d'insalubrité, de mortalité, on défend dans l'intérieur de Paris, d'élever des pigeons, des lapins, — on entasse dans les bâtiments de l'ancien Hôtel-Dieu, près du nouvel Hôtel-Dieu, près de la caserne de la Cité, — les varioleux, qu'il faudrait isoler loin des habitations, dans les hôpitaux excentriques, et, tandis que l'on prescrit aux pharmaciens de ne livrer que, sur ordonnance des médecins, quelques centigrammes d'arsenic, de laudanum, de morphine, l'industrie les livre par centaines de kilos, sans contrôle, ce qui a permis les récents empoisonnements de Saint-Denis.

2. Il y a à Paris 2,300 médecins civils et 1,300 pharmaciens ou herboristes. Ce chiffre est utile à connaître par ce temps de batailles, de morts, de blessures et, par la même raison, on donne le chiffre des sages-femmes : 600.

nous les grands horizons, sur lesquels se doivent porter les méditations des gouvernements, des législateurs.

Il ne nous paraît pas que le projet de loi sur le *Divorce* réponde à un besoin vrai de notre société Française, ou à une nécessité de notre temps; jusqu'à preuve contraire et attendue, nous n'y voyons qu'une machine de guerre, destinée à détruire la famille et la propriété, réglées dans leur constitution et leur transmission, par des lois éclairées.

Avec la nature mobile du caractère français, avec les impressions passagères qui le dirigent trop souvent, le mariage deviendra la satisfaction éphémère d'un caprice et, après un certain temps, les conjoints reprendront, à leur gré, leur liberté [1], pour voler à de nouvelles épreuves, toujours charmantes au début, pénibles seulement à la longue, quand est venue la satiété. Châteaubriand lui-même disait dans sa vieillesse, charmée pourtant par madame de Récamier : « J'ai baillé ma vie ! »

1. Dans certains magasins, on reprend, après quelque temps écoulé, les objets ayant cessé de plaire, cette facilité est-elle possible pour l'union conjugale? Que l'on y songe, dans l'intérêt de la jeune fille, toujours sacrifiée et dévoyée par l'époux expérimenté.

II

DU DIVORCE DANS L'ANTIQUITÉ.

Il faut, pour se prononcer, sur la question qui nous occupe, jeter un coup d'œil sur le droit ancien et les législations étrangères, que les études, si consciencieusement[1] rappelées dans sa thèse de doctorat, par M. E. Combier, à qui nous empruntons ce qui va suivre, permettent d'examiner, avec certitude. Les différences des mœurs, des coutumes, des habitudes, des époques apparaissent, à chaque pas, sans qu'il soit besoin d'y insister, et démontrent l'abaissement, l'esclavage muet et humilié, sous lequel la femme fut et est encore maintenue.

En Chine, la femme dépend de son père avant le mariage, de son mari pendant le mariage et de son fils, lorsqu'elle est veuve. (*Confucius*. Davis. *The Chinese.*) La polygamie n'est pas permise, mais le concubinage est autorisé, le divorce peut être demandé pour adultère, stéri-

1. Paris, 1880. Durand, éditeur, rue Soufflot.

lité de la femme, conduite licencieuse, que des grilles solides rendent difficile.

Les Japonais, dont la législation semble perfectionnée déjà, bien qu'ils aient cru devoir la soumettre à deux [1] professeurs de la Faculté de Droit de Paris, ont, sur leurs femmes, un pouvoir absolu, ils peuvent même les vendre, en cas de pressant besoin, les renvoyer, en *cas de stérilité, ou de babil, comme un perroquet*, les tuer, en même temps, que le complice d'adultère, mais non séparément, sous peine d'être poursuivis comme meurtriers. Là, les mœurs exigent tout de la femme, rien du mari — ce dernier est le chef, le maître, à qui sa femme est liée, par une chaîne, que la mort [2] peut, à peine, rompre, dit M. Bousquet. — Le divorce est rarement prononcé au Japon s'il y a des enfants ; si le divorce est cependant obtenu, les enfants restent à la garde du père.

Dans l'Inde, le mariage n'était dissous que pour cause de stérilité, après huit années sans

1. M. Bousquet. *Le droit au Japon.* (*Revue des Deux-Mondes*, Juillet 1875.)

2. C'est la vieille chanson de nos campagnes, en Bretagne :

Enfin, vous voilà donc ma belle mariée,
Enfin, vous voilà donc à votre époux liée,
Avec un long fil d'or,
Qui ne rompt qu'à la mort !

enfants, ou si, au bout de douze ans, la femme n'avait donné naissance qu'à des filles. (Lois de Manou.) L'adultère donnait lieu au divorce, et, dans ce cas, la femme était punie par la perte de sa dot.

En Perse, la femme peut être répudiée, deux fois de suite, elle peut aussi obtenir le divorce, pour cause de misère, d'actes immoraux ou d'impuissance du mari.

Dans la Grèce, le divorce était fréquent, mais entouré pour les femmes, de grandes difficultés, elles pouvaient, nous apprend Hérodote, être répudiées pour cause de stérilité, et flétries pour adultère.

Pour les Juifs, le divorce fut autorisé par la loi de Moïse, « afin, dit saint Jérôme, de permettre, comme remède à des misères ou chagrins domestiques, de prendre de nouvelles épouses plus jeunes, plus belles, plus riches. » (*Saint Jean Chrysostome*, 12e homélie.)

La conséquence de l'adultère de la femme Juive n'était pas le divorce, mais la mort. L'adultère du mari n'était puni que lorsqu'il était trouvé, en flagrant délit, avec une femme mariée. (L. de Modène. *Cérémonies et coutumes des Juifs*. Lettres patentes de juin 1776.)

A Rome, d'après Plutarque (*Vie de Romulus*), les maris pouvaient répudier leurs femmes, coupables de supposition de part, voleuses avec fausses clefs, ayant préparé du poison, commis un adultère ou s'étant mises en état d'ivresse. (Aulu-Gelle, *Nuits Attiques*, liv. X, chap. XXIII.)

Dans une de ses comédies (*Mercator*), Plaute fait dire à Syra : « Utinàm lex esset eadem quàm uxori est viro. » Toujours ce même désir d'égalité de la femme, devant la loi, afin qu'elle puisse répudier aussi son mari, qui pouvait la renvoyer, pour cause de stérilité, comme le fit le premier Spurius Carvilius Ruga, qui avait imprudemment juré aux censeurs de donner bientôt, par son mariage, des enfants à la patrie. On s'indigna d'abord de ce divorce et de son motif, incertain peut-être, mais d'autres bien nombreux suivirent bientôt et sans cause, ou pour des puérilités : une femme, qui sort tête nue, une autre, en compagnie d'une affranchie, mal famée. Paul-Émile renvoie la vertueuse Papyria, mère de Scipion l'Africain, parce que ses souliers neufs le gênent. (Valère Maxime. Plutarque.) Sylla répudie sa femme Cœcilia, Pompée épouse la fille de Sylla, mariée et enceinte. César répudie Pompeia, sur un simple soupçon d'adultère, en disant aux Tribuns cette phrase superbe, tant de fois répétée depuis, pour dispenser de preuves : « La femme de César ne doit même pas être soupçonnée ! » Caton d'Utique lui-même céda sa femme Marcia, alors enceinte, à son ami Hortensius, signa au contrat et reprit l'abandonnée, avec plaisir, quand le défunt lui rendit sa place. (Plutarque, *Vie de Caton.*)

La dot, on le comprend bien, avait plus de part que le cœur en ces amours éphémères, elle reste au mari, répudiant sa femme, pour mauvaises mœurs. On épousait des courtisanes, bien achalandées, puis on les renvoyait après, mais sans leur fortune faite ; ainsi agit Titennius pour épouser Farmia et aussi Cicéron, le prince des orateurs, qui répudia Terentia, pour s'unir à une 'eune fille, dont la grosse dot paya ses dettes.

Les vices du monde, conquis par elle, désolent Rome victorieuse ; les matrones imitent les courtisanes d'Athènes. L'accès du divorce, rendu facile à tous et à toutes, conduit les femmes à l'adultère[1], elles affichent les mêmes licences que les hommes, partagent leurs orgies, défient les plus intrépides, la coupe à la main, les surpas-

1. Troplong, *Influence du Christianisme.*

sent même, par les raffinements de leur luxure, sauf à payer, par des infirmités précoces et étrangères à leur sexe, la peine de ces vices, qu'elles n'auraient jamais dû connaître.

La débauche, à Athènes, était modérée, discrète, contenue, élégante ; une fois répandue, dans Rome, elle n'y rencontra plus de digue. Les Romains, violents et grossiers, s'y plongèrent sans mesure, sans frein, et comme les femmes jouissaient, chez eux, d'une liberté illimitée, la luxure pénétra au sein des familles et souilla jusqu'à la sainteté antique du foyer [1]. La corruption des mœurs détruisit la censure, instituée pour supprimer les Saturnales et leurs infâmes initiés (186 avant J.-C.). Caton affichait, devant ses enfants, ses relations avec une jeune et belle esclave. Les femmes ne comptaient plus les années par le nombre des consuls, mais par celui de leurs amants. Elles avaient un mari seulement pour provoquer à l'adultère, elles se mariaient, dit Sénèque, pour divorcer, et divorçaient pour avoir le plaisir de se remarier encore. Pour échapper momentanément aux lois *caducaires* on vit les

1. Gide. *La condition privée de la femme Romaine.*

célibataires, en apparence les plus endurcis, contracter des unions irréfléchies [1].

Aux causes de divorce, indiquées par Plutarque, il faut ajouter : la captivité chez l'ennemi *pendant cinq ans*, l'impuissance du mari, l'adultère, la folie incurable. (Ulpien. Digest. *De divortiis.*)

On ne peut méconnaître que l'Empire Romain s'écroula sous le poids de ses immenses conquêtes, mais à cette cause de dissolution il faut ajouter la dépravation profonde, qui rongea les corps et les âmes, les passions égoïstes, remplaçant au foyer conjugal l'austérité des mœurs antiques. « L'exemple des Romains, dit Gibbon, démontre bien que le divorce ne contribue pas au bonheur et à la vertu des peuples. »

Nous allons voir maintenant quel rôle il joue, chez les nations modernes, et si la France doit, sans péril, l'adopter à l'heure présente.

1. Voir les *Lois Julia et Papia Poppœa.*

III

LE DIVORCE CHEZ LES NATIONS ÉTRANGÈRES[1].

En Angleterre, où les formalités du mariage sont rendues très faciles, puisqu'il n'est pas nécessaire de recourir à l'autorité spirituelle, il suffit aux futurs de remettre au greffier civil (*registrar*) les papiers, les certificats de publication en présence de deux témoins, portes ouvertes, entre huit heures et midi.

Le divorce était prononcé par les cours ecclésiastiques, pour incapacité proclamée par les lois canoniques ; et, dans certains cas, comme pour adultère de la femme, par acte privé du Parlement. L'acte de la Reine Victoria (28 août 1857) transporta le jugement de ces questions à la *Court for divorce, and matrimonial causes*. Cette juridiction peut prononcer le divorce pour adultère,

1. Statut présenté, en 1753, par le lord chancelier Hardwicke pour prevenir les mariages clandestins. — Voir : lord Campbells. *Lives of the Chancellors*. — M. le professeur Glasson. *Le mariage civil et le divorce en Europe*. — M. Em. Combier. *Thèse sur le Divorce*. (1880.) *Les mariages à Grètna-Green*. En Afrique, les Juifs sont régis par le décret du 24 octobre 1870.

sévices, abandon sans cause, pendant deux années au moins (La Play, *Constitution de l'Angleterre*).

Le mariage est aujourd'hui encore, en Angleterre, entouré de tant de respect que le divorce y est, dans toutes les classes, une très rare exception. L'acte de 1857 n'est pas applicable, dans les îles Normandes, non plus qu'en Écosse ou en Irlande.

Aux États-Unis, où le droit commun de l'Angleterre règne encore généralement, chaque État observe pourtant une législation, qui lui est propre. Le mariage est établi par la déclaration libre des parties, devant le magistrat, ou seulement même devant témoins. Les hommes sont nubiles à quatorze ans, les filles à douze, sans avoir alors besoin du consentement des parents. Le divorce a lieu pour cause d'adultère, dont la preuve peut être repoussée, si l'autre conjoint a commis la même faute. La tendance actuelle, en Amérique, est de faciliter le divorce pour les femmes, émancipées complètement de la puissance maritale par l'acte de 1875, dans le Massachusetts. Dans certains États, la séparation de corps est admise, comme une épreuve temporaire, devant aboutir à la réconciliation ou au divorce.

Chez les anciens Germains, le mariage, nous

apprend Tacite, était une alliance indivisible et sacrée, à côté d'elle, on admettait et on admet encore l'union morganatique, privée de certains effets du mariage légitime. (Miroir de Souabe. Lehr. *Droit germanique.*) Le 9 mars 1874, fut promulguée la loi qui établit le mariage civil dans toute la Prusse ; le mariage civil y doit précéder le mariage religieux, sous peine d'amende; cette loi fut étendue à toute l'Allemagne par la loi du 6 février 1875. Les cas de divorce admis sont très nombreux. (Le Landrecht prussien, promulgué le 1er juin 1794, contient 119 articles, relatifs au mariage); en première ligne l'adultère, les actes immoraux, les relations suspectes, continuées malgré l'injonction du juge, l'abandon volontaire, le refus obstiné du devoir conjugal, les infirmités génitales, la démence incurable, les condamnations infamantes, les injures graves, l'ivrognerie et la débauche habituelle, l'exercice d'un métier honteux, la misère, le changement de religion. Quand il n'y a pas d'enfants, le divorce peut s'opérer par consentement mutuel. A Brunswick, l'expulsion du pays est une cause de divorce.

En Hollande, où notre Code fut suivi jusqu'en 1830, la législation de 1838 a admis à la fin le divorce et la séparation de corps, permise même par consentement mutuel.

La Suisse, diverse comme ses paysages, est régie par des lois, par des coutumes, réunies en fédération, où le divorce est admis par la constitution du 29 mai 1874, pour adultère, dans les six mois, pour attentat à la vie du conjoint, pour condamnation infamante, pour abandon malicieux du foyer, pendant deux ans, pour folie incurable.

En Autriche, le divorce est aussi admis; de même en Suède, en Russie, en Norwège, les causes y sont : l'adultère, les maladies chroniques, les condamnations infamantes.

L'islamisme existe encore en Afrique, en Asie et ses disciples se demandent si la femme a une âme, lui permettant d'entrer, un jour, dans le Paradis des hommes.

Mahomet dit aux croyants : « Les femmes sont votre champ, ensemencez-le, à votre gré, vous êtes supérieur à elles. » Le Prophète limite à quatre le nombre des femmes (tout en faisant une meilleure exception pour lui-même), le nombre des concubines est illimité. D'après Lane (modern Égyptian) les hommes changent de femme, une fois par mois. Le divorce existe pour adultère, impuissance, folie. (*Surah.*)

Le Mexique, l'Italie, l'Espagne, le Portugal n'ont admis jusqu'ici que la séparation de corps.

La Belgique a conservé le titre VI du Code Napoléon, dont les dispositions ont cessé d'être en vigueur, en France, depuis la loi de 1816. Le divorce est donc usité chez nos voisins, qui en usent largement, concurremment avec la séparation de corps. Il en est de même aujourd'hui, dans l'Alsace Lorraine, où le divorce a été rétabli par la loi de 27 novembre 1873.

Les Arabes de l'Algérie sont régis par le sénatus-consulte de 1865.

IV

DU DIVORCE DANS LES GAULES (PÉRIODE BARBARE).

César, en parlant des Gaulois, ne cite pas d'autre cause de dissolution du mariage que le décès de l'un des conjoints. Faut-il en conclure que le divorce n'était pas admis chez eux? César nous apprend, de la façon la plus claire, que les pouvoirs les plus absolus étaient concentrés dans les mains du mari, qui avait droit de vie et de mort sur sa femme, comme sur ses enfants :

« *Viri in uxores, sicuti in liberos, vitæ necisque habent potestatem* [1]. » A l'époque de la conquête, le chef de famille Gaulois avait le droit de répudier sa femme, comme il avait le droit de la faire périr, dans les supplices, lorsqu'elle encourait quelque soupçon grave : « *Si compertum est, igne atque omnibus tormentis excruciatas interficiunt.* » Néanmoins les Gaulois avaient des mœurs très pures et le divorce, s'ils le pratiquaient, ne dégénéra jamais en abus.

La famille antique, unie par des liens étroits, se groupait autour de son chef, abdiquant devant lui toute indépendance, et se soumettait fidèlement à une autorité, sans limites, sentant le besoin de se protéger par la force et l'union, contre les dangers du dehors. C'est ainsi que la force apparaît primitivement comme la forme de tout droit ; le besoin de protection donne un pouvoir absolu au chef de famille, et c'est un caractère des mœurs patriarcales de voir une pareille toute-puissance, exercée sans injustices et sans abus, par les hommes, qui en sont revêtus.

Si nous examinons maintenant l'état de la fa-

1. *Comment.* VI, § 19.

mille chez les peuples germaniques, qui allaient envahir la Gaule, nous voyons les Germains adopter le principe de l'indissolubilité du mariage. Le mariage avait eu tout d'abord, pour caractère la forme d'un achat et d'une vente [1], mais ces formes ne furent plus bientôt qu'un symbole et l'union légitime fut entourée de respect et d'hommage.

« Ils se contentent d'une seule femme, dit Tacite, à l'exception de quelques grands, qui en prennent plusieurs, non par dérèglement, mais pour ajouter à leur noblesse par ces alliances [2]. » La femme était intimement associée à la vie et à la fortune de son mari. On l'avertissait solennellement lors du mariage : « *Venire se laborum periculorumque sociam, idem in pace, idem in prælio, passuram, ausuramque, sic vivendam, sic pereundam* [3]. » Le divorce était à peine connu et l'adultère excessivement rare ; on le punissait de peines rigoureuses, le plus ordinairement la femme était brûlée vive avec son complice [4].

1. M. Gide. *op. cit.*, p. 233. — Zœpfl, Deutsche Rechtsgeschichte, § 81. — M. Glasson, *le Mariage civil et le divorce.*

2. *De moribus germ.* XVIII.

3. Tacite, *ibid.*

4. La pureté des mœurs du Nord dans l'antiquité a été contestée. Suivant Adam de Brême, les Scandinaves étaient mo-

Lorsque les tribus germaines envahirent la Gaule, leurs mœurs pures et austères se perdirent vite au contact de la civilisation raffinée des cités latines. Les lois romaines séduisirent les tribus barbares, qui ne tardèrent pas à s'assimiler les coutumes et les dépravations du vaincu [1]. Le droit patriarcal et rigide de la vieille Germanie fit place à une législation à la fois brutale et efféminée, à demi-civilisée et déjà corrompue. A peine établies sur le territoire de l'Empire, la pratique du divorce devint d'un usage général, parmi les peuplades conquérantes, de même que le Code Théodosien, résistant au torrent des coutumes barbares; finit par avoir force de loi parmi les Germains eux-mêmes.

Nous le voyons admis chez les Burgondes pour trois causes déterminées : l'adultère, la violation de sépulture et la magie. Cet état du droit fut modifié par la loi Gombette en 517, énumérant certaines causes, pour lesquelles le mari pouvait répudier sa femme; celle-ci ne pou-

dérés en toutes choses si ce n'est dans le nombre de leurs femmes, et l'on trouve dans Salvien un passage ainsi conçu : *Gothorum gens perfida sed pudica est. Alomanorum impudica ed minùs perfida* (*de gubern. Dei*, liv. VII).

1. *Gallia capta ferum victorem cepit.*

vait plus divorcer [1]. Si le mari renvoyait sa femme injustement, il devait payer à sa femme douze sous d'or d'indemnité et le double du *pretium nuptiale*, c'est-à-dire les différents présents que le fiancé faisait aux parents de la fiancée, en échange du *mundium*. Il lui laissait aussi la maison conjugale et ce qu'elle contenait.

Les Lombards n'admettaient pour cause de divorce que l'adultère. Les Goths étaient régis sur ce point par un édit de Théodoric, qui leur appliquait la constitution de Constantin ; les causes de divorce étaient pour le mari, la magie et la violation des sépulcres, pour la femme, l'adultère, la magie et l'inconduite [2].

Les Visigoths admettaient aussi le divorce. En vertu des lois d'Euric Ier, la femme pouvait être répudiée pour adultère : si l'accusation était reconnue fausse, le conjoint perdait le droit de se remarier, la femme perdait sa dot et le mari était forcé de la restituer.

Certaines lois n'autorisaient le mari à répudier sa femme que s'il lui payait une indemnité. Nous voyons dans les lois galloises [3], que le

1. *Leg. Burg.*, 34.
2. V. Laboulaye, Laferrière, Pardessus, Zæpfl...
3. *Leges Walliæ*. Dunet, *cod. lib.*, II, tit. 19, v. I.

mari devait rendre la dot à sa femme, s'il la renvoyait avant qu'il se fût écoulé sept jours; après sept jours, depuis le mariage, il devait lui abandonner la moitié de ses biens. De même, la loi des Alemans forçait le mari, qui divorçait, à payer à sa femme quarante sous d'or; il devait jurer de plus qu'il ne la répudiait pas pour ses défauts, mais pour épouser une autre femme qu'il aimait. S'il divorçait sans motif, il était puni de peines pécuniaires et perdait le *mundium*. Quant à la femme, elle n'avait pas le droit de répudier son mari. Toutefois la loi des Alemans lui accordait cette faculté dans un certain nombre de cas [1]. — Les lois galloises limitaient ce droit à trois cas; «*si leprosus sit vir, si habeat fetidum anhelatum et si cum eâ concubere non possit* [2]. » Après le divorce, les époux pouvaient se reprendre tant qu'ils n'étaient pas remariés [3].

1. Rothar, c. 195, 196, 197.
2. *Leg. Walliæ*, lib. II, tit. 20, c. 10.
3. Avant le christianisme, les Irlandais, suivant M. H. Sumner Maine, n'avaient qu'un mariage. « *Annal.* » V. son *Étude sur l'histoire des institutions primitives*, traduction de M. Durieu de Legritz. Cet ouvrage est basé sur un recueil célèbre, le *Senchus more*. M. Henri Martin a soutenu que les Irlandais pratiquaient aussi des unions plus longues et même perpétuelles. *Académie des sciences morales et politiques :* séance du 4 septembre 1880 au *Journal officiel* du 9 septembre.

Quant aux Francs, à peine entrés en Gaule, ils pratiquèrent le divorce qui fut bientôt facilité, n'étant soumis à aucune condition et à aucune forme. Nous ne trouvons rien sur ce point dans la loi salique ni dans la loi ripuaire, mais les formules de Marculfe prouvent l'existence du divorce par consentement mutuel. Nous en avons une ainsi conçue : « *Idcircò dum et inter illo et conjuge sua... discordia regnat... placuit utriusque voluntas ut se à consortio separare deberent*[1].

Le divorce était même si bien passé dans les mœurs qu'au moment où l'Église commença à régner en Gaule, après la conversion de Clovis, elle n'osa pas heurter trop violemment les coutumes gallo-franques, en proclamant nettement le principe de l'indissolubilité du mariage. Pourtant l'Église toute-puissante sur le gouvernement et sur les consciences du peuple, associée intimement à l'existence nationale, participait à sa grandeur et à ses progrès, se servant de la Gaule comme de son plus ferme soutien et de son épée dans le monde, au point qu'on put dire sans trop de présomption *gesta Dei per Francos*. C'était bien dans cette nation naissante

1. Form. II, 60.

qu'elle devait songer à appliquer et faire triompher un des préceptes les plus purs de sa morale, le respect du pacte conjugal et l'indissolubilité des liens de famille. Mais ce n'était pas en changeant tout d'un coup les habitudes de peuples à demi barbares, qui avaient accepté le christianisme plutôt qu'ils n'y avaient couru, ce n'était pas en imposant violemment sa morale rigide à ces tribus à peine chrétiennes que l'Église pouvait faire triompher sa doctrine. Elle comprit, que ces préceptes, devaient pénétrer peu à peu dans les masses, et c'est un curieux spectacle que de suivre la marche et les progrès de la nouvelle foi, au milieu des difficiles écueils de son établissement, chez les barbares.

Ce furent d'abord les docteurs seuls qui proclamèrent le principe de l'indissolubilité du mariage. Les Évangélistes furent les premiers à le professer : saint Paul commentant la parole de Jésus-Christ « ils ne sont plus deux, mais une seule chair, » ajoutait « que l'homme ne sépare pas ce que Dieu a uni [1]. » Puis les autres pères de l'Église, saint Jérôme, saint Jean Chrysostome, saint Augustin soutinrent énergiquement les mêmes idées.

1. Saint Luc, ch. XIX, 5-6.

L'Église n'avait pas encore imposé sa doctrine; les divorces restaient aussi fréquents parmi les chrétiens et les rois en donnaient eux-mêmes l'exemple. On peut citer en effet, les divorces de Théodebert, en 535; de Chilpéric, en 564; de Gontran, en 565; de Caribert, en 565; de Dagobert Ier, en 629; de Pépin, en 768; enfin ceux de Charlemagne, qui répudia successivement Hermengarde, Hildegarde et Frastrade, et qui n'en fut pas moins canonisé. Montesquieu dit, en parlant de ces divorces : « Ces mariages étaient moins un témoignage d'incontinence qu'un attribut de dignité; c'eût été blesser les rois, dans un endroit bien tendre, que de leur faire perdre une telle prérogative [1]. »

Cependant l'indissolubilité du mariage fut reconnue et proclamée par Pépin le Bref, en 744. Nous trouvons la preuve de ce fait dans la collection de Capitulaires de Baluze; désormais le second mariage d'un conjoint est interdit du vivant de l'autre : « *quia maritus mulierem suam non debet dimittere, exceptâ causâ fornicationis deprehensa* [2]. » Et dans ce seul cas où le divorce était permis, Pépin exigeait l'autorisa-

1. *Esprit des lois*, liv. XVIII, ch. XXIV.
2. Baluze, I, p. 159.

tion des évêques. C'était reconnaître la prépondérance ecclésiastique, en matière de mariage, et consacrer l'ingérence du droit canonique dans les questions de séparations. Aussi l'influence épiscopale devint-elle plus grande, de jour en jour, et désormais c'est la période canonique que nous avons à envisager.

V

LE DIVORCE D'APRÈS LE DROIT CANONIQUE.

Les écrivains chrétiens proclamèrent le principe de l'indissolubilité du mariage, dès les premiers temps. Jésus-Christ avait dit aux Pharisiens : « c'est à cause de la dureté de votre cœur que Moïse vous a permis de renvoyer vos femmes[1]. » Et la doctrine nouvelle, qui ordonnait à l'homme de ne s'attacher qu'à une seule femme, était rigoureusement commentée par les Apôtres. « Celui, dit saint Luc, qui renvoie son épouse et en épouse une autre, commet un adultère[2]. » Saint Mathieu admettait cependant la répudiation

1. Saint Mathieu, ch. XIX, 8.
2. Saint Luc, ch. XIV, 18.

basée sur l'adultère de la femme, le mari pouvait alors se marier sans crime [1]. Saint Paul exprimait nettement que les époux n'avaient que le droit de se séparer et non pas celui de rompre le lien conjugal [2]. « J'ordonne, disait-il, ou plutôt c'est le Seigneur qui ordonne, par ma bouche, à ceux qui sont unis par le mariage que l'épouse ne s'éloigne pas de son mari ; si elle le quitte, qu'elle reste sans se marier ou se réconcilie avec son mari. » Mêmes préceptes dans l'épître aux Romains [3].

Des théologiens, comme saint Épiphane [4], saint Ambroise, Astérius, évêque d'Amasie, la combattaient et saint Augustin, malgré sa vive opposition au divorce, avoue lui-même qu'il règne, en cette matière, une très grande obscurité, que chacun est libre de croire ce qu'il veut [5].

Quelle que fût encore l'incertitude sur ce point, les principes de la doctrine nouvelle sur la famille et le mariage n'en étaient pas moins en complet désaccord, avec l'état des législations et des mœurs. Nous avons constaté déjà les efforts faits à diverses

1. Ch. v, 32.
2. 1 Corinth, VII, 10, 11.
3. Rom. VII, 2, 3.
4. *Adversus hæreses*, n° 59.
5. Saint Aug. *De fide op. Cap.*, IX, 35.

reprises par les empereurs chrétiens, pour mettre le droit de l'empire en harmonie avec la morale plus pure, enseignée par la religion nouvelle.

Chez les barbares, l'idée chrétienne pénétra plus facilement qu'à Rome : elle n'avait pas à combattre une législation séculaire, mais seulement des compilations romaines à peine comprises et diversement appliquées. Les différentes modifications, survenues dans les coutumes germaniques après la conquête rendaient plus faciles de nouvelles modifications telles que la reconnaissance légale de l'indissolubilité du mariage. L'idée grossière du mariage barbare, sorte de vente et d'achat, à peine transformée par le droit gallo-romain, devait offrir une médiocre résistance à l'idée plus austère et plus civilisatrice professée par le christianisme. Ce ne fut pas sans doute l'œuvre d'un jour que ce triomphe des principes nouveaux, et nous avons à signaler les hésitations, qui marquèrent l'établissement du droit canonique en Gaule.

Les conciles songèrent à formuler d'abord les principes, reconnus par les docteurs, mais privés encore de la forme précise, qui devait en rendre l'admission plus facile dans le monde chrétien. Remarquons que si les canons de certains conciles renferment quelques divergences sur le principe de l'indissolubilité du mariage, on peut répondre que ces conciles particuliers ne pouvaient avoir l'autorité d'un concile œcuménique et qu'il ne faut pas accorder aux canons d'un synode la valeur qu'on donne aux principes, reconnus par l'assemblée générale des évêques de la chrétienté.

Un premier concile, celui d'Elvire, en 313, frappait d'excommunication la femme répudiée, qui se remariait du vivant de son mari [1]. Mais celui d'Arles, en 314, conseillait seulement au mari d'une femme adultère de ne pas se marier, tant qu'elle vivrait (canon 10). Le concile de Milève, en 416, confirma les dispositions du concile d'Elvire [2]. La femme, dit le Concile de Fréjus (791), ne peut prendre mari, ni pendant la vie, ni après la mort de celui qu'elle a trompé [3]. Le concile de Tibur, en 895, vint encore confirmer ces dispositions : (canon 45) que, « le mari, tant que la femme vivait, ne pouvait en épouser une autre. »

D'ailleurs les papes s'étaient déjà prononcés pour l'indissolubilité du mariage. Une lettre d'In-

1. Canon IX, *Acta conc.* collect. Labbe, t. I, col. 971.
2. *Acta conc*, t. II, col. 1537, canon XVII.
3. *Acta conc*, t. VII, col. 991.

nocent Ier à l'archevêque de Toulouse, en 405, condamne la pratique du divorce [1]. Quelques conciles œcuméniques abandonnaient pourtant le divorce à la loi civile; c'étaient ceux de Constantinople, en 381, d'Ephèse en 431, et de Chalcédoine, en 451. D'autres conciles s'occupèrent encore du divorce. Celui de Soissons, en 744, renfermait, dans son canon 9, la disposition suivante : « Une femme du vivant de son mari, ne peut en prendre un second, parce qu'un mari ne doit pas renvoyer sa femme, à moins qu'il ne l'ait surprise en flagrant délit d'adultère [2]. »

Le concile de Verberie dispose (art. 9) que si la femme refuse de suivre son mari, hors de la province ou du duché, elle doit rester sans se marier, tant que vit son mari et celui-ci peut, au contraire, contracter une nouvelle union; le mari ne peut répudier sa femme que lorsque celle-ci veut le faire assassiner [3]. Et un autre article du même concile prévoit un cas plus grave : « si quelqu'un a dormi avec l'épouse de son frère, que les deux adultères soient privés du mariage, pendant toute leur vie. Quant au mari, s'il veut,

1. Labbe, t. II, p. 1254.
2. *Acta conc.*, t. VI, col. 1552.
3. *Acta conc.*, t. VI, col. 1552.

qu'il prenne une autre épouse. » Plus tard (756), le concile de Compiègne permettait le divorce au conjoint du lépreux.

Il y avait donc une certaine hésitation, dans l'Église, à proclamer l'indissolubilité du mariage, surtout au cas d'adultère. Bientôt le concile de Fréjus (791) trancha la question : « il n'est pas permis, dit le canon 10, au mari, qui a brisé le lien conjugal pour cause d'adultère, d'épouser une autre femme, tant que la sienne vit. La femme coupable de son côté, ne peut prendre un autre mari, ni pendant sa vie, ni après la mort de celui qu'elle a trompé.

Mais si le principe de l'indissolubilité du mariage était depuis longtemps reconnu et proclamé par l'Église, il n'avait pénétré que lentement dans les mœurs et n'était entré que tardivement dans la législation des Capitulaires. Pépin le Bref défendait au mari de se remarier du vivant de sa femme [1]. Mais en 752, un autre capitulaire, modifié par Yves de Chartres et Gratien [2], ne prononce plus la nullité du mariage, contracté du

1. Baluze, t. Ier, p. 159.

2. Ces deux canonistes suppriment la fin du canon IX du concile de Verberie, qui permet au mari de prendre une autre femme.

vivant de sa femme par le mari divorcé; il se contente de lui infliger une pénitence.

Nous arrivons aux Capitulaires de Charlemagne. L'influence de l'Église devient désormais prépondérante. L'empereur ne fait que consacrer solennellement le principe de l'indissolubilité du mariage. Baluze nous a conservé les paroles mêmes du puissant empereur qui s'exprime ainsi dans un capitulaire daté d'Aix la Chapelle, en 789 : « Ni la femme renvoyée par son mari ne doit en prendre un second, ni le mari ne doit prendre une autre femme du vivant de la première... Que chaque prêtre annonce publiquement au peuple qu'il doit s'abstenir de toute union illicite, et que tout mariage illicite, suivant la loi divine, ne peut être dissous pour une raison quelconque, *nequaquam posse ullâ occasione separari*[1]. » L'empereur dit encore ailleurs : « Celui qui, du vivant de sa femme, convolera à une nouvelle union, quoique son mariage paraisse dissous (c'est-à-dire séparé de corps), il est impossible de ne pas le considérer comme adultère ; en est de même de la personne à laquelle il est uni[2]. » Ainsi, aucun mariage ne peut être dis-

1. Baluze, liv. VI, ch. 101.
2. Baluze, liv. VII, ch. 83.

sous, pour aucune cause et d'aucune manière. Une seule ressource reste aux époux qui ne peuvent supporter la vie commune : ils peuvent vivre séparément ; c'est ce qu'on appelait la séparation *à thoro et mensà*. Le mariage n'en subsistait pas moins, avec tous ses effets.

Malgré ces dispositions législatives, malgré le principe nettement posé et généralement reconnu de l'indissolubilité du mariage, les mœurs étaient encore trop barbares pour s'accommoder de ces prescriptions rigoureuses de la doctrine chrétienne. L'Église elle-même fut obligée de se montrer tolérante ; c'est ainsi qu'elle fut indulgente pour les divorces de Charlemagne, se sentant impuissante à contredire la ferme volonté du conquérant. Mais elle protesta plus tard contre celui de Lothaire II, qui divorçait cependant avec l'assentiment du concile de Metz (862). Le Roi fut frappé d'excommunication.

Ainsi l'Église s'attribuait le droit de réglementer le mariage, de s'immiscer dans les droits de la famille, fidèle à la doctrine de saint Paul, qui ne voyait dans le mariage qu'un sacrement : « *sacramentum hoc magnum est, ego autem dico in Christo et in Ecclesià* [1].

1. *Ephes.* V, 25.

D'ailleurs on sut gré au clergé de prendre en main la juridiction du mariage et de tout ce qui touchait aux sacrements. Les prétentions de l'Église rencontrèrent peu de résistance, dans ce temps d'ignorance, de vexations où le peuple était habitué à trouver des défenseurs, parmi les évêques contre les brutalités des vainqueurs, où la procédure laïque n'était qu'un assemblage de règles grossières et d'oppressions déguisées, où enfin le clergé renfermait seul assez de science et d'équité, pour appliquer ce qui subsistait encore du droit romain, en y adaptant des principes conformes à la doctrine de l'Évangile et aux besoins du temps.

Ce fut donc à la fois pour étendre son influence sur le droit séculier et pour réhabiliter le mariage que l'Église s'attribua la connaissance des questions de validité et de nullité du lien conjugal et fit admettre des règles nouvelles de procédure et de droit, qui formèrent, peu à peu, le droit canon.

La jurisprudence fut d'abord assez indécise; après les Capitulaires de Charlemagne et l'application sévère faite par l'Église du principe de l'indissolubilité du mariage, on vit un nouveau temps d'arrêt. On se relâcha de cette sévérité et au onzième siècle les Assises de Jérusalem permettent à chaque époux de demander la répudiation au juge ecclésiastique, toutes les fois que l'autre époux est atteint d'une maladie qui rend la commune vie impossible[1]. L'époux malade est alors enfermé dans un couvent, l'autre peut se remarier, à condition d'assurer l'existence de son conjoint. « Le mari peut prendre un autre moullier (femme) par droit, puisqu'il sera parti de l'autre feme, qui ce sera rendue en l'ordre de religion. » Du reste, sauf cette exception l'Assise proclamait hautement l'indissolubilité du mariage : « La loi et l'Assise commande et dit que puisqué l'ome et la feme se sont prins par mariage, ils ne se peuvent partir, par aucun jour de leur vie, si ce n'est par mort ou non. »

Ainsi le principe était déjà universellement admis ; à partir du douzième siècle, aucun concile ne permet plus le divorce entre chrétiens. Mais la séparation pouvait encore avoir lieu, lorsque

1. Ed. Beugnot, p. 118, *cour des bourgeois*, ch. 175. « S'il avient que un hons ait prise une feme et celse feme devient puis mezele (lépreuse), ou chie dou mauvais mau trop laidement (épileptique), ou li pue trop fièrement la bouche et le nes, ou pisse aucune nuit au lit, si que tout se gastent ses draps, la raison commande que se le mari s'en claime à l'Église, et ne veut plus estre o (avec) luy, por ce malsaing qu'il i a, que l'Eglise le det despartir par dreit. »

l'un des époux voulait entrer en religion ou simplement lorsqu'il avait fait vœu de vivre, en état de parfaite continence.

Une décrétale d'Alexandre III [1] permit aux futurs de rompre unilatéralement le mariage, en entrant au couvent avant la consommation du mariage. Ces conditions étaient nécessaires : la réception des ordres sacrés ne suffisait pas à dissoudre le mariage non consommé ; il fallait de plus que l'époux ordiné se retirât du monde [2]. De plus, si la séparation avait été indépendante de la volonté des conjoints, l'époux séparé par violence pouvait toujours venir reprendre la vie commune, sans que l'autre pût s'y refuser [3]. A partir du treizième siècle, on distingua donc deux périodes dans le mariage : « *matrimonium ratum et consummatum*, et *matrimonium ratum sed non consummatum.* » On ne pouvait rompre désormais le mariage consommé que pour vivre, dans une continence perpétuelle.

Le *corpus juris canonici* précisa de nouveau les causes de séparation. Outre les cas déjà admis, l'adultère, l'hérésie, la maladie incurable

1. *Cap. et public. de convers. conjug.* 1180.
2. Extravag. Jean XXII, *Cap. unic. de voto et voti redemp.* 1322.
3. Innocent III. *Cap. accedens ext. de convers. conjug.* 1212.

et le vœu de la chasteté, le droit canonique en reconnaissait un nouveau : la séparation était permise à l'époux, qui était empêché, par son conjoint, d'accomplir ses devoirs religieux.

Si du droit canonique nous passons aux anciennes coutumes, nous y verrons la trace évidente de l'influence canonique, en ce sens que des faits, jusqu'alors jugés assez graves pour entraîner le divorce, n'étaient plus que les causes d'une simple séparation.

Beaumanoir, dans la Coutume de Beauvoisis[1] énumère les cas de séparation que les femmes peuvent invoquer contre les maris : « Bonne cause, dit-il, a la fame de soi partir de son mary en dépecant du tout le mariage ou en soi eslongier de lui, quand elle a mary qui la veut fére peschier de corps..... « quand les maris les menacent à tuer ou à voler, quand ils ne vuelent donner ne boire ou ne manger ne vestir, quand mary vient vendre la terre de ferme ou son domaine par forche, quand il la boute hors, par sa volonté sans meff à la fame, quant elle s'empart pour che que, il tient autre fame, en sa méson à la veue et la seue des voisins. »

1. Ch. 57.

Dans la *Somme rurale*, Jehan Bouteiller signale deux causes de séparation : « Quand les époux, parents l'un de l'autre à un degré prohibé, n'avaient pas obtenu les dispenses pontificales et quand le mari était impuissant ou incapable de payer « ce que les clercs appellent, la dette conjugale [1]. » La femme dont le mari était absent ne pouvait se remarier, tant qu'elle n'avait pas la preuve certaine de sa mort. Cependant, au bout de sept ans, si l'opinion générale est qu'il est mort, ou bien si un témoin, au moins, affirme qu'il l'a vu mort, dans tel lieu et d'autres qu'ils sont allés sur son tombeau ou ont assisté à ses obsèques, la femme a la faculté de se remarier. Nous trouvons enfin, dans les Institutes coutumières de Loysel, une disposition concernant l'adultère de la femme : la femme est privée de tout droit au douaire et ne peut réclamer sa dot.

1. *Somme rurale*, liv. II, 18.

VI

LE DIVORCE APRÈS LA RÉFORME ET LE CONCILE DE TRENTE.

Tel était l'état du droit canonique et des institutions coutumières, lorsque la révolte de Luther vint ébranler l'Allemagne et tout le monde chrétien. Le moine insurgé contre la papauté rejetait tous les sacrements, excepté le baptême et la cène. Il reniait toutes les doctrines de l'Église et proclamait l'indépendance des consciences, il battait en brèche toutes les immixtions de Rome dans le pouvoir civil et revendiquait notamment, pour le droit particulier de chaque nation, la réglementation du mariage.

Ces idées hardies, jetées dans un siècle encore ignorant et grossier, séduisirent facilement les princes d'Allemagne, que le pouvoir exorbitant de l'Église commençait à effrayer. Leur exemple entraîna les masses, toujours promptes à suivre ceux qui leur jettent la promesse d'une liberté plus grande et toujours prêtes à s'enthousiasmer des nouveautés, même des révoltes, pourvu qu'elles soient bruyantes. Dès lors, une partie du monde chrétien se sépara de l'Église et celle-ci, ne tarda pas à employer, pour ramener les fidèles à Rome, des moyens, que sa dignité devait lui défendre et qui d'ailleurs nuisirent plus à sa cause qu'elles ne lui profitèrent. C'est ainsi qu'on la vit faire usage de documents fabriqués, Décrétales apocryphes, textes falsifiés connus aujourd'hui sous le nom de collection *pseudo-Isidorienne*. L'autorité de l'Église s'en trouva atteinte, son influence en souffrit.

Dès lors la réforme s'étendit, de plus en plus. Le divorce pénétra aussitôt dans les mœurs; l'Allemagne vit ses princes répudier leurs femmes et prendre de nouvelles épouses, imitant ainsi Luther, lui-même qui, pour accentuer son défi à la papauté, avait épousé une religieuse.

Devant cette révolution qui menaçait d'absorber la chrétienté entière, l'Église sentit le besoin de se préparer à une longue lutte, en affirmant hautement ses doctrines, dans un grand concile œcuménique.

Il fallait épurer les formules, établir les principes de la foi, fixer, une fois pour toutes, les limites de chaque croyance : ce fut l'œuvre qu'entreprit le concile de Trente, avec une louable ardeur. Le principe de l'indissolubilité du mariage et la condamnation du divorce furent proclamés par le concile, en décembre 1565, dans sa session XXIV. Voici le texte des trois canons les plus importants :

Canon 2. — « Si quelqu'un dit qu'il est permis aux chrétiens d'avoir plusieurs épouses à la fois et que cela n'est défendu par aucune loi divine, qu'il soit anathème. »

Canon 3. — « Si quelqu'un dit que pour cause d'hérésie, d'incompatibilité d'humeur ou d'absence volontaire, le lien du mariage peut être dissous par l'époux, qu'il soit anathème. »

Canon 7. — « Si quelqu'un dit que l'Église se trompe quand elle enseigne et a enseigné, selon la doctrine évangélique et apostolique, que l'adultère de l'un des époux n'autorise pas la dissolution du mariage; qu'il est interdit à tous les deux, même à l'innocent, de se remarier du vivant de leur conjoint : et enfin que celui-là ou celle-là commet un adultère qui, ayant renvoyé son époux coupable, en prend un autre : qu'il soit anathème. »

Cependant tous les théologiens n'avaient pas été d'accord sur les règles à poser en cette matière[1].

1. V. Fra Paolo Sarpi, *Histoire du concile de Trente*, liv. VII, § 42 et suiv.

Cajétan et Catharin admettaient que l'adultère devait dissoudre le mariage; de plus, les Grecs des îles Méditerranéennes, alors sous la domination de Venise, pratiquaient le divorce, en cas d'adultère de la femme. Les ambassadeurs vénitiens, désirant que cet usage fût laissé aux sujets Grecs de la République, réclamèrent contre l'anathème, que le concile voulait lancer contre l'adultère. Aussi voyons-nous le canon 7 employer une formule ambiguë, pour condamner non pas ceux qui divorçaient pour adultère, mais ceux qui prétendaient que l'Église se trompait, en condamnant le divorce d'après l'Évangile et les Apôtres.

Rien n'est intéressant comme de suivre les discussions du concile de Trente sur la réglementation du mariage. On vit le théologien Soto soutenir, avec une grande largeur de vue, que l'indissolubilité du mariage venait de la loi naturelle, que l'Évangile ne semblait en effet avoir rien ajouté à la force de ce lien; que la différence des religions ne pouvait donc rien changer à sa nature et que, dans le passage de saint Paul qu'on interprétait en faveur du divorce, au cas d'adultère[1], il ne s'agissait pas d'une dissolution

1. *Hist. du conc. de Trente*, liv. VII, § 41.

du lien conjugal, mais seulement d'une cessation de cohabitation.

Le concile s'occupa également des mariages clandestins, qui, depuis trois siècles, étaient d'un usage fréquent. Ces mariages clandestins appelés aussi *fiançailles par paroles de présent* ou *sponsalia de præsenti*, ne différaient du mariage proprement dit qu'en ce qu'ils n'étaient pas accompagnés de la bénédiction sacerdotale. La volonté des conjoints était simplement constatée par un notaire. Les théologiens français se prononcèrent énergiquement contre la validité des mariages secrets; ils finirent par triompher et le concile proclama la nécessité de l'intervention religieuse dans la célébration du mariage. Déjà au sixième siècle le concile d'Arles avait prescrit les formalités de publicité et de consécration par un prêtre. Charlemagne avait fait de la même prescription une disposition de ses Capitulaires. Le concile de Trente reconnaissait donc définitivement au mariage le caractère d'un sacrement [1]. L'ordonnance de Blois, en 1579, partant de la même idée, imposa la célébration à l'église, par

1. V. M. Glasson, *Étude sur le consentement des époux au mariage*, p. 41.

le curé de la paroisse de l'un des époux devant quatre témoins. On fit ainsi entrer l'acte religieux dans le droit civil. Mais en même temps on pouvait se demander si le caractère d'indissolubilité était inhérent à la forme du sacrement, et si, par conséquent, on pouvait rompre un lien contracté sous les formes solennelles de la religion. C'était encore une fois la question déjà posée par saint Ambroise [1], et par saint Jean Chrysostome [2]. Le pape Innocent III l'avait même résolue, dans une décrétale, en décidant qu'un époux pourrait convoler, en secondes noces, lorsque, son mariage n'ayant pas été sanctifié par le sacrement, son conjoint refuserait de cohabiter, avec lui, ou bien serait hérétique [3]. Le pape Benoît XIV admit la même idée [4]. Mais on fit remarquer plus tard que cette décision reposait sur une fausse interprétation de l'épître de saint Paul, et à partir de l'affaire du Juif Borach Levy, en 1775, on reconnut l'indissolubilité du mariage, alors même qu'il n'avait pas été revêtu des formes du sacrement, parce que, disait-on,

1. Liv. VII, *in Luc*...
2. Hom. XIX, cap. VII, ép. 1.
3. Decret. Liv. II, tit. XIX, ch. VII. *De divort.*
4. *De synodo*, ch. VI, § 3. Benoît XIV.

le lien du mariage ne résulte que du vœu que font les conjoints de se donner l'un à l'autre.

Cette manière de voir fut adoptée par les Parlements. Certains pays conservèrent au mariage, même après le concile de Trente, le seul caractère de contrat civil. Le simple échange des consentements suffit encore, dans certaines parties des États-Unis et de la Grande-Bretagne. En Allemagne la même idée domina jusqu'à notre époque : « Encore aujourd'hui, dit le docteur Stammler, aux yeux du peuple, une union consentie et accomplie dans une intention de mariage, sans l'intervention de l'Église, et abstraction faite de la loi civile, a la valeur d'un mariage religieux et indissoluble [1]. »

En résumé, le concile de Trente établit nettement dans l'Église le principe de l'indissolubilité du mariage. Une seule exception fut faite : il fut permis, comme avant le concile, de dissoudre le mariage pour entrer dans la vie religieuse, mais une condition nouvelle était que le mariage ne fût pas consommé [2].

1. Uber die stellung der Frauen in alten deutschen Recht, p. 28.

2. Canon VI, sess. 14. Bellarmin, De monach, l. II, cap. 36. — Suarès. *De relig.*, t. III, l. 9, ch. XXIII, n° 29.

Du reste si le divorce était bien supprimé en théorie, il faut reconnaître qu'en pratique on aboutissait facilement à la dissolution du mariage, grâce aux cas de nullité qui s'étaient multipliés singulièrement, et qui servaient à couvrir de véritables divorces. Il suffit d'énumérer les cas admis par le droit canon pour montrer l'extrême latitude qu'il laisse aux époux.

Les causes de nullité sont, suivant les expressions mêmes du droit canonique :

1° L'erreur sur les qualités *essentielles* de la personne;

2° La condition (cause très variable qui tantôt était l'état de servitude d'un des conjoints, tantôt toute clause insérée au contrat et d'après laquelle les contractants s'obligeraient à en violer les lois essentielles) ;

3° Les vœux solennels;

4° La parenté naturelle jusqu'au degré de cousins issus de germains;

5° La parenté *spirituelle* (naissant du baptême et de la confirmation);

6° Le crime (commis de complicité entre les conjoints, avant le mariage);

7° La disparité des cultes;

8° L'*ordre;*

9° L'honnêteté (fiançailles antérieures de l'un des conjoints avec les parents de l'autre);

10° L'affinité ou l'alliance, résultant même de relation illégitime;

11° La *clandestinité*, résultant de ce simple fait que le mariage a été célébré par un prêtre autre que le propre curé des contractants;

12° Le *rapt*, par violence ou séduction;

13° L'impuissance naturelle ou la non-consommation naturelle du mariage.

Nous avons vu les règles posées par le concile de Trente et les dispositions du droit canonique en matière de dissolution du mariage. L'Église venait de se prononcer ouvertement contre le divorce. La réforme au contraire le rétablissait et en répandait l'usage: « De nos jours encore [1], les protestants l'autorisent non seulement pour cause d'adultère de la femme, mais encore pour d'autres motifs. En parlant de répudiation pour cause d'adultère, disent-ils, le Christ n'a pas entendu limiter le divorce à ce cas, il n'a fait que répondre à une question, qui lui était posée pour trancher une controverse entre les disciples d'Hillet et de Schenuna. Le Christ n'a rien dit du

1. *Le mariage civil et le divorce*, p. 30, 1879.

divorce, par consentement mutuel, ni du divorce pour causes déterminées par la loi civile, et il n'a entendu prohiber ni l'un ni l'autre [1]. »

VII

LE DIVORCE PENDANT LA PÉRIODE MONARCHIQUE.

On sait quel fut le sort, en France, des dispositions du concile de Trente. La plupart des prélats français renonçant à faire prévaloir une influence que les évêques italiens absorbaient tout entière, avaient cessé de prendre part aux délibérations du concile, et quand les canons furent promulgués, ils n'obtinrent, en France, aucune autorité et soulevèrent même là, comme ailleurs, de nombreuses protestations; on craignait, en effet, l'envahissement du pouvoir civil par l'influence de l'Église, et des controverses sans nombre s'élevèrent sur chacune des dispositions du concile.

Toutefois, certains principes posés à Trente

1. Voir Schœffner : Geschichte des franzœsischen Rechts. — C. pr. Varnkænig et Stein : Franzœsische Staats-und Rechtsgeschichte.

passèrent dans nos lois; on reconnut bien au mariage le caractère religieux dont l'Église voulait le revêtir, mais on y vit également un contrat civil dépendant du pouvoir temporel. On fit donc un compromis : les Parlements acceptèrent l'indissolubilité du mariage et la suppression du divorce que le concile avait proclamées, ils reconnurent à l'autorité ecclésiastique la connaissance des questions de nullité du mariage [1]. C'étaient les officialités qui prononçaient la séparation d'habitation, mais les effets de cette séparation étaient abandonnés à la connaissance des tribunaux civils, qui finirent même, dans le dernier état du droit, par prononcer eux-mêmes la séparation.

Occupons-nous donc de la séparation d'habitation.

« La séparation d'habitation, dit Pothier [2], est la décharge qui, pour de justes causes, est accordée par le juge à l'un des conjoints par mariage, de l'obligation d'habiter avec l'autre conjoint, et

1. Le concile de Trente avait affirmé la compétence des tribunaux ecclésiastiques en disant dans son canon 12 (sess. XXIV) : « Si quelqu'un prétend que les causes matrimoniales ne sont pas du ressort ecclésiastique, qu'il soit anathème. »

2. *Contrat de mariage*, n° 506.

de lui rendre le devoir conjugal, sans rompre néanmoins le lien de leur mariage. »

Les causes de séparation n'étaient pas déterminées limitativement. On laissait beaucoup à l'appréciation des magistrats. On disait, d'une façon générale, que les juges devaient séparer une femme « lorsqu'elle avait considérablement à souffrir de l'aversion, que son mari avait conçue pour elle, et qu'il n'y avait pas lieu de s'attendre à une réconciliation sincère. » Mais il n'était pas facile de déterminer exactement les faits, qui devaient être considérés comme rendant la vie commune insupportable. Pothier disait : « on doit laisser souvent les causes de séparation à l'arbitrage et à la prudence du juge ; il ne doit pas être ni trop facile à accorder la séparation pour des causes passagères, ni trop difficile, lorsqu'il aperçoit dans les parties une antipathie et une haine invétérées, que la cohabitation ne pourrait qu'augmenter, si on les laissait ensemble [1]. »

En droit romain, l'adultère du mari, qui avait entretenu sa concubine dans la maison commune, était pour la femme une cause de divorce [2]. Mais

1. *Cont. de mar.* nº 508.
2. Nov. 117, c. 9, § 5.

l'ancien droit ne vit même pas là une cause de séparation [1]. Pothier faisait remarquer, pour justifier cette différence, que l'adultère, commis par la femme, est infiniment plus contraire à l'ordre public que celui du mari, puisqu'il tend à détruire la famille : « il n'appartient pas à la femme, qui est un être inférieur, d'avoir inspection sur la conduite de son mari, qui est son supérieur. Elle doit présumer qu'il lui est fidèle et la jalousie ne doit pas la porter à faire des recherches sur sa conduite. »

La femme pouvait demander la séparation pour excès, sévices ou injures graves. Les mauvais traitements que le mari exerce sur sa femme avaient été déjà reconnus par le pape Innocent III comme un juste motif de séparation [2]. Mais le juge devait avoir égard à la qualité des parties, prendre en considération les faits, qui avaient occasionné ces excès et leur caractère habituel ou accidentel. Du reste, ces mauvais traitements pouvaient, suivant les circonstances, résulter de simples propos outrageants.

Quant aux mauvais traitements que le mari prétendait avoir subis de la part de sa femme,

1. Ferrière, sur l'art. 324 de la *Coutume de Paris*, tit. X.
2. Ch. XIII, ext., de rest. spol.

l'ancien droit considérait qu'une demande en séparation, basée sur un pareil motif, était incompatible avec la dignité du mari. Le mari ne pouvait s'adresser à l'autorité que pour faire renfermer sa femme : « La justice, dit Denisart [1], doit écouter les plaintes des maris, qui se trouvent dans cette malheureuse position, et doit, selon moi, ordonner la réclusion des femmes, qui se sont portées à certains excès envers leurs maris. »

Lorsque le mari avait à se plaindre de l'adultère de sa femme, il pouvait la faire enfermer, dans un couvent, et pendant deux ans, il avait le droit de la reprendre. Elle perdait son droit au douaire et à la reprise de sa dot [2]. Si au bout de deux ans, son mari ne l'avait pas retirée du monastère, elle avait les cheveux rasés et restait au couvent, toute sa vie. Elle n'en pouvait sortir qu'après la mort de son mari, et si elle trouvait à se remarier.

D'autres causes de séparation sont encore à citer. La femme pouvait la demander, lorsque, étant infâme, son mari lui refusait les choses les plus nécessaires à la vie ; elle pouvait encore se séparer, lorsque son mari l'avait calomnieusement

1. V° Sép. d'habitation.
2. Bourjon. *De la communauté*, cinq. partie, ch. III, sect. 2.

accusée d'un crime capital : « Peut-on, dit d'Aguesseau, refuser à une femme, accusée faussement d'un crime capital, la juste satisfaction de se séparer pour toujours du mari qui a voulu la déshonorer par une calomnie atroce ? L'obligera-t-on à soutenir, pendant toute sa vie, la présence de son accusateur, et les exposera-t-on l'un et l'autre à toutes les suites funestes d'une société malheureuse qui ferait le supplice de l'innocent encore plus que du coupable [1]. »

L'hérésie, dans le dernier état du droit, n'était plus une cause de séparation, « parce qu'en France, disait Pothier, il n'y avait plus qu'une religion [2]. »

Les maladies, les difformités, les affections contagieuses, l'épilepsie, n'étaient pas des causes légitimes de séparation ; la folie elle-même ne pouvait donner lieu qu'à l'interdiction. Quand la folie était furieuse et présentait de réels dangers, le malade pouvait être enfermé, mais le mariage n'était pas dissous. L'interdiction n'entraînait que la nomination d'un curateur, souvent même, la femme était chargée de la curatelle du mari malade.

1. Tome III, 34e plaidoyer.
2. *Contr. de mar.*, n° 513.

La séparation ne pouvait avoir lieu par consentement mutuel; ainsi un acte notarié dans lequel la femme exposait les faits, pour lesquels elle demandait à se séparer et par lequel le mari reconnaissait la vérité de ces faits et consentait ainsi à la séparation, était un acte absolument nul et dépourvu de tout effet [1].

Il fallait nécessairement que la séparation fût prononcée par le juge « en grande connaissance de cause, dit Pothier. » A l'origine, c'était le juge d'église ; mais déjà le juge séculier connaissait de toutes les conséquences du jugement, en cas de contestation, et des demandes provisionnelles formées par la femme pendant l'instance.

Il y avait débat entre les deux juridictions. Cette lutte, commencée de bonne heure contre la juridiction ecclésiastique par la Cour des barons et continuée par les légistes, finit par le triomphe de la juridiction séculière. Dans le dernier état de la jurisprudence, les tribunaux séculiers étaient seuls compétents pour statuer sur les demandes en séparation d'habitation ; la compétence du juge ecclésiastique fut restreinte à la connaissance

1 Pothier, *Cont. de mar*, n° 517.

des questions relatives à la validité du mariage *de fœdere matrimonii.*

Quelle était la procédure de la demande en séparation? Elle avait de nombreuses analogies avec la procédure actuelle de notre séparation de corps. La femme qui demandait la séparation adressait une requête au juge, où elle exposait les motifs qu'elle considérait comme suffisants; si ces faits paraissaient assez graves, à première vue, le juge l'autorisait à se retirer, dans une demeure séparée, pendant le procès. Il fixait la pension que le mari devait lui payer et lui faisait restituer ses linges et hardes. Quand même après l'enquête, le tribunal ne jugeait pas les faits suffisamment graves pour prononcer la séparation, il pouvait autoriser la femme à rester encore quelques mois après le procès, dans le lieu où elle avait été autorisée à résider.

La demande en séparation faite par la femme était donc purement civile. Il n'en était pas de même de celle que le mari formulait, en alléguant l'adultère de sa femme. Le mari devait se porter accusateur à ses risques et périls. Cette action était pénale, personnelle au mari, et intransmissible à ses héritiers. L'action n'appartenait au ministère public que quand il y avait scandale public. L'instruction se faisait, devant la juridiction criminelle.

La séparation d'habitation cessait, de plein droit, par la réconciliation des époux : la communauté revivait alors[1]. Cette fin de non-recevoir n'était pas la seule ; Despesse cite encore la réciprocité des torts.

Quant aux effets de la séparation d'habitation, le premier et le principal était de dispenser les époux de la vie commune; la femme pouvait s'établir où bon lui semblait. De plus, la séparation de corps emportait toujours la séparation de biens; la femme pouvait répéter sa dot et administrer ses biens. Lorsqu'il y avait communauté légale, la femme pouvait poursuivre l'inventaire des biens de la communauté et devait se prononcer pour l'acceptation ou la dissolution ; si elle acceptait, elle avait le droit d'en demander le partage.

Du reste, la séparation d'habitation qui ne rompait, en aucune façon, le lien matrimonial, laissait subsister l'autorité maritale, devant laquelle la femme devait encore s'incliner dans certaines circonstances. Pour tout ce qui ne con-

1. Ferrière, V° Séparation.

cernait pas la simple administration de ses biens, la femme séparée devait obtenir l'autorisation de son mari ou de justice ; ainsi pour l'aliénation des immeubles cette autorisation était nécessaire.

Bourjon, qu'il faut consulter sur cette matière, prévient une confusion entre la séparation d'habitation proprement dite et la simple séparation de fait. « La femme a droit, dit-il, aussitôt la sentence de séparation qui entraîne toujours celle de biens, de provoquer un inventaire des biens de la communauté, pour être en état de délibérer sur l'acceptation de la communauté, ou sur la renonciation. La séparation de domicile, qu'on appelle séparation *bonâ gratiâ*, ne produit aucun de ces effets, n'engage en rien les conjoints, et ne subsiste qu'autant qu'ils jugent à propos de la laisser subsister ; elle se réduit à un simple fait, sans donner la moindre atteinte aux droits des conjoints [1]. »

Un autre effet de la séparation d'habitation est assez discuté. Quelques auteurs prétendent que le jugement de séparation entraînait la révocation des libéralités, que les conjoints s'étaient faites réciproquement. Plusieurs soutiennent que

1. *De la communauté*, cinq. part., ch. III, sect. 2.

la femme adultère seule était frappée de cette déchéance [1]. Mais les parlements en décidaient autrement, comme le prouvent de nombreux passages de nos anciens auteurs [2].

Quant aux enfants, dans le droit des assises, ils étaient, au-dessous de trois ans, confiés à la mère séparée ; si l'enfant avait plus de trois ans et moins de douze, le juge choisissait celui des deux époux qui devait en avoir la garde. A douze ans, l'enfant choisissait lui-même celui avec lequel il désirait demeurer. Dans le dernier état du droit le choix du gardien des enfants était laissé au juge, il désignait généralement celui des époux qui avait eu le moins de torts.

Tels sont les caractères, la procédure et les effets de la séparation d'habitation, telle que l'ancien droit l'avait organisée. On s'était efforcé d'en restreindre l'abus par une réglementation sévère des causes légitimes, qui l'autorisaient. On voyait du reste, avec défaveur, le relâchement du lien matrimonial et tous les auteurs s'accordaient pour recommander aux juges de ne prononcer la séparation qu'au cas d'absolue nécessité et à la

1. Duranton, t. II, n° 629.
2. *Parlement de Paris.* (Marchal, éditeur.)

dernière extrémité [1]. « L'union du mari et de la femme qui est formée par Dieu même, dit Pothier, et le pouvoir que chacun des conjoints donne, sur son corps, par le mariage, à l'autre conjoint, ne permettent à une femme de demander la séparation d'habitation que pour de très grandes causes. Elle est obligée, dans le for de la conscience, de s'attirer, par sa douceur et par ses complaisances, les bonnes grâces de son mari ; et si, en faisant tout ce qui est en son pouvoir, elle ne peut y réussir, elle ne doit opposer que la patience aux mauvaises manières de son mari et même à ses mauvais traitements. Elle doit les regarder comme une croix qu'il lui envoie, pour expier ses péchés. Cela ne doit pas l'empêcher d'aller, dans toutes les occasions, au-devant de tout ce qui peut faire plaisir à son mari, et elle ne doit pas le quitter, à moins que les choses ne soient portées aux plus grandes extrémités. » Conseils évangéliques, bien difficiles à donner et à suivre !

1. V. Pothier, *Contrat de mariage*, n° 507.

VIII

LE DIVORCE EST UN DROIT INTERMÉDIAIRE.

Les idées de rénovation universelle, dont les philosophes du dix-huitième siècle avaient été les promoteurs, devaient trouver, dès les premiers jours de la Révolution, des partisans convaincus, décidés à les faire triompher. Il ne nous appartient pas de juger ici l'œuvre des novateurs, de décider si ce fut un bien pour le pays et pour la stabilité même des réformes, de changer soudainement et d'une façon si complète les institutions de l'ancien régime, de bouleverser, tout d'un coup, les conditions sociales, de jeter la France entière dans un moule nouveau, de renier tout un passé, qui avait eu ses côtés glorieux et de substituer brusquement à l'ancien état de choses l'application irréfléchie des principes nouveaux.

La Révolution entreprit de tout transformer et voulut faire entrer, à la fois dans la législation et dans les mœurs, les idées philosophiques au nom desquelles elle ébranlait les trônes et agitait l'Europe entière. Elle ébranla le régime social, et entraînée par le seul désir d'effacer les traditions de la monarchie vaincue, elle se laissa emporter au delà des limites d'une sage réforme, appliquant, sans discernement et sans mesure, les utopies, qui avaient ébloui dans les œuvres philosophiques du dix-huitième siècle. Quelques-unes de ces réformes, dictées par un désir aveugle de la liberté, eurent bien vite des résultats désastreux; loin de répondre au but de réorganisation sociale, elles ne firent que relâcher davantage les liens d'une société troublée. La Révolution porta ainsi une grave atteinte à la dignité de la famille, en rétablissant le divorce et en le rendant étonnamment facile.

Cette législation ne fut pas de longue durée et nous aurions peu à dire sur cette période antérieure au Code civil, si les tentatives, essayées aujourd'hui pour la remettre en vigueur et le bruit renouvelé autour des propositions législatives, tendant à son rétablissement, ne rendaient nécessaire une étude des caractères, que présentait le divorce dans la législation révolutionnaire et des conséquences que son usage eut pour les mœurs. La conclusion que nous aurons à tirer, peu favorable au divorce, pourra, sans doute, être combattue; on pourra prétendre que les conditions particulières, dans lesquelles le droit révolutionnaire fut appliqué, rendent peu décisive l'expérience, qui fut faite de l'institution nouvelle, et ne lui laissent qu'un intérêt purement spéculatif. Néanmoins il peut être d'une grande utilité de connaître, par l'exemple du passé, les chances qu'aurait le divorce d'être admis ou rejeté par nos mœurs, les effets qu'il pourrait y produire, et tout au moins les modifications, que l'on devrait faire subir à la législation ancienne, si l'on tombait d'accord pour en adopter le principe.

Les théories libérales du dix-huitième siècle sur le mariage eurent un premier écho, en 1790, dans un ouvrage de Bouchotte, député de l'Aube, intitulé : *Observations sur le divorce*. Bouchotte se montre partisan de la dissolution facile du mariage; il admet même jusqu'à un certain point la répudiation, car il soutient que, dans certains cas, les époux pourront être désunis, sans que le conjoint offensé puisse être forcé de dévoiler les motifs, qui le poussent à cette rupture, par exemple, s'il a été témoin de son déshonneur et que personne autre que lui n'en ait été témoin, il ne peut être forcé de raconter les faits qui l'ont déshonoré. Bouchotte accordait à l'époux outragé une pension que devait lui payer l'époux coupable et qui devait prendre fin, s'il survenait un second mariage. Dans ce cas l'époux divorcé ne pouvait faire aucun avantage matrimonial. Quant aux enfants, le député de l'Aube les laissait tous à leur mère, jusqu'à sept ans ; à partir de cet âge, la garde des fils passait au père.

Telle fut la première proposition législative qui ouvrit à la Révolution la voie des réformes, dans la législation du mariage. On songea tout d'abord à séculariser le mariage : la constitution du 3 septembre 1791 déclara dans son article 7 : « La loi ne considère le mariage que comme contrat civil » (tit. II).

Mais le législateur ne comprit pas exactement le principe qu'il venait de poser [1]. Fortement imbu des doctrines philosophiques, qui se prononçaient énergiquement contre l'indissolubilité du mariage, il considéra le mariage comme un contrat ordinaire et le soumit à toutes les règles, qui régissaient l'échange des consentements. Le rapporteur du projet de loi sur le divorce à l'Assemblée législative se faisait l'interprète

1. M. Glasson, *Le mariage civil et le divorce*, p. 42, 1879.

de ce sentiment, lorsqu'il disait dans son rapport : « Le comité a cru devoir accorder ou conserver la plus grande latitude à la faculté du divorce, à cause de la nature du contrat de mariage, qui a pour base principale le consentement des époux, parce que la liberté individuelle ne peut jamais être aliénée d'une manière indissoluble par aucune convention [1]. »

L'Assemblée législative adopta cette manière de voir et la loi des 20-25 septembre 1792 fut votée, dans un esprit de concession aux doctrines d'une philosophie aussi libre dans ses idées que la société l'était dans ses mœurs, philosophie qui voyait, dans le mariage « la tyrannie de l'homme qui a converti en propriété la possession de sa femme, » philosophie qui nous donnait pour modèle les mœurs d'Otaïti « où les mariages ne durent souvent qu'un quart d'heure, » et qui regardait le lien conjugal comme « une convention et un préjugé [2]. »

On comprend que la loi de 1792, subissant cette influence, se montre étonnamment large

1. Rapport de Léonard Robin à la séance du 9 sept. 1792.

2. V. Diderot. *Supplément au voyage de Bougainville*, Henri Taine. *Origines de la France contemporaine*. M. Glasson, *op. cit.* —Rivière, capitaine de vaisseau, *La Nouvelle-Calédonie* (1880).

pour l'admission du divorce, son excessive tolérance ressort déjà du premier considérant : « Considérant, dit la loi, combien il importe de faire jouir les Français de la faculté du divorce, qui résulte de la liberté individuelle, dont un engagement indissoluble serait la perte. »

Du reste, pour montrer quelles étaient les facultés laissées au divorce, il suffit de citer les articles mêmes de la loi :

Art. 1. — Le mariage se dissout par le divorce.

Art. 2. — Le divorce a lieu par le consentement mutuel des époux.

Art. 3. — L'un des époux peut faire prononcer le divorce sur la simple allégation d'incompatibilité d'humeur ou de caractère.

Art. 4. — Chacun des époux peut également faire prononcer le divorce sur les motifs déterminés, savoir : 1° sur la démence, la folie ou la fureur de l'un des époux ; 2° sur la condamnation de l'un d'eux à des peines afflictives ou infamantes ; 3° sur les crimes, sévices ou injures graves de l'un envers l'autre ; 4° sur le dérèglement de mœurs notoire ; 5° sur l'abandon de la femme par le mari ou du mari par la femme, pendant deux ans au moins ; 6° sur l'absence de l'un d'eux sans nouvelles, au moins pendant cinq ans; 7° sur l'émigration, dans les cas prévus par les lois.

Ainsi la loi de 1792 rendait le divorce si facile à obtenir que le mariage pouvait désormais n'être plus considéré comme un lien, et qu'on revenait tout simplement à la législation de la fin de la république Romaine, qui amena tant de scandales et tant de dépravation dans les mœurs. Mais non contente de proclamer hautement la liberté du divorce, la Convention, inspirée par sa haine profonde du clergé et de toute religion, voulut retirer aux catholiques le seul moyen admissible, pour leur conscience, de remédier aux malheurs de la vie conjugale. L'article 7 de la loi de 1792 décida en effet l'abolition de la séparation de corps. « A l'avenir, dit l'article, aucune séparation de corps ne pourra être prononcée; les époux ne pourront être désunis que par le divorce. » L'exagération de cette mesure a soulevé les critiques de tous les jurisconsultes et ne peut s'expliquer que par le désir insatiable qu'avaient les hommes de la Convention de rompre absolument, avec toutes les traditions, surtout religieuses, du passé, au risque d'aboutir au despotisme et à l'intolérance, en poussant jusqu'aux limites extrêmes des doctrines soi-disant libérales, mais éminemment contraires au principe de liberté. « Là encore, dit M. Léon Renault, dans son rapport à la Chambre des députés[1], la mesure était dépassée. En abolissant absolument la séparation de corps, la loi nouvelle s'exposait au reproche de priver les citoyens catholiques, dont la foi repoussait le divorce, de tout remède légal contre les souffrances matérielles et morales d'un état de mariage, devenu intolérable. Fille de la liberté de conscience, elle ne se contentait pas d'établir l'indépendance nécessaire de la législation civile vis-à-vis des idées religieuses : elle donnait prétexte à des accusations d'hostilité et d'agression contre la foi des catholiques. »

Le § 2 de la loi de 1792 avait réglé la procédure du divorce ainsi qu'il suit : Le mari et la femme qui demandaient conjointement le divorce convoquaient une assemblée de six au moins des plus proches parents, ou d'amis, à défaut de parents ; trois d'entre eux étaient choisis par le mari, les trois autres par la femme. Les deux époux se présentaient en personne, devant cette assemblée de famille, et exposaient leur demande

1. Séance du 15 janvier 1880. *Rapport sur la proposition de M. Naquet.*

de divorce; les parents faisaient les observations et représentations qu'ils jugeaient convenables. Si les époux persistaient dans leur dessein, l'officier municipal, convoqué à cet effet, dressait un simple procès-verbal de non-conciliation. Cet acte signé par les époux, les parents et l'officier municipal était déposé au greffe de la municipalité. Un mois au moins ou six mois au plus tard après la date de cet acte, les époux pouvaient se présenter devant l'officier public, chargé de recevoir les actes de mariage, dans la municipalité du dernier domicile du mari, et, sur leur demande, l'officier public prononçait leur divorce sans entrer en connaissance de cause. Après le délai de six mois, une nouvelle tentative de conciliation, devant l'assemblée des parents, était nécessaire pour poursuivre la demande du divorce.

Cette intervention de la famille, que nous trouvons établie dans la loi de 1792, ne se retrouve pas dans les dispositions du Code civil sur le divorce. C'était pourtant une idée juste et pratique, qui a servi de texte à quelques modifications, que propose d'introduire dans le titre VI du Code civil, la commission législative chargée actuellemente d'étudier le rétablissement du divorce.

Lorsque le divorce était demandé par l'un des époux pour incompatibilité d'humeur, la procédure était encore analogue à celle du divorce par consentement mutuel. L'époux demandeur convoquait encore une assemblée de parents ou d'amis et après les observations de la famille, si l'époux persistait dans sa demande, on faisait dresser procès-verbal par l'officier municipal appelé à cet effet et l'assemblée se prorogeait à deux mois. Les époux comparaissaient encore en personne ; si la conciliation échouait de nouveau, il y avait procès-verbal et seconde prorogation à trois mois. Enfin, si après toutes ces tentatives de rapprochement l'époux demandeur continuait à demander le divorce, on dressait acte de sa détermination et on le signifiait à l'époux défendeur. Huit jours au moins et six mois au plus après cette signification, l'époux demandeur pouvait se présenter pour faire prononcer le divorce devant l'officier de l'état civil. Après les six mois il ne pouvait y être admis qu'en observant de nouveau les mêmes formalités et les mêmes délais [1].

Quand la demande était faite pour cause déterminée par un des époux, il fallait distinguer

1. Art. 8 à 14 de la loi, § 2.

suivant les motifs invoqués. Si ces motifs étaient déterminés soit par un jugement portant condamnation à une peine afflictive ou infamante, soit par un acte de notoriété, constatant l'état d'absence pendant cinq années, l'époux demandeur n'avait qu'à présenter ces actes à l'officier civil, qui prononçait alors le divorce sans aucun délai. Lorsque le demandeur invoquait une des autres causes déterminées, la demande était portée devant les arbitres de famille, dans les formes prescrites pour les contestations entre mari et femme : et si ce tribunal jugeait la demande bien fondée, le demandeur était renvoyé devant l'officier civil du domicile du mari, pour faire prononcer son divorce. L'appel du jugement arbitral en suspendait l'exécution : cet appel était, du reste, instruit sommairement et jugé dans le mois [1].

Quand aux effets du divorce, la loi de 1792 s'en occupait dans son § 3. « Les effets du divorce par rapport à la personne des époux, dit l'article 1er, sont de rendre au mari et à la femme leur entière indépendance, avec la faculté de contracter un nouveau mariage. » Si le divorce

1. Art. 15 à 20 de la loi, § 2.

avait été prononcé pour consentement mutuel ou incompatibilité d'humeur, les époux devaient observer un délai d'un an. Quand il l'avait été pour cause déterminée, la femme seule était obligée d'observer ce délai, à moins que la demande n'eût été fondée, sur l'absence du mari durant depuis cinq ans.

En ce qui concerne les biens, les droits et intérêts des époux étaient réglés, par rapport à la communauté de biens ou à la société d'acquêts, soit par la loi, soit par la convention [1]. Cependant si le divorce avait été obtenu par le mari contre la femme, pour une des causes déterminées imputable à la femme, celle-ci était privé de tous droits et bénéfices dans la communauté de biens ou société d'acquêts, mais elle reprenait les biens qu'elle avait apportés. Quant aux droits matrimoniaux emportant gain de survie, « tels que douaire, augment de dot ou agencement, droit de viduité, droit de part dans les biens meubles ou immeubles du prédécédé, » ils étaient tous, en cas de divorce, éteints et sans effet. Il en était de même de tous les dons ou avantages, constitués en vue du mariage par les époux eux-mêmes ou par leurs parents, et des dons mutuels faits

1. Art. 4, § 3.

depuis le mariage et avant le divorce [1]. Mais pour compenser la perte de ces avantages éprouvée par l'époux qui obtenait le divorce, on l'indemnisait au moyen d'une pension viagère sur les biens de l'autre époux, pension qui était réglée par les arbitres de famille, et qui courait du jour de la prononciation du jugement. Les arbitres de famille pouvaient aussi accorder une pension alimentaire au divorcé nécessiteux : cette pension était payée par son conjoint, dans la mesure de ses moyens et déduction faite de ses propres besoins. L'indigence de l'époux, survenant après la dissolution du mariage, n'autorisait pas cet époux à faire une demande d'aliments. C'est au moins ce qui résulte d'un arrêt de cassation rendu le 8 janvier 1806.

Du reste, ces pensions viagères ou alimentaires s'éteignaient, dès que l'époux bénéficiaire contractait un nouveau mariage [2].

Le dernier paragraphe de la loi réglait les effets du divorce, quant aux enfants. Lorsque le divorce avait lieu par consentement mutuel, ou sur la demande de l'un des époux pour simple incompatibilité d'humeur ou de caractère, les

1. Art. 6, § 3.
2. Art. 9, § 3.

enfants étaient confiés, les filles à la mère ainsi que les garçons âgés de moins de sept ans ; au-dessus de cet âge les fils étaient remis au père. Le père et la mère pouvaient faire à ce sujet tel autre arrangement que bon leur semblait. Si le divorce avait lieu pour toute autre cause, le tribunal de famille était seul juge et confiait les enfants à celui des époux qu'il croyait le plus digne de la mission d'éducation.

Si le mari ou la femme divorcés contractaient un nouveau mariage, il était également décidé, en assemblée de famille, si les enfants qui leur étaient confiés leur seraient retirés et à qui ils seraient remis. Le divorce ne privait jamais les enfants nés du mariage des avantages, qui leur étaient assurés par les lois ou les conventions matrimoniales ; mais le droit n'en était ouvert à leur profit que comme il l'eût été si leurs père et mère n'eussent pas divorcé. Ils conservaient leur droit de successibilité, mais ne venaient qu'en concurrence et par égale portion avec les enfants nés d'autres lits. Enfin défense était faite aux époux divorcés, qui se remariaient ayant des enfants issus du mariage dissous, de faire de plus grands avantages à leur nouveau conjoint, que ne le peuvent les époux veufs, dans le même cas.

Telle est la loi de 1792. Si nous nous sommes étendu un peu longuement sur les dispositions de cette loi, c'est que nous allons avoir à en apprécier les conséquences immédiates et l'influence sur l'état de la famille, dans la période révolutionnaire. Un autre intérêt s'y rattache encore.

Dans le rapport de la commission chargée d'étudier le projet de rétablissement du divorce, nous voyons que la commission a pris pour point de départ de ses travaux, la loi du 20 septembre 1792 « aux termes de laquelle, l'établissement du divorce semblait être une conséquence forcée de la déclaration des droits de l'article de la constitution de 1791 qui avait imprimé au mariage le caractère d'un contrat purement civil [1]. »

Cette loi de 1792 dépassait la mesure d'une liberté bien comprise. Ce n'était plus seulement réglementer le mariage comme contrat civil, mais détruire la famille, que les mœurs corrompues du dix-huitième siècle avaient déjà si fortement ébranlée. C'était aussi une loi éminemment antireligieuse, puisque la suppression de la sépa-

1. Rapport n° 2177, p. 3. — Annexe à la séance du 15 Janv. 1880.

ration de corps ne laissait aux catholiques qu'un remède légal qui répugnait à leur conscience.

Et cependant cette loi destructive du lien conjugal ne fut pas jugée encore assez libérale; des dispositions législatives postérieures introduisirent de nouvelles facilités, dans l'organisation du divorce.

Nous allons signaler les nombreux décrets qui vinrent compléter la législation du divorce, sous la Révolution :

22 vendémiaire, an II (13 oct. 1793). Décret qui autorise le conjoint demandeur à faire apposer les scellés, sur les effets mobiliers de la communauté.

8-14 nivôse, an II (28 déc. 1793, 3 janv. 1794). Décret qui attribue aux tribunaux de famille la connaissance des contestations, relatives aux droits des époux divorcés.

4-9 floréal, an II (23-28 avril 1794). Décret qui fait disparaître certaines dispositions très sages de la loi de 1792.

Désormais, après une séparation de fait de six mois, un des époux pouvait demander le divorce et l'obtenir, sur la simple présentation d'un acte authentique ou de notoriété publique. Si le mari absent faisait partie des armées ou remplissait des fonctions publiques dans un pays éloigné, sa femme pouvait bien obtenir le divorce, mais recouvrait seulement sa dot. La femme divorcée pouvait se remarier aussitôt qu'il était prouvé, par un acte de notoriété publique, qu'il y avait dix mois qu'elle était séparée de fait de son mari; celle qui accouchait après le divorce, était dispensée d'attendre ce délai.

Enfin, un décret du 24 vendémiaire, an III (15 oct. 1793), fait en haine de l'émigration, déclare que la femme pouvant prouver, par acte authentique ou de notoriété publique, que son mari était émigré, à l'étranger ou dans les colonies, obtiendrait le divorce, sans assignation ni citation.

Cette loi et les tristes décrets qui la suivirent, produisirent des scandales et des abus inouïs. Le mariage était livré désormais à tous les caprices des passions humaines, à toutes les fantaisies des haines politiques ou religieuses; la licence des mœurs ne connut plus de bornes, la décadence morale fit de rapides progrès; le fanatisme révolutionnaire désorganisait la famille et, par là, portait à la société entière le coup le plus funeste : « Dans aucune partie peut-être, dit Zachariæ, il n'y eut tant à reprendre, ni tant de méprises du droit intermédiaire à réparer. »

Les scandales, qui résultèrent d'une pareille législation, furent si grands et si nombreux, que la Convention s'émut elle-même des tristes conséquences de son œuvre. Plusieurs membres présentèrent, à diverses reprises, des observations sur les abus du divorce et demandèrent une réglementation moins large. C'est dans ce sens, notamment, que parla le député Bonguyod à la séance du 28 floréal, an III. Le comité de législation fut même chargé d'étudier les réformes à faire; le rapporteur de ce comité, le député Mailhe, s'exprimait ainsi[1] : la loi du 20 septembre 1792 donna au divorce une latitude illimitée, mais du moins elle opposait à l'inconstance et au caprice des formes et des lenteurs, qui laissaient à la raison le temps et la possibilité de reprendre son empire. Les lois du 8 nivôse et du 4 floréal an II, rompirent ces faibles barrières. Vous ne sauriez arrêter trop tôt le torrent d'immoralité que roulent ces lois désastreuses. » Conformément aux conclusions de ce rapport, les décrets de nivôse et de floréal an II, furent abrogés par un décret du 15 thermidor an III.

1. Séance du 2 thermidor an III.

Cependant l'abrogation de ces décrets ne suffisait pas à empêcher les abus ; il fallait donner au divorce des garanties plus sérieuses encore ; ce fut, ce qu'entreprit un décret du Directoire daté du premier jour complémentaire de l'an V (17 septembre 1797).

Ce décret portait que, dans toutes les demandes en divorce, fondées sur l'incompatibilité d'humeur et de caractère, l'officier public ne pourrait prononcer le divorce que six mois après la date du dernier des trois actes de non-conciliation, exigés par la loi de 1792 (art. 8, 10 et 11).

Mais ce n'était qu'une bien légère restriction à la facilité inouïe laissée par cette loi de 1762. Les abus et les scandales continuèrent. « Chose remarquable, dit M. Glasson [1], le divorce produisit les mêmes effets qu'à Rome ; il fut inutile ou dangereux : inutile dans les campagnes, où les paysans refusèrent d'y revenir ; dangereux dans les grandes villes, où l'on se hâta d'en abuser. »

La statistique fournit en effet des chiffres justement effrayants.

1. *Le mariage civil e le divorce*, 1879, p. 51.

A Paris, dans les vingt-sept mois qui suivirent la promulgation de la loi de 1792 on compta 5994 jugements, prononçant le divorce et, en l'an VI, le nombre des divorces dépassa celui des mariages.

Le député Mailhe avait déjà raison de dire, dès l'an III : « la loi du divorce est plutôt un tarif d'agiotage qu'une loi. Le mariage n'est plus en ce moment qu'une affaire de spéculation, on prend une femme, comme une marchandise, en calculant le profit, dont elle peut être et l'on s'en défait sitôt qu'elle n'est plus d'aucun avantage; c'est un scandale vraiment révoltant[1]. »

Telle était, pour la famille et la société, l'œuvre de la législation révolutionnaire. Sans doute ce fut au nom de la justice, au nom d'une liberté saine, que fut ouverte l'ère de rénovation politique et sociale. Mais ces tendances sages et libérales ne purent persister au milieu des circonstances difficiles, que la Révolution eut à traverser.

Bientôt les réformateurs dissimulèrent mal leur aversion profonde, pour toutes les traditions de la monarchie, et dès lors la législation

1. Séance du 2 thermidor an III.

nouvelle prit un caractère haineux, autoritaire et despotique : la Révolution voulut effacer brutalement le passé, briser les résistances et imposer des principes, qu'elle-même ne comprenait pas encore.

Les idées de justice aboutirent ainsi aux injustices les plus criantes et la Convention vit triompher ce despotisme démagogique, le pire de tous, qui ne se soutient que par la terreur et par le crime. Telle fut la législation intermédiaire, dans laquelle les jurisconsultes les plus autorisés ont eu souvent à flétrir la trace de passions et de haines brutales, aussi désastreuses pour les mœurs d'une société qu'indignes d'un législateur éclairé.

L'œuvre législative de la Convention n'avait qu'un but : formuler les principes qui devaient servir de base au droit civil, qu'on se proposait de rédiger, et régler provisoirement l'application de ces principes. La rédaction du Code civil, commencée en 1791, interrompue sans cesse par des préoccupations politiques d'ordre majeur, et toujours reprise sans succès, finit par être élaborée sérieusement, lorsque le premier Consul en eut ordonné l'achèvement. La tâche du législateur était immense; il fallait porter remède aux abus des lois révolutionnaires, il fallait réorganiser la famille, rendre au mariage sa dignité, en un mot, refondre entièrement toute la législation du divorce.

Le conseil d'État arrêta tout d'abord les bases sur lesquelles il comptait rédiger le titre VI du Code civil. Il maintint le mariage civil, conserva le divorce, qui lui sembla conforme aux principes essentiels, reconnus au mariage dans notre droit civil, et qui lui parut dangereux à supprimer, dans un temps où l'on en trouvait encore l'usage si répandu; mais il le réglementa plus sévèrement, il en diminua les causes légitimes; de plus, pour donner satisfaction au sentiment religieux, il rétablit la séparation de corps, afin que les catholiques ne fussent plus dans la nécessité de recourir au divorce, que leur foi repoussait énergiquement.

Tels furent les principes qui furent admis dans la préparation de la loi nouvelle; ce ne fut pas sans discussion et le rétablissement de la séparation de corps rencontra tout d'abord une vive opposition au sein du conseil d'État. C'est qu'à cette époque les haines politiques étaient encore vivaces et qu'une pareille satisfaction, accordee au catholicisme, semblait une concession importante faite aux idées de l'ancien régime. Néanmoins ce rétablissement fut admis en principe.

L'exposé des motifs de M. Treilhard au Corps législatif [1] nous montre quelles furent les idées dominantes qui inspirèrent les rédacteurs du Code civil lorsqu'ils préparèrent le titre VI.

Tout d'abord, nous pouvons constater une préférence marquée en faveur du divorce : « Le divorce en lui-même ne peut pas être un bien ; c'est le remède d'un mal ; pour les époux le divorce est sans contredit préférable à la séparation. »

« Je ne connais qu'une objection, ajoute le rapporteur. On la tire de la possibilité d'une réunion : mais je le demande combien de séparations a vu le siècle dernier et combien peu de rapprochements ! — » Il prévoit ensuite l'objection tirée des enfants. « Mais les enfants, les enfants, que deviendront-ils après le divorce ? — Je demanderai à mon tour, que deviendront-ils après les séparations ? Sans doute le divorce ou la séparation des père et mère forme, dans la vie des enfants, une époque bien funeste : mais ce n'est pas l'acte de séparation ou de divorce qui

1. 30 ventôse an XI.

fait le mal, c'est le tableau hideux de la guerre intestine qui a rendu ces actes nécessaires. Au moins les époux divorcés auront encore le droit d'inspirer, pour leur personne, un respect et des sentiments qu'un nouveau nœud pourra légitimer... C'est peut-être ce qui peut arriver de plus heureux pour les enfants... Quant à la société, il est hors de doute que son intérêt réclame le divorce, parce que les époux pourront contracter dans la suite de nouvelles unions; pourquoi frapperait-elle d'une fatale interdiction des êtres que la nature avait formés pour éprouver les plus doux sentiments de la paternité? Cette interdiction serait également funeste aux individus et à la société : aux individus qu'elle condamne à des privations qui peuvent être méritoires, quand elles sont volontaires, mais qui sont trop amères, quand elles sont forcées : à la société qui se trouve ainsi appauvrie de nombre de familles, dont elle eût pu s'enrichir. Mais le pacte social garantit à tous les Français la liberté de leur croyance : si le divorce était le seul remède offert aux époux malheureux, ne placerait-on pas des citoyens, dans la cruelle alternative de fausser leur croyance ou de succomber, sous un joug qu'ils ne pourraient plus supporter? En permettant le divorce la loi laissera l'usage de la séparation. Ainsi nulle gêne dans l'opinion et toute liberté à cet égard est maintenue [1]. »

Ainsi le législateur laissait le choix aux époux. Quant aux dispositions nouvelles, régissant le divorce, nous allons les parcourir rapidement.

Le Code supprimait le divorce pour incompatibilité d'humeur, lorsqu'un seul des époux le demandait. Quant au divorce par consentement mutuel il fut vivement discuté. Le Tribunat voulait le prohiber, lorsque les époux avaient eu des enfants. Mais le conseil d'État le fit maintenir

1. Le projet de loi relatif au divorce avait été présenté au conseil d'État par M. Portalis, le 14 vendémiaire an X (4 octobre 1801). Il fut ensuite communiqué officieusement au Tribunat le 26 fructidor de la même année (13 sept. 1802). Le Tribunat, demanda quelques modifications, entre autres, la suppression d'une des causes de divorce proposées, l'attentat d'un conjoint envers l'autre. Il voulait aussi que le divorce ne fût permis qu'aux époux sans enfants. Le projet du Tribunat revint au Conseil présenté par M. Emmery le 20 brumaire an XI (11 nov. 1802). M. Treilhard fit le 18 ventôse an XI son *Exposé des motifs* au Corps législatif qui fit faire la communication officielle au Tribunat. Sur un rapport de M. Savoye-Rollin le projet fut adopté au Tribunat par 46 voix contre 19. Enfin le 30 ventôse an XI, M. Treilhard et M. Gillet défendirent la loi devant le Corps législatif qui l'adopta par 188 voix contre 31. La promulgation eut lieu le 10 germinal an XI (31 mars 1803).

parce que, comme le faisait remarquer le conseiller Emmery, ce divorce avait l'avantage de couvrir les causes déterminées, que les époux ne voudraient pas divulguer et qui devaient être tenues d'autant plus secrètes qu'il y avait des enfants nés du mariage. D'ailleurs, le divorce par consentement mutuel était entouré de sérieuses garanties; il fallait le consentement mutuel et persévérant, exprimé d'une manière spéciale, sous des conditions et après des épreuves de nature à prouver que la vie commune était insupportable et qu'il existait par rapport aux époux une cause péremptoire de divorce (art. 233). Le conseil d'État rejeta une proposition du Tribunat tendant à permettre aux époux, divorcés par consentement mutuel, de se remarier ensemble. La loi proscrivit absolument ce second mariage, quelle que fût la cause du divorce.

Quant aux causes déterminées qui autorisaient désormais le divorce, le Code en réduisait singulièrement le nombre. Les seuls faits qui pouvaient motiver le divorce, étaient l'adultère de la femme, l'adultère du mari, lorsqu'il avait tenu sa concubine dans la maison, la condamnation à une peine infamante, les excès, sévices, ou injures graves.

Lorsque la séparation de corps avait été prononcée pour toute autre cause que l'adultère, elle pouvait être convertie en divorce, après trois ans sur la demande de l'époux, qui avait été défendeur à la séparation (art. 310); le tribunal devait prononcer le divorce à moins que l'époux demandeur originaire, présent ou dûment appelé, ne consentît immédiatement à faire cesser la séparation [1]. Cette disposition avait soulevé au conseil d'État un débat très animé. Cambacérès faisait remarquer que c'était là une atteinte très grave à la liberté de conscience du demandeur originaire, qui était ainsi amené à divorcer malgré lui, situation d'autant plus fâcheuse qu'il semblait l'avoir provoquée lui-même, en demandant la séparation, quoique ses convictions religieuses rejetassent une rupture complète du lien matrimonial par le divorce.

L'examen de la procédure spéciale du divorce semble sortir du cadre que nous nous étions tracé; cependant il n'est pas inutile de jeter un rapide coup d'œil sur cette partie de notre législation, que des lois nouvelles pourraient remettre en vigueur. Nous y verrons, d'ailleurs, chez les

1. V. Rapport de M. Léon Renault, p. 8.

rédacteurs du Code, un souci véritable de la dignité du mariage, qui les fait entourer le divorce de sérieuses garanties et de sages lenteurs. Ce n'était plus l'encouragement au divorce, comme dans la loi de 1792, c'était, au contraire, un ensemble de moyens propres à laisser apaiser les passions passagères, à donner toutes les occasions de réflexion, à ménager habilement les rapprochements possibles et à bien mettre en relief pour le juge, les motifs et les mobiles, ainsi que la valeur véritable des faits invoqués.

La procédure s'ouvrait par une requête, que l'époux demandeur devait remettre personnellement au magistrat. Ce n'était plus en effet une assemblée de parents et d'amis, mais bien le tribunal de l'arrondissement du domicile, qui était appelé à statuer sur le divorce. Le juge ordonnait une comparution des parties devant lui et tentait une conciliation; s'il ne pouvait y parvenir, les pièces étaient transmises au ministère public et au tribunal entier, qui accordait ou refusait, ou suspendait, pendant vingt jours, la permission de citer.

Les époux étaient d'abord entendus à huis clos; le tribunal renvoyait ensuite à l'audience publique et commettait un rapporteur. A l'audience, le tribunal pouvait ordonner des enquêtes à la demande des parties. Les dépositions des témoins étaient reçues par le tribunal, séant à huis clos, en présence du ministère public, des parties, et de leurs conseils et amis, jusqu'au nombre de trois de chaque côté. Après la clôture des enquêtes, le tribunal renvoyait de nouveau à l'audience publique, et là, après avoir entendu le rapport du juge commis, il prononçait le jugement définitif. S'il admettait le divorce, l'époux demandeur avait deux mois pour se présenter devant l'officier civil pour le faire prononcer. Si la demande du divorce était basée sur des excès, sévices ou injures graves, le tribunal, même en reconnaissant la réalité des faits, pouvait ne pas admettre immédiatement le divorce et imposer aux parties une année d'épreuves, pendant laquelle la femme était autorisée à vivre séparée de son mari et à ne pas le recevoir, si elle le jugeait convenable ; si au bout de l'année les époux ne s'étaient pas réunis, le divorce était prononcé.

Quant au divorce par consentement mutuel, il était entouré de plus de garanties encore ; le législateur ne l'avait maintenu qu'à la condition d'en faire un remède, employé seulement dans

cas d'absolue nécessité et avec la plus exces-
e prudence. De nombreuses conditions en
treignaient l'usage. Il fallait que le mari eût
moins vingt-cinq ans et la femme vingt et un,
e les époux eussent vécu deux ans ensemble
qu'il ne fût pas écoulé plus de vingt ans, depuis
mariage, ou encore que la femme n'eût pas
eint l'âge de quarante-cinq ans. Il fallait en
re que les époux se présentassent, tous les
is mois, pendant un an devant le président du
ouhal, pour lui renouveler leur demande, et
'ils apportassent à chaque comparution la
uve positive et authentique que les ascendants
nnaient leur consentement au divorce et y
sistaient. Enfin l'article 305 prescrivait que
propriété de la moitié des biens de chacun des
ıx époux serait acquise, de plein droit, du
ır de leur première déclaration, aux enfants
s de leur mariage; le père et la mère n'en
ıservaient que la jouissance jusqu'à la majo-
é, au contraire, si le divorce avait lieu pour
ıse déterminée, les droits des enfants ne s'ou-
ient que de la manière dont ils se seraient
verts, s'il n'y avait pas eu de divorce.

Si de la procédure nous passons aux effets du
orce, nous remarquerons encore dans le Code

de grandes améliorations apportées à la législation de 1792. Le Code ne défendait pas aux époux de contracter des unions nouvelles. Le législateur se rappelait en effet le passage suivant de Montesquieu : « C'est une règle tirée de la nature que, plus on diminue le nombre des mariages qui pourraient se faire, plus on corrompt ceux qui sont faits. Moins il y a de gens mariés, moins il y a de fidélité dans les mariages, comme lorsqu'il y a plus de voleurs, il y a plus de vols [1]. » C'était même un des avantages qui faisaient préférer au législateur le divorce à la séparation, mais il comprit que cette faculté de second mariage devait être sagement limitée. Si le divorce avait eu lieu par consentement mutuel, chacun des époux ne pouvait contracter un nouveau mariage qu'après une attente de trois ans. Si le divorce avait eu lieu pour cause déterminée, la femme ne pouvait se remarier que dix mois après le divorce prononcé ; au cas spécial de divorce pour adultère, l'époux coupable ne pouvait se remarier avec son complice. Rappelons enfin que le Code défendait rigoureusement aux époux divorcés de se remarier entre eux ;

1. *Esprit des lois*, liv. XXIII, ch. XXI.

l'idée du législateur, M. Treilhard l'expose longuement, était la crainte de voir les époux conserver un vague espoir de réunion, demander leur divorce, bien que la vie commune ne fût pas absolument insupportable, et se pénétrer peu de la gravité de l'action qu'ils intentaient en demandant leur divorce. Mais la même préoccupation ne semble plus avoir animé la Commission, chargée actuellement d'étudier le rétablissement du divorce, la prohibition de réunion après le divorce [1], édictée par le Code, lui a paru excessive et elle l'a supprimée.

Que devenaient les enfants dans la législation de 1804 ? En principe, ils étaient confiés au mari pendant les préliminaires du divorce. Après le divorce, ils étaient remis à l'époux demandeur, à moins que le tribunal, sur la demande de la famille ou du procureur impérial, n'ordonnât que tous ou quelques-uns d'entre eux fussent confiés aux soins, soit de l'autre époux, soit d'une tierce personne. D'ailleurs quelle que fût la personne à laquelle les enfants étaient confiés, les père et mère conservaient respectivement le droit de surveiller l'entretien et l'éducation de leurs en-

1. Rapport de M. Léon Renault, p. 14 et 57.

fants et étaient tenus d'y contribuer, à proportion de leurs facultés (302, 303)[1].

Quant aux intérêts pécuniaires, l'article 299 décidait que, hors le cas de consentement mutuel, l'époux contre lequel le divorce était admis perdrait tous les avantages que l'autre époux lui avait faits, soit par contrat de mariage, soit depuis le mariage contracté ; au contraire, l'époux qui avait obtenu le divorce, conservait tous les avantages à lui faits par l'autre époux, encore qu'ils eussent été stipulés réciproques et que la réciprocité n'eût pas eu lieu. Si les époux ne s'étaient fait aucun avantage, ou si les avantages stipulés ne paraissaient pas suffisants pour assurer la subsistance de l'époux demandeur, le tribunal pouvait lui accorder sur les biens de l'autre époux une pension alimentaire, qui ne pouvait excéder le tiers des revenus, et qui était révocable dès qu'elle cessait d'être nécessaire.

Telle fut la législation du Code civil en ce qui concerne la dissolution du mariage. On rétablis-

1. D'Haussonville, *L'enfance à Paris et les établissements pénitentiaires en France*. (C. Lévy, éditeur). — Comte de Paris, *De la situation des ouvriers en Angleterre*. — De Rainneville, *La femme dans l'antiquité*. — Feydeau, *Du luxe, des femmes, des mœurs*.— Mario Proth, *Les vagabonds*. — Rauland, *Le livre des époux*.

sait bien la séparation de corps, mais l'influence de la loi de 1792 et les idées favorables au divorce prévalaient encore : on consacrait soixante-dix-huit articles au divorce, tandis que la séparation de corps n'en occupait que six, et se trouvait rejetée, comme appendice, à la fin du titre.

Il faut reconnaître que, depuis sa nouvelle organisation par le Code, le divorce n'avait donné lieu à aucun abus grave. Aussi dans tout le cours de la discussion qui précéda sa suppression, on ne vit pas, une seule fois, les adversaires les plus décidés formuler le reproche de scandales et d'excès.

On a prétendu que l'abolition du divorce était une vengeance de l'ancien régime, une loi de réaction religieuse [1], il semble plus vrai de dire qu'elle était dans les vœux de la nation [2].

Ce fut le 26 décembre 1815 que le vicomte de Bonald, député de l'Aveyron, qui avait déjà défendu, en 1803, l'indissolubilité du mariage, proposa l'abolition du divorce. Cette proposition fut prise en considération, et, le 19 février 1816, M. de Trinquelague présentait son rapport.

1. Rapport de M. Léon Renault, p. 20.
2. M. Glasson, *op. cit.*, p. 53.

La grande préoccupation du législateur semble être de remettre le droit civil d'accord avec la loi religieuse, et d'établir la prééminence de celle-ci : de nombreux passages du rapport que nous ne pouvons reproduire ici portent la trace de cette préoccupation. Après le rapport de M. de Trinquelague, une adresse au roi fut votée « pour le supplier d'ordonner que les articles, relatifs à la dissolution du mariage fussent retranchés du Code civil. »

Le roi fit donc présenter le projet de loi qui devint la loi de 1816. A la Chambre des pairs la loi fut votée le 25 avril, après une courte discussion sur le rapport de M. Lamoignon. La Chambre des députés la vota, le 27 avril, sur un rapport de M. Blaire [1]. Comme on le voit, l'abolition du divorce fut adoptée, presque sans débat et avec une précipitation regrettable ; aussi la loi de 1816 renfermait-elle de nombreuses lacunes. On ne laissait subsister que la séparation de corps, mais on ne songeait pas que les six articles du Code civil étaient insuffisants à la réglementer et qu'il était nécessaire d'en tracer la procédure, d'en approfondir les détails. Ni les

1. V. Locré, tome V, p. 120 et s.

orateurs de la Chambre des députés, MM. de Bonald, Cardonnel et Blondel d'Angers, ni ceux de la Chambre des pairs, les évêques de Langres et de Châlons, ne firent sentir le besoin de reviser les articles de la séparation. On se contenta de laisser subsister, dans le Code, le titre qui se rapportait au divorce, afin que les tribunaux y trouvassent les dispositions complémentaires de la séparation.

On fit une tentative pour donner un peu plus d'unité à l'institution, demeurée seule, de la séparation de corps. Le duc de Richelieu déposa, en décembre 1816, deux projets de loi sur le bureau de la Chambre des pairs, l'un sur les divorces accomplis, l'autre sur la séparation de corps. Ces projets furent transmis à la Chambre des députés, mais les lois exclusivement politiques absorbaient tous les soins de celle-ci. Différents orateurs, et notamment M. de Corbière, insistèrent vainement pour faire reviser la loi sur la séparation : « Mais il faut pour cela, disait-il, une maturité et une sage lenteur que ne comporte pas la fin prochaine, que vous avez le droit d'espérer, de votre session. » En effet la commission parlementaire à laquelle les projets avaient été renvoyés les fit bientôt oublier par ses lenteurs.

Il reste donc, après cette loi de 1816, la seule institution de la séparation de corps, laissant au juge et à la jurisprudence une latitude considérable, par conséquent donnant lieu à de nombreuses controverses que nous aurons à étudier plus loin. « Le divorce, dit Léon Renault [1], est donc resté, dans le monument de nos lois, comme une statue momentanément, voilée, mais debout à la place où elle avait été originairement élevée et qu'il est toujours facile de découvrir et de remettre en lumière. »

Après la réaction politique et religieuse de 1816, il fallait s'attendre à voir les partis reprendre peu à peu leur consistance et recouvrer une part de l'influence qu'ils avaient précédemment exercée. Lorsqu'une nouvelle Révolution les eut rendus de nouveau tout-puissants, ils firent prévaloir, dans la Charte nouvelle, les principes de tolérance religieuse et de sécularisation des pouvoirs publics, qui avaient été abandonnés sous la Restauration. Désormais, la religion catholique ne fut plus appelée religion d'État, et la loi civile ne dut plus forcément se plier aux exigences de la loi religieuse. Il était

1. Rapport, p. 20.

donc naturel qu'on essayât de rétablir les conséquences que la Révolution avait tirées des principes, proclamés par elle, et qu'on songeât à restaurer le divorce dans nos lois. Aussi, dès le 11 août 1831, M. de Schonen présentait à la Chambre des députés une proposition tendant à l'abrogation de la loi du 8 mai 1816 : « Ouvrez les greffes criminels, disait-il, parcourez les archives, depuis celles de la pénitencerie Romaine jusqu'aux arrêts de nos cours d'assises ; lisez seulement la feuille quotidienne consacrée à nos tribunaux et vous aurez une idée de l'urgence et de la nécessité de la mesure que je propose. »

La proposition fut prise en considération, à une immense majorité. M. Peton seul s'éleva contre ; Berryer et quelques autres députés s'abstinrent.

La commission chargée d'étudier le projet nomma M. Odilon Barrot rapporteur. Celui-ci, dans son rapport très lumineux et très net, fit d'abord justice de la loi de 1792 et des déplorables facilités qu'elle donnait à la rupture du mariage : « Ce ne serait plus, dit-il, qu'une union fortuite, qui n'aurait plus de garantie que dans la persistance de la volonté des époux et qui se confondrait bientôt avec le concubinage, dont il ne différerait que par de vaines formes. »

Le débat se restreignait donc entre le système du Code civil et la loi de 1816 ; M. Odilon Barrot expliquait ainsi les préférences de la Commission : « Le système du Code civil nous a paru préférable à la loi du 8 mai 1816, comme offrant une conciliation heureuse entre les imperfections de notre nature et la nécessité d'assurer au mariage, sinon l'indissolubilité absolue, au moins une intention de perpétuité. » Parlant de l'indissolubilité, il dit encore : « Cette loi est une loi violente, contre laquelle la nature protestera toujours. Dans certains cas, ce sera le crime qui sera l'instrument de cette révolte de la nature, nos annales criminelles en font foi ; dans d'autres, et ce sont les plus nombreux, ce sera le vice et la corruption qui, se jouant des prescriptions légales, substitueront avec scandale, à l'union légitime l'union adultère. Ne vaut-il pas mieux mille fois, que la loi, plus rapprochée de notre imperfection humaine, abandonne quelque chose de ses rigueurs et qu'elle se départe d'un principe absolu qui enfante le crime et propage la corruption ? »

La proposition fut adoptée à la Chambre des députés par cent quatre-vingt-treize voix contre soixante-dix. Mais à la Chambre des pairs elle rencontra une opposition qu'elle ne put vaincre; votée une seconde fois par la Chambre des députés, sur la demande de M. Bavoux, elle fut encore rejetée par la Chambre des pairs, le 23 mars 1832. M. Portalis avait fait un rapport contraire au rétablissement du divorce.

La proposition fut néanmoins reprise l'année suivante; M. Bavoux présenta le 30 décembre 1833 une nouvelle proposition en faveur du divorce. Le 24 février 1834, malgré les efforts de M. Merlin et de M. Voysin de Gartempe, la Chambre vota le rétablissement du divorce par cent quatre-vingt-onze voix contre cent. Mais la Chambre des pairs s'opposa encore énergiquement à l'abrogation de la loi de 1816; aussi lorsqu'une troisième fois la même proposition fut reproduite devant la Chambre des députés, celle-ci crut devoir la repousser elle-même, n'espérant pas que ce nouveau projet pût avoir un meilleur sort.

En 1848, d'autres tentatives furent encore faites. Le 26 mai, M. Crémieux, ministre de la justice, présenta un projet de loi concluant au rétablissement du divorce. Mais ce projet rencontra dans l'Assemblée constituante et dans l'opinion publique une défaveur si marquée, que le gouvernement dut le retirer.

Depuis lors il ne s'était produit aucune proposition législative tendant à modifier la législation en vigueur sur la séparation de corps et à rétablir le divorce. En 1876, M. Naquet présenta une première proposition[1] qu'il modifia lui-même un peu plus tard, et qui devint un projet de retour pur et simple au titre VI du Code civil[2]. La commission chargée d'examiner le projet a nommé rapporteur M. Léon Renault, et c'est à la séance du 15 janvier 1880 que le rapport a été déposé. Les débats ne se sont déjà ouverts sur cette grave question; elle n'a pas jusqu'ici plus préoccupé l'opinion publique que la démonstration navale devant Dulcigno. Quelle en sera la solution? On ne peut le prévoir encore.

1. V. *Journal Officiel* des 23, 24, 25 et 26 juin 1876.
2. Séance du 20 mai 1878.

IX

LE DIVORCE ET L'INDISSOLUBILITÉ DU MARIAGE.

Une loi qui touche au mariage porte une grave atteinte à l'organisation de la famille et peut exercer une influence considérable sur les destinées d'un peuple. La disposition législative par laquelle on se propose de rétablir le divorce[1] en France, mérite l'étude la plus sérieuse et la plus approfondie de la part du législateur. Faire ici une critique complète de l'institution du divorce, serait trop nous écarter de notre sujet et les dimensions de notre travail seraient insuffisantes. Cependant, après avoir réuni tous les éléments de discussions, nous nous croyons autorisé à résumer rapidement la question même du divorce et à examiner la valeur des prin-

1. D'après M. Jules Robyns, en Belgique, sur 30 habitants on compte une naissance, en France une sur 38. La mortalité est la même dans les deux pays. En Belgique, il y a un divorce par 43,097 habitants, en France, une séparation de corps par 15,510 habitants. — Conférence de madame Marie Dumas (27 février 1881) sur le *Tribunal des Divorces*, par Miguel Cervantès. — *Code du divorce*, par Maurice Méjane, avoué au tribunal de cassation (1793).

cipaux arguments invoqués pour sa défense ou contre lui.

Certes maintenant il n'est plus question de rétablir la répudiation, c'est-à-dire de donner au mari seul le droit de renvoyer sa femme, sans donner à la femme celui de quitter son mari. Consacrer législativement une pareille inégalité, serait établir le despotisme dans la famille et retourner à ces temps de barbarie, où la dignité de la femme étant méconnue, la situation de l'épouse dans la famille et dans la société n'était qu'avilissement et servilité. Aujourd'hui les droits de la femme sont proclamés et reconnus ; le christianisme a émancipé celle que l'homme a pour compagne, égale à lui par l'origine et par la destinée, et nul législateur ne songerait désormais à rétablir au profit de l'homme les droits exorbitants, que les préjugés de siècles barbares lui avaient attribués.

Mais toutes les législations sont d'accord pour modifier le contrat primitif, lorsqu'il y a violation, de la part de l'une des parties, des clauses de ce contrat. Il a paru indispensable d'affaiblir, dans un but de protection, le lien qui unissait deux personnes, lorsque l'une d'elles manquant à ses engagements les plus formels a violé la foi du mariage et trahi ouvertement ses devoirs. Les lois de tous les pays ont donc organisé au moins une séparation de corps, qui permet aux époux de faire cesser une vie commune, devenue intolérable. Quelques-unes ont été plus loin, et, instituant le divorce, elles ont rendu possible aux époux séparés la formation de nouveaux liens.

Tout le monde reconnaît donc qu'il est nécessaire d'apporter un remède aux unions malheureuses : la seule divergence des opinions porte sur la question de savoir si le mariage doit être indissoluble, c'est-à-dire s'il doit être défendu aux époux séparés de contracter de nouvelles unions, ou si, au contraire, le principe de l'indissolubilité étant reconnu nuisible, il faut admettre le divorce pour permettre aux époux un nouveau mariage, après la dissolution du premier.

La question est grave; elle a divisé les esprits les plus éminents de tous les temps. Le divorce a compté des partisans et des adversaires aussi bien chez les catholiques que chez les protestants[1], dans tous les pays et indépendamment de toute

1. Consulter le beau travail de M. le docteur Latty (Hippolyte-Marie-Jean-Michel), *De la douleur* (Paris 1881).

opinion politique. Montesquieu en proclamait les avantages tandis que J. J. Rousseau le combattait ; en Angleterre, le puritain Milton le préconisait et le libre penseur Hume s'en déclarait l'adversaire.

Aujourd'hui nous assistons à des débats semblables où viennent à la fois prendre part les jurisconsultes avec leur logique, les moralistes avec leur science profonde du cœur humain et de la société moderne, les historiens avec les enseignements du passé, les orateurs chrétiens qui font retentir la chaire de leurs conceptions idéales de la vie humaine. Tous se passionnent, dans un sens ou dans l'autre, et mettent les talents les plus divers et les plus brillants, au service de convictions sincères.

Tous les arguments invoqués par eux doivent se grouper autour d'un petit nombre de points et peuvent se résumer ainsi : le divorce est-il impie, est-il impolitique, est-il immoral ?

Examinons donc ces trois ordres d'idées.

Il paraît évident que l'argument qui tend à prouver l'impiété du divorce ne peut avoir de valeur que dans un pays, où existe une religion d'État proclamant l'origine divine du mariage et l'indissolubilité du lien conjugal. C'est le motif qui a fait détruire, en 1816, la législation du Code civil sur le divorce. La Charte avait qualifié la religion catholique de religion d'État : « Aux yeux de notre religion sainte, disait M. de Trinquelague à la Chambre des députés, le mariage n'est pas un simple contrat naturel ou civil ; elle y intervient pour lui imprimer un caractère plus auguste... Le nœud qui est formé prend, dans le sacrement, une forme céleste et chaque époux semble, à l'exemple du premier homme, recevoir sa compagne des mains de la divinité même. Une union formée ainsi ne doit pas pouvoir être détruite par les hommes et de là son indissolubilité religieuse... La loi civile est en opposition avec la loi religieuse. Or, cette opposition ne doit pas exister, car la loi civile, empruntant sa plus grande force de la loi religieuse, il est contre sa nature d'induire les citoyens à la mépriser. Il faut donc pour les concilier que l'une des deux fléchisse et mette ses dispositions en harmonie avec celles de l'autre. Mais la loi religieuse appartient à un ordre de choses fixe, immuable, élevé au-dessus du pouvoir des hommes... C'est donc à la loi civile à céder et l'interdiction du divorce, prononcée par la loi religieuse, doit être respectée par elle. »

En abolissant le divorce contraire à la religion d'État, les Chambres de 1816 agissaient donc logiquement.

Aujourd'hui, il n'y a plus de religion d'État, mais il y a la religion de la grande majorité des Français ; cette religion prohibe le divorce, donc, dit-on, le divorce doit être proscrit de nos lois.

Il faut reconnaître que cet argument, tiré de l'incompatibilité du divorce avec la religion catholique, est abandonné par le plus grand nombre des adversaires du divorce. On démontre facilement, en effet, que dans un État bien ordonné où chaque autorité est à sa place, les doctrines, de quelque Église que ce soit, ne doivent pas être les seules lois de la nation.

Si le législateur civil devait se conformer aux doctrines du prêtre, le gouvernement deviendrait théocratique et le droit canonique rendrait inutile la législation civile. « Or, disait M. Berlier, il est de l'essence de la loi civile qu'elle pèse et apprécie, dans sa propre morale, les avantages et les inconvénients de toute mesure, qui regarde la cité et qu'elle ne soit jamais circonscrite, dans un cercle tracé par des décisions venant d'autre part ; la morale du législateur et celle du prêtre peuvent, sans contredit, conduire quelquefois à des résultats[1] semblables ; mais elles peuvent aussi différer plus ou moins entre elles, et la morale du législateur doit toujours garder sa pleine indépendance. »

Mais la liberté de conscience est garantie à tous les Français ; l'institution du divorce ne porte-t-elle pas atteinte à ce principe fondamental du pacte social ? Les partisans du divorce reconnaissent que si le divorce existait seul, si la séparation de corps était supprimée, comme elle le fut en 1792, et si l'interdiction de se remarier était maintenue, pour les époux divorcés, les Français catholiques pourraient reprocher au

1. Il serait injuste de ne pas mentionner ici (dans une étude, toute consacrée au crime, à la débauche, au divorce), l'asile d'Auteuil, préservatif offert aux pauvres, aux orphelins, aux abandonnés de Paris. Cette œuvre, dirigée par l'abbé Roussel (un apôtre à qui ses enfants répètent les paroles de saint Matthieu : j'avais faim et vous m'avez donné à manger, j'étais sans asile, vous m'avez recueilli, vêtu, réchauffé, vous m'avez enfin empêché de devenir un voleur !) a reçu en dix ans, dans le local de la rue Lafontaine, 40, trois mille enfants, coûtant par jour 1 fr. 50, et en contient aujourd'hui 300. Ces déshérités apprennent là un état et deviennent d'honnêtes ouvriers. Dans sa séance du 8 mars 1881, le Sénat, préoccupé enfin du sort des enfants abandonnés, décimés par les infanticides, les avortements, a pris en considération les propositions de M. Caze (fondation d'un orphelinat national), et Lacretelle (rétablissement des tours dans les hospices).

législateur de les mettre dans la cruelle alternative de fausser leurs croyances, en demandant la dissolution de leurs mariages, ou de succomber sous le poids des souffrances d'une vie commune devenue intolérable et dangereuse[1]. Mais ils soutiennent aussi que la séparation de corps ne sera pas supprimée, que même dans le cas où le divorce existerait seul, les époux n'auraient qu'à ne pas se remarier pour que le divorce valût, à leurs yeux, ce que vaut une simple séparation de corps[2].

Ils disent encore que si la loi civile devait repousser le divorce par cette seule considération qu'il est proscrit par le dogme catholique, le divorce ne devrait, en tout cas, être interdit qu'à ceux-là seuls dont la croyance est incompatible avec lui, car la loi civile n'aurait aucune raison de se montrer plus sévère pour les non-catholiques que leur loi religieuse. Cette renonciation au divorce, disent-ils, ne serait qu'une question de conscience, une question de foi religieuse, une loi, que chacun peut s'imposer à soi-même, mais pour laquelle il ne peut exiger des autres la même obéissance et que le législateur ne pour-

1. Rapport de M. Léon Renault, p. 35.
2. M. Naquet. Discours du 27 mai 1879.

rait consacrer, sans faire d'un acte de foi un devoir civil, d'une prescription religieuse une contrainte légale, sans violer le grand principe de la séparation du temporel et du spirituel[1].

On fait aussi remarquer que le dogme catholique et la loi civile partent, sur ce point, de principes diamétralement opposés : « Pour l'un, le célibat est plus saint et plus parfait que le mariage, l'autre, encourage le mariage et tolère le célibat. L'un exige de l'homme, qu'il lutte même contre les besoins de sa nature et lui tient compte, pour le ciel, de chacune des privations qu'il s'impose ; l'autre met sa perfection à satisfaire tous les besoins de l'homme et à mettre, le moins souvent possible, la passion individuelle aux prises avec l'ordre social. »

A ces différents arguments, les adversaires du divorce répondent que, malgré le maintien de la séparation de corps, il y a certains cas où l'institution du divorce blessera gravement les consciences catholiques. Et ils proposent les deux espèces suivantes :

1° Un époux catholique s'est rendu coupable, envers son conjoint non-catholique, de torts au-

1. Discours de M. Odillon Barrot le 7 novembre 1831.

torisant une demande en séparation de corps ou en divorce. L'époux outragé demande le divorce ; il obtient donc la dissolution de mariage, qui, suivant la foi religieuse de son conjoint, devrait être perpétuel.

Ceux qui admettent le divorce, répondent que ce cas ne mérite pas de retenir l'attention : que refuser la faculté du divorce à l'époux outragé, par égard pour les scrupules religieux de son conjoint, ce serait, sous prétexte de déférence, pour la liberté de conscience, faire violence aux droits de celui des époux, qui mérite l'intérêt, la protection des lois et dont la croyance n'implique pas l'indissolubilité du lien conjugal (M. L. Renault[1]).

2° La seconde espèce est plus délicate. En vertu de l'article 310 du Code civil, lorsque trois ans se sont écoulés depuis le jugement de séparation, l'époux, contre lequel la séparation a été prononcée, peut mettre son conjoint en demeure de faire cesser la séparation ; si celui-ci refuse de consentir à la réunion, le tribunal est tenu de transformer en divorce la séparation de corps originaire. On ne pourra plus dès lors alléguer

1. Discours de M. Odilon Barrot le 7 nov. 1831.

que la loi n'impose pas le divorce et que les époux sont libres de ne pas divorcer.

Les partisans du divorce reconnaissent qu'il y a là certaine atteinte à la liberté de conscience. Ils justifient l'art. 310 en disant que l'époux, qui a eu le droit de choisir la voie de la séparation, comme plus conforme à sa croyance, ne peut pourtant pas maintenir, pour toujours, l'autre époux dans un état, réputé par eux nuisible à la morale publique et au bien de l'État ; suivant eux le législateur a fait sa dernière concession en permettant d'éviter le divorce par la réconciliation ; d'ailleurs l'époux catholique ne reste-t-il pas libre de tenir pour perpétuel le lien, que la société civile dénoue en faveur de son conjoint et de ne pas user de la faculté de nouveau mariage que lui donne le divorce ?

Ainsi les partisans du divorce soutiennent que leur loi n'impose pas le divorce, que les époux sont libres de divorcer ou de ne pas divorcer, que l'époux catholique peut toujours considérer le divorce comme une simple séparation de corps et qu'en conséquence il n'y a aucune violence faite à la loi des deux époux. Cet argument a trouvé une réponse bien connue de la part de ceux qui regardent le divorce, comme beaucoup plus nuisible que la séparation à la morale publique et au bien de l'État : « Trouveriez-vous sage, légitime, demandait M. de Carion-Nisas au Tribunat, qu'un gouvernement reconnût, organisât le duel, ouvrît le champ du combat, parce qu'on est libre, parfaitement libre d'aller ou de n'aller pas s'y couper la gorge[1] ? »

Mais les partisans du divorce vont plus loin. Ils s'efforcent de prouver que le divorce n'est pas rigoureusement défendu par le dogme catholique. Le divorce, disent-ils, a existé dans tous les temps et dans tous les pays. Au début de l'histoire du monde on le trouve chez les Juifs, où il est admis avec une excessive facilité.

La Bible, du reste, ne parle jamais du mariage comme étant de droit divin ; elle ne parle ni d'amour, ni de mariage, mais seulement de reproduction[2]. Si Dieu n'a pas établi le divorce, c'est qu'il savait qu'il résulterait fatalement du mariage, à mesure que le nombre des humains s'accroîtrait ; on ne peut tirer de l'union d'Adam et d'Ève aucun argument en faveur de l'indisso-

1. *Discours au Tribunat*, 19. Locré, t. V, p. 364.

2. Le mariage est de droit naturel, dit M. Alex. Dumas, l'amour vient de Dieu, mais le mariage vient de l'homme. *Le divorce*, p. 260.

lubilité du mariage, puisque les deux époux existant seuls, Dieu ne pouvait établir ni la polygamie ni le divorce [1]. Ils font remarquer le grand nombre des répudiations et des divorces, qui eurent lieu chez les Juifs, le divorce constituant bientôt un progrès sur la répudiation, le droit fût accordé enfin à la femme de demander la dissolution de son mariage. Le christianisme s'établit : abolit-il le divorce ? Mais saint Paul, prétend-on, ne dit nulle part qu'il veut abroger la loi mosaïque que Jésus-Christ a maintenue ; bien plus, il ajoute encore ce nouveau cas de divorce que l'un des deux conjoints étant infidèle (en matière de foi), s'il se sépare de l'autre, celui-ci n'est plus assujetti et peut se remarier. Il cite l'exemple de sainte Thècle qui répudia son mari, celui de Fabiola qui, au IVe siècle, divorça d'avec son mari pour adultère et qui fut excusée par saint Jérôme [2]. Ils montrent, aux débuts du christianisme, les Pères se partageant sur la question de l'indissolubilité, leurs hésitations, leurs incertitudes, les tâtonnements du dogme, avant d'interdire la répudiation et le divorce, et les nombreux

1. Alex. Dumas, *op. cit.*, p. 20.
2. Vie de sainte Fabiola.

cas de divorce qui eurent lieu surtout dans les premiers siècles. Charles Martel répudiait Gertrude pour épouser Alphaïde, Charlemagne répudiait Berthe, Ermengarde, sans motifs connus; Henri l'Oiseleur renvoyait Halburge, Childéric répudiait Andovère, Caribert divorçait également, Louis VII faisait rompre son mariage avec Éléonore, sous prétexte de parenté prohibée et incestueuse, le pape Innocent III prononçait purement et simplement, pour adultère, la dissolution du mariage d'Alphonse, roi de Léon et de Galice, avec Bérengère, fille du roi de Castille, le pape Innocent VIII ratifiait, en 1488, le mariage de René II, duc de Lorraine, avec Jeanne d'Harcourt de Tancarville, Alexandre VI permettait à Vladislas de répudier Béatrix d'Aragon et à Louis XII de répudier sa femme Jeanne de France et d'épouser Anne de Bretagne, bien que le mariage avec Jeanne eût été consommé !

L'Église, ajoutent-ils, reconnaît un grand nombre de cas de nullité, parmi lesquels plusieurs sont de véritables cas de divorce [1]; elle a de tout temps, autorisé le divorce, pour cause d'adultère, avec permission de contracter de nou-

1. Voir l'énumération d'après le *Droit canonique.*

18

veau mariage. Le concile de Trente respecta ainsi la coutume des chrétiens de Chypre, de Candie, de Corfou, de Zanthe et de Céphalonie, qui leur permettait la répudiation des femmes adultères. On décida « de ne pas condamner ceux qui disaient que le mariage peut être rompu, pour cause d'adultère et que l'on peut en contracter un autre, comme l'ont dit saint Ambroise et quelques Pères Grecs et comme on le pratique chez les Orientaux, mais d'anathématiser ceux qui diraient que l'Église erre, lorsqu'elle enseigne que le nœud du mariage n'est pas rompu par l'adultère [1] et qu'il n'est pas permis d'en contracter un autre [2]. » Le concile a donc permis le divorce, pour adultère, en Orient et ne le permet pas en Occident. Enfin, sous le nom de mariage non consommé, il a autorisé également le divorce.

Nous n'avons pas à nous faire juge des hési-

1. Voir les procès du curé Gaufredi et de mademoiselle la Palud, à Marseille, du curé Grandier et des Ursulines de Loudun, du Père Gérard, âgé de 50 ans et de la belle Catherine Ladière, âgée de 18 ans, accusés d'inceste spirituel, devant le Parlement d'Aix (1729). Dans cette affaire, des conseillers avisés opinèrent qu'en soufflant dans la jolie bouche de sa jeune pénitente, le Jésuite lui avait injecté un démon d'impureté !

2. *Hist. du concile de Trente*, p. 729. Fra Paolo Sarpi. V. aussi Pallavicini.

tations et des incertitudes primitives du dogme catholique, alléguées par les partisans du divorce. Il appartient aux canonistes seuls de faire justice de ces arguments d'histoire et de droit religieux. Pour nous, il nous suffira de constater qu'au moins à partir du XIIe siècle tous les divorces, autorisés par l'Église, n'étaient que des cas de nullité ; que la doctrine de l'Église et son dogme sont aujourd'hui fixés, d'une manière précise dans le sens de l'indissolubilité du mariage et qu'il ne s'agit pas de savoir ce que l'Église a pu enseigner, mais ce qu'elle enseigne, et par conséquent ce qui est actuellement chose de dogme et de foi, dans l'Église catholique, ce qui constitue pour les catholiques un article de leur croyance, sur lequel ils ne pourraient transiger qu'au mépris de leur conscience et de leur foi.

Dernièrement encore l'Encyclique du pape Léon XIII[1] se prononçait nettement et catégoriquement contre le divorce. Dans cette Encyclique, le Saint-Siège atteste l'origine divine du mariage, son indissolubilité affirmée et rétablie par Jésus-Christ et la prohibition formelle du divorce, *nequis dissolvere auderet quod perpetuo conjunctionis*

1. Donnée à Rome le 10 février 1880.

vinculo Deus ipse constrinxisset. Le divorce est repoussé par l'Église, au nom de l'institution divine du mariage, au nom de la morale, au nom de l'intérêt même de la société : la séparation seule est permise par l'Église : « Dans cette grande confusion d'opinions, qui se répandent tous les jours davantage, dit l'Encyclique, il est également nécessaire de savoir que personne n'a le pouvoir de dissoudre un mariage, entre chrétiens, une fois qu'il a été ratifié et consommé et que, par conséquent, les époux ne peuvent, sans un crime manifeste, pour quelque motif que ce soit, vouloir s'engager dans un nouveau lien de mariage, avant que le premier soit rompu par la mort. Mais si les choses en viennent au point que la vie commune ne soit plus supportable, l'Église permet aux deux époux de se séparer et en employant les soins et les remèdes, appropriés à la situation, elle tâche d'adoucir les inconvénients de la séparation ; cependant elle ne cesse de travailler à leur réconciliation et n'en désespère jamais. »

La doctrine de l'Église est donc nette sur la question de l'indissolubilité du mariage. Elle se prononce formellement contre le divorce. Il est donc évident qu'une loi qui ne reconnaîtrait que le divorce, ou qui, admettant aussi la séparation de corps, mettrait néanmoins, dans certains cas, l'époux catholique dans la nécessité de subir le divorce, serait une loi qui choquerait violemment des croyances et des convictions religieuses fort légitimes. En vain s'efforce-t-on de prouver que l'atteinte portée n'est pas grave, et que souvent l'époux, qui proteste au nom de sa conscience, n'est pas digne d'intérêt; l'atteinte est réelle, les convictions religieuses sont respectables, chez tous, aussi bien chez l'époux coupable que chez le conjoint innocent et personne ne peut nier, de bonne foi, que l'institution du divorce n'entraîne parfois à une violation flagrante du principe reconnu de la liberté de conscience.

Mais à leur tour les communions religieuses, qui admettent le divorce, ne vont-elles pas réclamer contre sa suppression et prétendre qu'en refusant d'établir cette institution, on viole leurs croyances et l'on porte atteinte à la liberté des cultes? Portalis semblait n'accepter le divorce que par respect pour la liberté religieuse : « Le véritable motif, disait-il, qui oblige les lois civiles d'admettre le divorce, c'est la liberté des cultes. Il est des cultes qui autorisent le divorce, il en est qui le prohibent; la loi doit donc le permettre, afin que ceux dont la croyance l'autorise puissent en user[1]. » Mais on a fait à cet argument une réponse très judicieuse. M. de Trinquelague, dans son rapport sur le projet de M. de Bonald à la Chambre, le 19 février 1816, faisait remarquer qu'en privant les protestants de divorcer, on ne portait pas atteinte à la liberté des cultes. « On y porte atteinte, disait-il, lorsqu'on interdit l'exercice d'un culte, on y porte atteinte lorsqu'on prescrit ce que ce culte défend, lorsqu'on défend ce qu'il prescrit : mais non point lorsqu'on empêche ce qu'il tolère[2]. » Et en effet, dans certains cultes, le divorce a pu ne pas constituer un manquement envers la divinité ; mais il n'a jamais été dans les prescriptions d'un seul. De même la polygamie est admise par le Koran, mais un Musulman ne manquerait pas à ses devoirs de bon croyant pour garder sa femme toute sa vie. Si donc la société interdit le divorce et la polygamie, c'est qu'elle croit agir utilement au point de vue social. Elle peut le faire sans attenter à la liberté des cultes ; elle doit le faire pour maintenir l'unité de législation, proclamée en 1789.

1. Séance du conseil d'État du 14 vendémiaire an X. Locré, t. II, p. 165.

2. Locré, t. V, p. 453. Rap. de M. de Trinquelague, n° 8.

Nous venons d'exposer l'argument religieux ; nous avouons que cet argument ne peut avoir, dans la question, une influence décisive. Nous comprenons qu'une fois le principe de sécularisation admis dans l'ordre politique, le législateur civil ne peut s'incliner, devant les prescriptions de telle ou telle Église ; nous comprenons jusqu'à un certain point qu'il croie ne pas devoir hésiter à imposer une disposition, qui se trouverait même en désaccord avec le dogme d'une communion religieuse, dès lors qu'il serait persuadé que cette loi nouvelle est plus conforme aux intérêts de la société et n'est contraire à aucune règle morale. Il ne ferait qu'ajouter une différence à toutes celles qui existent déjà entre la loi religieuse et la loi civile. Il ne romprait donc pas un accord qui n'existe pas.

En résumé, nous ne nous prononcerons pas d'une façon absolue, sur l'argument religieux. Il est évident que sa valeur dépend du point de vue auquel on se place et de l'idée, qu'on s'est faite déjà de l'utilité ou des dangers du divorce. Nous reconnaissons que c'est par d'autres arguments que les adversaires du divorce doivent en combattre le rétablissement. Il faut, par exemple, examiner si le divorce est, comme ils le prétendent, impolitique et immoral.

Si le mariage était ce qu'il doit être, personne sans doute ne demanderait le divorce, et la séparation de corps serait un remède, inconnu dans nos lois. Mais devant les maux fréquents, qui naissent de tant d'unions mal équilibrées, devant la transformation lente ou plutôt la décadence qu'a subie le mariage, dans nos mœurs, on s'est demandé si un remède plus énergique que la séparation de corps ne devait pas être recherché. On s'est interrogé pour savoir si cette séparation de corps n'était pas elle-même plus nuisible qu'utile, plus désastreuse qu'avantageuse pour la morale publique, la paix des familles et le bien de l'État, si enfin l'indissolubilité du mariage n'était pas à elle seule la cause de tout le mal et si, par conséquent, il n'importait pas d'établir, au plus vite, le divorce, comme étant le plus ferme soutien de l'institution du mariage, aujourd'hui si fortement ébranlée.

Tout l'intérêt de la question est là : faut-il maintenir l'indissolubilité du mariage, au nom des intérêts sacrés de la famille et de la société? Faut-il au contraire autoriser le divorce, dans l'intention de sauvegarder ces mêmes intérêts? Qu'est-ce que le divorce, a-t-on dit ? une séparation, avec faculté de se remarier. Qu'est-ce que la séparation ? un divorce avec interdiction de se remarier. Il s'agit de savoir si cette faculté de contracter un nouveau mariage est oui ou non contraire aux intérêts des époux, de la société et des enfants.

Ici nous allons prendre nettement parti. Nous avouons ne pas l'avoir fait, sans une longue hésitation : mais l'examen attentif des arguments invoqués de part et d'autre, l'appréciation des documents, recueillis dans l'histoire du passé et dans la législation étrangère, nous ont amené à cette conclusion formelle que le divorce est impolitique, immoral, nuisible à la famille, à la société, que c'est un remède illusoire, et dangereux surtout à introduire actuellement, dans nos mœurs, déjà trop disposées à en admettre la pratique et à en multiplier les désastreuses conséquences.

Nous allons du reste reproduire les arguments contraires à la thèse que nous soutenons, avec d'autant plus d'impartialité que nous avons été plus près d'en admettre la solution.

« Le vœu de perpétuité, disait Portalis[1], est le

1. *Disc. prélim, du Code civil*, n° 51.— Locré, t. Ier, p. 168.

vœu même de la nature. » Et en effet, dit M. Laurent, le mariage est l'union de deux âmes : or conçoit-on que deux âmes s'unissent, à temps? Au moment où elles s'unissent elles aspirent à l'éternité du lien qui de deux êtres n'en fait qu'un : elles se disent que c'est Dieu même qui les a créées l'une pour l'autre : elles sentent que séparées elles seraient des êtres incomplets : la vie commune dans ce monde ne leur suffit même pas, elles voudraient la continuer, jusqu'au delà de cette courte existence : elles espèrent que l'amour sera plus fort que la mort. Tel est l'idéal[1]. »

Mais que de fois cet idéal est une fiction, ou pour mieux dire une déception amère! La loi doit-elle maintenir l'indissolubilité, alors que le principe sur lequel elle repose, est en opposition avec la triste réalité? Le premier Consul faisait remarquer qu'aucun législateur ne l'avait fait : la séparation de corps modifie déjà le mariage en faisant cesser la vie commune ; mais ne faut-il pas aller plus loin et permettre l'engagement dans une nouvelle union?

Les partisans du divorce proclament que le

1. *Principes de Code civ.*, t. III, n° 171, p. 209.

divorce ne rompt pas le mariage, qu'il ne fait que constater la rupture ; qu'il ne viole pas la sainteté de l'union légitime, puisque ce qui fait cette sainteté, c'est l'affection qui unit les deux époux et que cette affection est détruite[1] : ils proclament enfin que c'est un remède nécessaire, le seul capable de rendre au mariage un peu de dignité.

Ils font un tableau effrayant de l'état du mariage en France, et nous ne pouvons malheureusement les contredire sur ce point[2].

On constate en effet une diminution considérable dans le nombre des mariages. En cinq années de 1873 à 1877 le mariage est descendu de 330,000 par an à 290,000 ; la natalité décroît dans une proportion plus déplorable encore : la France se dépeuple. Les causes ? elles sont mul-

1. M. Bérenger, séance du conseil d'État du 16 vendémiaire an X.

2. L'art d'aimer, ce n'est rien ; c'est l'art d'être aimé qui est tout. Dans les ménages troublés, des réconciliations brutales succèdent aux colères emportées ; ces mélanges de brutalités et d'ardeur sont les douches Écossaises du mariage.

On se figure toujours que jamais un homme n'aura le cœur de vous briser le cœur ! (Fanny Kemble, tragédienne anglaise). Voir : *Les familles et la société en France*, *Les livres de raisons en Provence*, par M. de Ribez. *Un livre de raisons, à Laon* (1774-1820) par M. le président A. Combier (Delattre, imprimeur à Amiens, 1880).

tiples et nous n'avons guère à les rechercher ici. Les économistes trouveront que l'amour du bien-être qui est devenu un besoin, le luxe, qui est devenu une habitude, une passion, une aspiration générale, les doctrines de Malthus[1] peut-être trop bien comprises et trop mises en pratique, sont les causes principales, qui éloignent du mariage une partie considérable de la population[2].

Quant au remède, les partisans du divorce le voient uniquement dans l'institution qu'ils préconisent : Le divorce, disent-ils, rendrait le mariage plus digne, plus maniable, plus fécond, plus souple, se prêtant mieux, pour ainsi dire, aux mouvements des sociétés nouvelles et aux besoins de l'esprit moderne. Moins tyrannique, le mariage deviendrait non seulement plus moral par l'équitable répartition des droits et des

1. Pièces justificatives XIX.

2. En Europe, les pays les plus peuplés sont : la Belgique, 186 habitants par kilomètre carré ; la Hollande, 128 ; la Grande-Bretagne, 110 ; l'Italie, 95 ; l'Allemagne, 79 ; la France, 70 ; la Suisse, 67 ; l'Autriche, 57 ; l'Espagne, 33 ; la Turquie d'Europe 25. La population de la France (37 millions) s'accroît à peine par an, tandis que (malgré l'émigration) l'Angleterre (35 millions) s'accroît d'un million en trois ans, et l'Allemagne, en deux ans.

devoirs réciproques des époux, mais plus abordable, plus attrayant, plus compréhensible pour ceux qui ne veulent plus y entrer, parce qu'ils le considèrent comme une prison éternelle. Ceux-là sauraient qu'ils auront la chance de pouvoir en sortir, s'ils y sont trop malheureux et si décidément, malgré tous leurs efforts, ils ne peuvent y rester : ils le trouveront enfin compatible avec les conditions humaines, ce qui ne serait que juste. « Si la loi moins absolue, dit M. Odilon Barrot, eût offert aux époux la possibilité d'échapper aux conséquences d'une union mal assortie, par le divorce et par de nouveaux mariages, le mariage eût peut-être recouvré la sainteté et le respect qui lui appartiennent, en recevant un peu de liberté. Le désordre que le divorce eût fait sortir du mariage y a été refoulé par son abolition. »

Certains partisans du divorce vont plus loin : ils n'admettent même pas qu'on puisse soutenir l'indissolubilité du mariage et ne s'arrêtent pas à réfuter les arguments, invoqués en sa faveur. Nous trouvons dans un ouvrage américain de M. Bishop [1], auteur très sérieux et très estimé,

1. Bishop. *Law of marriage and divorce*, t. Ier, ch. II, 47.

un paragraphe curieux sous la rubrique suivante : *indissolubility absurd*. Comme on le voit, l'auteur ne ménage pas ses expressions ; il expose brutalement la question et s'exprime ainsi : « L'idée suivant laquelle, dès que les parties ont conclu mariage entre elles, elles se sont placées dans une telle dépendance l'une vis-à-vis de l'autre pour toute leur vie, qu'elles sont incapables de se libérer de quelque manière légale que ce soit, bien qu'elles soient frustrées dans le but de leur union, bien que l'une d'elles refuse d'accomplir les devoirs acceptés, bien que toutes les espérances de sa bonne volonté à faire le bien-être du ménage soient détruites, cette idée ne peut trouver place que dans une intelligence pervertie. C'est la vérité sans doute que cette union est destinée à durer toute la vie, et que c'est seulement dans les circonstances les plus extrêmes qu'elle devrait être dissoute : mais le fait même de son caractère sacré, trop sacré pour servir à un arrangement temporaire, est la puissante raison pour laquelle, lorsqu'elle cesse de présenter quelque chose qui mérite d'être appelé sacré, quand un égaré l'a foulée de son pied, souillée dans la fange de la corruption, la loi devrait cesser de l'appeler sacrée et devrait la déclarer profanée et dissoute. La prétention qu'on a d'augmenter chez les époux le respect du mariage, en appelant mariage cette union d'où résultent tous les malheurs, en regardant, comme trop sacré pour être touché, le lien qui engendre la corruption[1] dans l'esprit des époux, les adultères dans la communauté, le développement excessif des mauvais instincts chez les enfants, le chagrin dans le cœur des multitudes, créées par Dieu pour être heureuses et des blasphèmes, dans

1. Les causes de démoralisation des esprits, des cœurs et des corps sont multiples; elles viennent de la folie du luxe, qui engendre des besoins immodérés d'argent, et de l'excès de la débauche curieuse, qui recherche toutes les turpitudes. Le vice n'a plus de frontière, il s'est démocratisé comme la constitution, il s'est universalisé, comme le suffrage. Le théâtre et le roman nous représentent encore cette fiction de la fille du peuple, achetée par l'or du riche, mais la réalité prouve que, sur 100 filles perdues, il y en a 80, préparées à la prostitution dans la chaude promiscuité de l'atelier, par leurs compagnes et les ouvriers, attelés au même métier. Malgré les séductions concertées, l'entreteneur n'arrive jamais bon second; il passe toujours après le coiffeur, qui ne compte pas. Ne devrait-on pas faciliter le travail aux femmes, en le rétribuant mieux? Le luxe est partout répandu, comme un nécessaire instrument fait pour exciter la débauche (lire le procès de la rue Duphot, Petit achète des vêtements et des bottines à Isabelle, éconduite pour ce motif bien plus qu'à cause de sa jeunesse marchandée). Les femmes ne portent plus de robes, mais des costumes, des peplum (prix net d'une toilette : 1500 francs).

le temple de la pureté matrimoniale, est une idée trop ridicule, trop absurde, pour qu'on cherche à raisonner contre elle, trop monstrueuse pour qu'on puisse croire qu'elle fût jamais un fait de législation humaine, si des témoignages irrécusables n'en prouvaient la réalité. »

Le divorce est donc, dans l'esprit de ses partisans, une nécessité sociale : il est l'auxiliaire du mariage bien plus exactement qu'il n'en est l'ennemi, car il efface l'idée toujours assez importune d'une chaîne indissoluble. On cite Montaigne[1] : « Nous avons pensé, disait-il, attacher plus ferme le nœud de nos mariages, pour avoir osté tous les moyens de les dissoudre ; mais d'autant s'est dépris et relasché le nœud de la volonté et de l'affection que celui de la contraincte s'est estrécy. » On cite aussi Montesquieu qui disait que « le divorce a ordinairement une grande utilité politique[2] et qui le reconnaissait même « conforme à la nature[3]. »

La séparation de corps est vivement critiquée et sévèrement jugée par les partisans du divorce.

1. *Essais*, liv. II, ch. xv.
2. *Esprit des lois*, liv. XVI, ch. xv.
3. *Esprit des lois*, liv. XXVI, ch. III.

Ils insistent sur le caractère mal défini et faux de cette institution, qui sépare à perpétuité des époux, sans dissoudre leur mariage ; qui les laisse à la fois unis et désunis, qui oblige un époux à porter le nom et à demeurer aux yeux du monde le conjoint d'un individu, qui est aux galères à perpétuité, d'un fou furieux, d'un criminel, qui peut-être a voulu l'assassiner ou qui a déshonoré le foyer par tous les vices et toutes les turpitudes. « Que subsiste-t-il donc, disent-ils, après la séparation, de cette union conjugale dont le Code civil a donné une si haute formule et une si noble définition ? Le temple s'est écroulé ! Les ruines seules en demeurent éparses sur le sol, encombrant la route. Au nom de quel intérêt social, de quel principe moral les déclare-t-on sacrées [1] ? »

Quel intérêt peut-on trouver à maintenir la communauté de nom, à conserver au mari une autorité mutilée, à lui laisser le droit d'accuser sa femme d'adultère, alors que lui-même est libre de donner le scandale d'une concubine, habitant cette maison même d'où ses désordres ont peut-être forcé sa femme à sortir ?

1. Léon Renault, rapport, p. 20.

Et l'on s'empresse de conclure : la justification du divorce c'est qu'il éteint ou détruit les passions, qui l'ont rendu inévitable ; qu'il libère l'époux innocent, auquel il est cruel et injuste d'interdire les sentiments les plus doux et les plus légitimes ; qu'il n'inflige pas à l'époux coupable une punition qui, à raison même de son objet, ne peut que tourner au détriment de la société et de la morale ; qu'il supprime ce dilemme odieux, qui se pose aux époux séparés de corps ; fouler aux pieds la décence publique ou immoler en eux tous les instincts de l'humanité ; enfin qu'il ne réduit plus les meilleurs, parmi ceux dont l'union conjugale a dû être dissoute, à devenir homicides, sinon de fait, au moins de désir ou d'intention. »

Nous reconnaissons l'importance des considérations, que font valoir les partisans du divorce : nous avouons qu'il est bien difficile de voir dans la séparation de corps une institution parfaite. Mais nous persistons néanmoins à préférer ce remède à celui qu'on prétend trouver, dans le rétablissement du divorce. Nous croyons que la séparation de corps est plus conforme à la dignité du mariage et qu'elle sauvegarde, beaucoup mieux que ne le fait le divorce, les intérêts des époux, des enfants et ceux de la société[1].

En ce qui concerne les enfants, ne voit-on pas la suprême injustice et l'inégalité choquante que produit le divorce? Sans doute le droit au divorce est donné à chacun des deux conjoints, mais quelle différence profonde existe entre eux lorsque la dissolution du mariage a été prononcée ? L'homme sort du mariage avec son autorité et sa force; il peut facilement contracter une nouvelle union, car rien en lui ne s'est amoindri ; sa dignité même n'est pas gravement

1. Dans notre société, troublée et corrompue, éclatent des désastres, des suicides, qui jettent une lueur sinistre en passant, comme des éclairs dans une nuit sombre. Il n'y a plus un Parc aux Cerfs, mais on donne des fêtes vénitiennes, dans la rue Duphot, et l'on souscrit des billets, pour en solder les frais ; on construit des grottes hospitalières où l'innocence et le vice iront rêver, au murmure de jets d'eau, qui ne se tairont ni jour ni nuit, comme dit Bossuet, on se fait sauter la cervelle dans un cabaret des halles au moment de payer l'addition, le chantage, récemment inscrit dans le Code pénal, n'est pas réprimé encore, il terrifie les femmes, sexe faible, aussi bien que les hommes, se croyant en leur vanité le sexe fort. Sous un toit suspect les vénales et adultères amours, prennent leurs ébats, S. G. D. G. Le public commence à soupçonner notre société de n'être pas supérieure à l'ancienne. Il se trouve vis-à-vis d'elle, dans la situation de ce mari de Gavarni faisant une scène à sa légitime :

— Inutile de feindre, madame, je sais tout.

— Vous savez tout?... Eh bien, c'est du propre !

atteinte par la rupture passée. Mais la femme, elle, a perdu son prestige et de tout ce qu'elle a apporté de pureté virginale, de jeunesse, de beauté, de fécondité, de fortune elle ne retrouve que des restes! C'est ce que disait M. de Bonald à la Chambre des députés : « Les résultats en cas de dissolution du mariage ne sont pas égaux pour le mari et pour la femme, puisque l'homme s'en retire, avec toute son indépendance et que la femme n'en sort pas avec toute sa dignité[1]. » Ainsi la femme divorcée se trouve exposée à la déconsidération, qui est un préjugé peut-être, surtout lorsque tous les torts sont du côté du mari, mais préjugé réel qui exista dans tous les temps[2] comme le prouve l'inscription tumulaire, que les Romains décernaient en éloge suprême aux épouses, restées dans les liens d'un mariage unique :

Conjugi piæ, inclytæ, univiræ.

A ce premier argument les partisans du divorce font une singulière réponse. Si le divorce, disent-ils, ne rend pas à la femme sa virginité, sa pureté, s'il la jette, dans le monde, avec cette situation fausse, qui n'est ni celle de fille, ni celle

1. Séance du 26 déc. 1815. — Locré, t. V, p. 435.
2. M. Jules Simon, *De la liberté*, t. Ier, p. 360.

de veuve, eh bien! c'est une garantie que la femme ne recourra pas à ce moyen extrême, sans la plus impérieuse nécessité. Mais, répondrons-nous, cela empêchera-t-il l'homme d'y recourir et par conséquent de jeter, à son gré et sans scrupule, la femme dans cette position inégale et inique? et en admettant même que cette considération empêche certaines femmes de rompre, à la légère, le lien qui les unit, ne doit-on pas penser que beaucoup ne pourront pas ou ne voudront pas se rendre compte de tout ce que leur premier mariage leur aurait fait perdre en jeunesse, en charmes et de ce qui désormais leur rendra difficile la formation de nouvelles unions[1]? L'ar-

1. Que deviendront-elles, ces femmes encore jeunes, souvent belles, dont le cœur éveillé à l'amour, est, toujours par la faute du mari, resté inassouvi? Elles seront des déclassées, prêtes à toutes les consolations, c'est-à-dire à toutes les chutes, dans une société implacable et qui pourtant devrait avoir pitié de ces victimes, de ces malades, dont le martyre est venu du cœur et des nerfs. Voir : *Études cliniques sur l'hystéro-épilepsie* par P. Richer, avec une préface de Charcot (Delahaye, éditeur. 1881). *Causes criminelles et mondaines*, par A. Bataille (Dentu, éditeur, 1881). Rétif de la Bretonne. *Les gynographes ou idées de deux honnêtes femmes sur un projet de règlement, proposé à toute l'Europe, pour remettre les femmes à leur place et opérer le bonheur des deux sexes* (La Haye, 1777). Mandsley. *Pathologie de l'esprit* (Germer-Baillière, éditeur). V. *Traité de médecine légale*, par Taylor, Professeur à Guy's Hopital, traduit par Contagne, D. M. P. à

gument de M. de Bonald reste donc entier et l'on doit reconnaître qu'il n'est pas sans valeur.

On espère que le divorce rendra moins nombreuses ces unions, si fréquentes aujourd'hui, où la cupidité et l'ambition parlent seules sans tenir compte des affections et des vertus. Il permettra, dit-on, aux époux malheureux de sortir des liens insupportables où les a fait entrer un triste calcul d'intérêt ; il empêchera même de contracter à la légère de pareilles unions, par la crainte de les voir briser à bref délai et de voir déjouer ainsi toutes les ambitions coupables et les machinations suspectes, qui les feraient conclure.

Certes si le divorce avait véritablement pour effet de porter remède au mal, qui a si profondément dénaturé l'institution du mariage, s'il pouvait mettre un terme à ces scandales trop fréquents des mariages d'argent, il aurait en sa faveur un argument puissant et presque décisif. Mais nous pensons que les moralistes, qui développent cette idée, s'abusent étrangement sur

Lyon. N'oublions pas non plus les ouvrages, les rapports, les savantes cliniques des professeurs Lasègue, Proust, Paul Lorain, Chambert, Woillez, Charcot, Duguet, Brouardel, Péan, Mottet, Blanche, Falret, Legrand du Saulle Saint-Germain, Labbé, Duplay, dignes continuateurs des grands praticiens rançais.

l'influence qu'ils attribuent au divorce. Nous croyons au contraire que par cela seul que le divorce offrirait aux époux l'éventualité d'une dissolution du mariage, avec faculté d'en former un nouveau, il serait un véritable encouragement aux désordres intérieurs. Un mauvais choix n'aurait plus que des suites passagères; on contracterait sans prudence, sans réflexion, sans calcul même, les liens les plus bizarres et les plus difficiles à supporter. On se plierait mal aux exigences d'un état qu'on pourra changer; notre penchant naturel à l'inconstance se trouverait lui-même encouragé par la loi, qui dépouillerait l'union conjugale du caractère de perpétuité; elle ferait naître le mal auquel elle veut remédier : « Au moment, disait M. de Bonald, où les époux se jurent une éternelle fidélité, où la religion consacre leurs serments, où les familles attendries y applaudissent, une loi fatale verse en secret son poison, dans la coupe de l'union et cache l'aspic sous les fleurs. Elle fait retentir aux oreilles des époux les mots de séparation et de divorce et laisse, dans le cœur, comme un trait mortel, le doute de sa propre constance et la possibilité d'un essai plus heureux. » L'époux souffrira donc moins patiemment le mal auquel il ne pourra se soustraire ; il est vrai que les partisans du divorce répondent que tel époux qui certain de conserver sa victime, sous sa main se jouera de tous ses engagements, de tous ses devoirs, les respectera davantage, s'il sait que cette victime peut invoquer le secours de la loi et demander à un autre le bonheur légitime qu'il lui avait promis. Donc, si parfois le divorce rend l'époux plus rebelle à supporter la persécution domestique, souvent aussi il préviendra cette persécution même. Sur ce sujet ils invoquent l'autorité de Montesquieu : « rien ne contribuait plus, dit-il, à l'attachement mutuel que la faculté du divorce. Un mari et une femme étaient portés à soutenir patiemment les peines domestiques, sachant qu'ils étaient maîtres de les faire finir et ils gardaient souvent ce pouvoir en main toute leur vie, par cette seule considération qu'ils étaient libres de le faire[1]. » Mais à cette opinion de Montesquieu nous opposerons un passage tout contraire de Hume, qui nous paraît plus conforme à la réalité : « Il ne faut, dit-il, qu'une prudence médiocre pour oublier je ne sais combien de querelles et de dégoûts frivoles, lorsqu'on se voit

1. *Lettres persanes*, 116.

obligé de passer la vie ensemble, au lieu qu'on les pousserait aux dernières extrémités et qu'il en naîtrait des haines mortelles si l'on était libre de se séparer[1]. »

Pour nous donc, le divorce est un obstacle à l'union des âmes, à l'affection mutuelle, à la confiance réciproque, qui font la dignité du mariage ; il s'oppose à l'affection continue des époux l'un pour l'autre, car on ne s'attache véritablement que quand on est sûr de pouvoir être toujours attaché. Il irrite, il suscite peut-être les querelles domestiques, rend les impatiences plus vives, les dissentiments plus graves, les haines plus mortelles. Sa seule existence suffit peut-être à troubler la paix du ménage ; il autorise en effet les époux à voir, dans ceux qui les entourent, des personnes avec lesquelles ils pourraient contracter une nouvelle union ; il soulève par là les comparaisons de l'état présent, avec un état possible dans l'avenir et comme nous sommes naturellement portés à nous fatiguer de la monotonie ou de la satiété, cette simple comparaison excite des regrets ou des désirs, et bientôt des aigreurs, des hostilités, des haines et des

1. *Essais moraux et philosophiques*, 18.

ruptures. Et si après le scandale d'un divorce une nouvelle union est formée, doit-on penser qu'elle sera plus heureuse ? Mais l'époux qui après avoir rompu son premier mariage aura contracté de nouveaux liens, inspire-t-il une bien grande confiance à son conjoint ? Celui-ci pourra-t-il croire sans arrière-pensée à la fidélité, à la constance, à l'inaltérable dévouement de celui qui a délaissé le premier objet de ses affections ? Le soupçon ne viendra-t-il jamais troubler ce nouveau foyer ? La jalousie ne sera-t-elle pas là, toute prête à s'éveiller, toute prête à engendrer des désordres, des haines, des crimes peut-être et le plus souvent une rupture nouvelle ?

Le divorce est donc une source de troubles pour la paix des ménages. Ajoutons qu'il interdit la possibilité d'une réconciliation : or, la réconciliation est toujours permise par la séparation de corps. Le devoir du législateur est de ne pas fermer aux époux la voie du repentir et du pardon. Comme gardien des intérêts de la société et de la famille il doit veiller à ce que puisse se rétablir l'union des époux si profitable à tous ses intérêts. « La séparation de corps, dit M. Malleville, laisse toujours une porte ouverte à la réconciliation[1]. Une rencontre fortuite, l'isolement où se trouvent des époux habitués à vivre ensemble, l'aspect surtout des enfants communs[2] peuvent faire répandre les pleurs du repentir et ceux de la pitié; mais le divorce ferme toute issue à cette réconciliation si désirable et ne laisse après lui que des remords et des regrets. Il faut d'ailleurs observer que les époux, en se réunissant, évitent les inconvénients d'un célibat perpétuel. »

Les partisans du divorce ont une singulière façon de répondre à cet argument : « Les réconciliations sont si rares, disent-ils, si exceptionnelles, qu'elles ne méritent pas qu'on les compte[3]. » Les rapprochements sont rares, il est vrai, mais en sont-ils moins désirables, moins profitables à tous les intérêts? La loi n'aurait-elle aucun moyen de les rendre plus fréquents sous le régime de la séparation; ne pourrait-elle

1. *Analyse raisonnée du Code civil*, t. Ier, p. 218.

2. Dumas, *La princesse de Bagdad* (acte III). Une jeune et charmante femme, rivée à un mari brutal, joueur et noctambule, me disait un jour : Si je n'avais pas une fille, j'aurais depuis longtemps demandé le repos au poison et le sommeil éternel à une tombe, délaissée comme l'a été toujours mon âme.

3. M. Léon Renault, Rapport, p. 21.

par exemple obliger les époux séparés à se représenter à époques fixes, devant une sorte de tribunal de réconciliation qui serait soit le président du tribunal, soit un tribunal de famille? Si nous empiétons un peu ici sur le terrain des réformes de la séparation, c'est que les partisans du divorce prétendent remédier, dans la loi qu'ils proposent, à l'inconvénient du divorce au point de vue de la réconciliation. Dans leur projet ils permettent dans certains cas et sous certaines conditions la réunion des époux divorcés, modifiant ainsi l'article 295 prohibitif de la réconciliation. Mais cette modification est loin de ruiner notre objection : car si on suppose aux époux divorcés le droit de se remarier entre eux, le raisonnement de Malleville s'appliquera dans toute sa force lorsqu'ils auront contracté un autre mariage; si au contraire ils n'ont pas formé de nouveaux liens il n'y aura pas eu véritable divorce.

Ainsi nous préférons ici encore la séparation de corps au divorce, parce que la séparation ménage un rapprochement au repentir des époux, tandis que le divorce creuse entre eux un abîme que rien ne peut combler.

Quelques auteurs, qui ont assez mal compris

le véritable caractère du mariage, ont voulu justifier le divorce, en disant qu'il doit exister, parce que les contrats peuvent se dissoudre par le concours des mêmes volontés, qui les ont formés et que rien ne distingue le mariage de tous les autres contrats. Mais le mariage fût-il même un contrat ordinaire, la règle qu'on prétend poser n'en serait pas moins fausse ; il n'est pas vrai que tous les contrats se dissolvent par le consentement mutuel : nous en trouvons la preuve dans le contrat d'adoption, qui ne peut être révoqué au gré des parties, et encore dans le contrat de mariage, créant un régime et une relation d'intérêts, que les époux n'ont pas le droit de changer. La théorie qu'on a voulu établir est donc fausse et le parti qu'on a voulu en tirer pour justifier le divorce, est dénué de tout fondement.

En ce qui concerne les enfants, nous pensons que leurs intérêts matériels et moraux militent énergiquement en faveur de l'indissolubilité du mariage.

M. Treilhard et, après lui, tous les partisans du divorce ont répété, à satiété, que les enfants deviendraient, par le divorce, ce qu'ils deviennent par la séparation de corps et quelques moralistes ont ajouté, ce qu'ils deviennent par la nullité ecclésiastique. Sans doute, disent-ils, le divorce ou la séparation forme dans la vie des enfants une époque bien funeste, mais ce n'est pas l'acte de divorce ou de séparation qui fait le mal, c'est le tableau hideux de la guerre intestine, qui a rendu ces actes nécessaires. Les époux divorcés pourront au moins effacer, par le tableau d'une union plus heureuse, les fatales impressions de leur union première; l'affection des pères se soutiendra bien plus sûrement dans la sainteté d'un nœud légitime que dans les désordres d'une liaison illicite, si ordinaire après une séparation de corps. D'ailleurs l'homme ou la femme remariés après le décès de leur conjoint ne se détachent pas des enfants du premier lit. Pourquoi n'en serait-il pas de même au cas de divorce? Les enfants! mais leur intérêt même exige souvent la rupture complète de l'union, dont ils sont issus. Ne lit-on pas, tous les jours, le récit de crimes atroces, tels que viol d'un père sur sa fille, crimes que, les mères indissolublement unies, n'osent ni empêcher, ni dénoncer? Si le divorce succédait à de pareils crimes l'enfant aurait-il quelque chose de plus à redouter du second mari de sa mère? (M. Alexandre Dumas). Au surplus, dit-on encore, on se préoccupe beaucoup trop ici de l'intérêt des enfants. La loi dans un contrat ne connaît que les contractants. Elle n'a aucune sensibilité : elle le prouve en maint endroit, par exemple, lorsqu'elle s'occupe des enfants adultérins, des enfants naturels, des enfants adoptifs même. En lui demandant de dissoudre le mariage, on ne lui demande que d'être conséquente avec elle-même, de garantir l'équilibre des droits et des devoirs pour chacun des contractants. Les parents n'ont-ils pas des droits de sécurité et de bonheur propres, tout aussi bien que les enfants ? Pourquoi leur serait-il interdit d'invoquer, pour leur repos, pour leur bonheur, pour leurs intérêts, ce même besoin d'aimer, naturel, humain, que l'enfant pourra si facilement plus tard invoquer contre eux ? Pourquoi auraient-ils tous les devoirs et les enfants tous les droits ?

L'intérêt des enfants, ajoute-t-on encore, est compris dès que le désordre existe ; leur intérêt moral par les mauvais exemples qu'ils reçoivent, leur intérêt de fortune, par les dissipations que le dérèglement entraîne après lui. La question n'est pas ici entre la réconciliation et la rupture, mais entre un mode de rupture et un autre. Or, le régime créé par la séparation de corps est-il donc si parfait? Ne voit-on pas trop souvent la séparation altérer dans le cœur des parents le sentiment si doux de l'amour des enfants? Écoutez M. Legouvé[1] : « Les époux séparés, dit-il, n'aiment pas leur enfant simplement, naturellement. Ils l'aiment avec émulation, avec jalousie. Ils ne se contentent pas de le gagner, ils veulent l'enlever à l'autre. Il ne leur suffit pas de l'avoir, ils veulent que l'autre ne l'ait pas. Alors les récriminations, les accusations, parfois les calomnies. On ne se dit pas qu'on ébranle chez un enfant toute notion du devoir, qu'on pervertit chez lui les sentiments naturels ; on ne voit qu'une chose, c'est qu'on se venge... Sachez-le bien, dans la séparation, l'enfant n'est que le champ de bataille de deux haines ; seulement ce n'est pas, comme dans les mêlées antiques, un cadavre que deux ennemis se disputent, c'est une âme vivante qu'ils déchirent. Ils accomplissent, chaque jour, un infanticide moral. »

Tel est l'ensemble de la théorie des partisans du divorce sur la question des enfants.

1. M. Ernest Legouvé, membre de l'Académie française, fils de Jean-Baptiste Legouvé, auteur du *Mérite des femmes*, est petit-fils de Legouvé, avocat au Parlement qui présentait au roi (11 octobre 1775) une requête dans l'intérêt des enfants protestants, nés sans état (*Pénalités anciennes*, Plon éditeur).

D'abord nous ne voyons pas comment les inconvénients, que signale M. Legouvé au sujet de la rivalité des époux, seraient inhérents à la seule séparation. Les époux cesseraient-ils d'être pères d'enfants communs par cela seul qu'ayant divorcé ils auraient contracté une nouvelle union ? Autorisés à revoir, à surveiller leurs enfants d'un premier mariage n'auraient-ils pas entre eux les mêmes sujets de jalousie, le même désir de s'approprier l'affection entière de ces enfants et de les arracher à l'influence d'un conjoint qu'ils détestent désormais, d'autant plus qu'ils regrettent peut-être davantage une irréparable rupture ?

Ainsi une affection jalouse, une scission de la famille qui va séparer les enfants, soit du père, soit de la mère, qui va les répartir peut-être autour de deux foyers, où ils ne recevront d'autres enseignements que ceux du ressentiment et de la haine, voilà les premiers effets du divorce. L'expérience a prouvé aussi que le divorce conduisait à l'abandon des enfants, au mépris des soins qui leur sont dus, à l'oubli des devoirs paternels. Elle a prouvé encore que l'éducation physique ne souffrait pas seule du divorce, mais que l'éducation morale souffrait aussi sérieusement de la dissolution du lien conjugal. Lorsque c'est la mort qui dissout le mariage, l'époux survivant conserve une affection d'autant plus vive pour ses enfants qu'ils lui rappellent un être aimé et regretté, souvent, s'il a eu la faiblesse de se remarier [1], l'affection profonde qu'il leur porte lui permettra de lutter, contre les antipathies du second conjoint. Quelquefois, il est vrai, il aura le tort de céder, et de sacrifier des orphelins délaissés aux intérêts de ses nouveaux enfants. Mais que sera-ce donc au cas du divorce? L'époux divorcé aura près de lui des enfants auxquels se rattache le souvenir d'un être odieux, les souvenirs pénibles d'un scandale de famille. Son plus grand désir sera de mettre, aux yeux de ses enfants, tous les torts de la rupture du côté de l'autre conjoint ; il l'accusera sans cesse d'en avoir été la cause, cherchant à faire ainsi passer dans le cœur de ces enfants le ressentiment qui l'anime. S'il se remarie, quel soin prendra-t-il de protéger ses enfants, témoignage de son déshonneur ou de ses malheurs passés, contre la malveillance probable de son nouveau

1. « Dès qu'on a des enfants, dit M. Jules Simon, on doit vivre pour eux et non pour soi. » *La liberté*, t. Ier, p. 361.

conjoint ? Écoutons Hume : « Lorsque les parents se séparent que deviendront les enfants ? Faudra-t-il les abandonner aux soins d'une belle-mère, et au lieu des tendresses maternelles leur faire essuyer toute la haine d'une étrangère, toute la rage d'une ennemie ? Ces inconvénients se font assez sentir, lorsque la nature elle-même fait le divorce par le coup inévitable à tout ce qui est mortel. Faudra-t-il chercher à le multiplier en multipliant les divorces ? Et faudra-t-il laisser au caprice des parents le pouvoir de rendre leur postérité malheureuse [1] ? »

On se demande, avec un certain effroi, ce que doit être l'éducation morale des enfants d'époux divorcés. Parfois les enfants seront confiés à une autre personne que leur père et leur mère [2], à cause du second mariage de ceux-ci. Sans doute ils seront alors soustraits à l'antipathie et à la haine, qui les poursuivraient à ce nouveau foyer, mais ils seront alors privés des douces jouissances de l'amour paternel et la sécheresse du cœur, l'égoïsme, la défiance, seront les tristesses

1. *Essais moraux et politiques*, 18e essai.

2. Pièces justificatives XI, XIII, XVI. En 1387, les femmes du comté d'Eu ne payent aucun droit, pour le vin, qu'elles buvaient pendant leur coucher. *Trésor judiciaire de la France* — Plon éditeur.

morales qui accompagneront l'enfant à son entrée dans la vie. Or, si la séparation seule est admise, on aura rarement lieu de recourir à la garde d'une personne étrangère, car un second mariage étant impossible, on n'aura pas à garantir les enfants contre les persécutions d'un nouveau conjoint.

Dans l'hypothèse où l'enfant est confié, soit au père, soit à la mère divorcée et remariée, les inconvénients du divorce ne sont pas moins évidents. Placé dans une situation difficile à ce nouveau foyer où il ne rappelle que de pénibles événements, reproche vivant d'une rupture, souvent déshonorante, se considérant lui-même comme un étranger, comme une charge, comme un fardeau rendant plus lourd encore le poids de la conscience, privé de l'affection paternelle qui se porte sur un nouvel objet, avec d'autant plus d'emportement qu'elle s'est trouvée plus déçue dans sa première illusion, habitué enfin à entendre rappeler les torts d'un père ou d'une mère, accusés d'avoir été cause du divorce, quel respect, quel amour filial pourra-t-il jamais réserver à celui que la loi lui a laissé pour gardien ? Lorsque, arrivé à un certain âge, il verra s'évanouir l'idéal, qu'il s'était fait des vertus et des qualités paternelles, lorsqu'il aura pénétré ce que peut-être on aura essayé de lui cacher, lorsqu'il aura deviné toute l'infortune de sa propre situation et mesuré toute l'étendue des fautes de ses parents, toute la gravité de leurs torts, tout ce qu'il y a eu de criminel, dans leur violation de la loi sainte du mariage, l'enfant désabusé, inquiet, attristé, blessé dans ses affections les plus chères, dans son illusion la plus naïvement confiante, comprimera peu à peu ses expansions, ses gaietés. Il deviendra rêveur, sombre, indifférent, égoïste, soupçonneux, épiant les faiblesses paternelles, sentant frémir en lui toutes les révoltes de la honte et du désenchantement, se croyant peut-être destiné à devenir l'instrument d'une vengeance, rebelle aux moindres vexations, troublant le nouveau foyer par ses reproches muets ou ses altercations violentes, et déjà prêt à imiter de son père toutes les fautes, tous les vices, tous les mauvais exemples, qui lui apprendront, à lui aussi, à violer la foi du mariage et à donner plus tard à ses enfants le spectacle déplorable de son propre divorce.

Voilà l'œuvre de l'institution qu'on préconise, en ce qui concerne les enfants. Aussi Jean-

Jacques Rousseau avait-il raison de dire : « Les enfants fourniront toujours une raison invincible contre le divorce. »

Mais les enfants et les époux ne sont pas seuls à souffrir du divorce. En ce qui concerne la société, nous avons encore à constater les effets désastreux de la dissolution du mariage.

Et d'abord que devient la famille ? Elle est détruite. Nous l'avons déjà dit, le mariage conclu avec la faculté, peut-être dans l'espoir du divorce, porte en lui des germes de discorde et de corruption qui préparent la ruine du foyer domestique, la flétrissure du lien conjugal. Au lieu de fortifier la famille, par le développement des sentiments d'attachement indissoluble, le divorce sépare les époux, les enfants, et répand dans la société des fragments de famille divisés et souillés, qui se haïssent, s'envient ou même se vengent les uns des autres. Quelle peut être la stabilité de ces familles, que le divorce doit, sans cesse, venir bouleverser ? L'avenir toujours en suspens ; l'éducation, la condition des enfants toujours livrés à l'incertitude et au hasard, l'honneur des époux toujours soumis aux soupçons, leurs passions toujours excitées par l'appât d'une rupture et d'une nouvelle union, et enfin le scandale public des divorces, scandale d'autant plus dangereux pour la morale publique qu'il deviendra de plus en plus fréquent. « Au contraire, dit un écrivain chrétien[1], une fois l'indissolubilité du mariage admise, la société cesse d'être une agglomération d'existences isolées, sans passé comme sans avenir ; au lieu de rétrograder elle marche à pleines voiles dans le chemin du progrès. »

Il est facile de se rendre compte que le divorce aura des suites multiples et que la haine ne se concentrera pas seulement entre les époux divorcés. Il ne faut pas oublier que dans un pays où le culte du point d'honneur est très développé, où la susceptibilité est très vive, l'injure faite à l'honneur d'un époux par une demande en divorce sera vivement ressentie, par tous les parents de la partie défenderesse, qui croiront de leur devoir et de l'intérêt de leur propre honneur de prendre parti pour elle et peut-être de la venger : « Les outrages domestiques sont de ceux que tout homme soucieux de sa dignité ne saurait laisser impunis et tel, qui ne relèverait peut-être pas une insulte personnelle, se révoltera

1. L'abbé Vidieu.

souvent contre l'insulte faite à sa maison. »

Ainsi le divorce sera une cause de divisions et de haines dans la société ; il portera le trouble et la corruption dans les familles, par des sollicitations malsaines qui flatteront les passions des époux et faisant entrevoir une existence plus heureuse ou des plaisirs plus vifs, il les conduira à pousser à bout leurs impatiences réciproques, pour arriver plus vite à une rupture qui leur rendra la liberté : « Le mariage, dit Balmès, en assignant à la passion un objet légitime, ne tarit pas cependant la source d'agitation, que le cœur recèle. La possession affadit, la beauté se fane, les illusions se dissipent, le charme disparaît. L'homme en présence d'une réalité, qui est loin des rêves auxquels se livrait son imagination de feu, sent naître dans son cœur des désirs nouveaux ; fatigué d'un bien qu'il possède, il cherche dans un autre la félicité idéale qu'il croyait avoir trouvée; il fuit une réalité, qui a trompé ses plus belles espérances. Lâchez alors la bride aux passions de l'homme ; permettez-lui d'entretenir, le moins du monde, l'illusion qu'il peut chercher le bonheur dans de nouveaux liens ; laissez-lui croire qu'il n'est pas attaché pour toujours à la compagne de sa vie ; vous verrez que le dégoût s'emparera de lui promptement... les liens commenceront à s'user à peine formés et se rompront au premier choc.

« Espérez-vous, dit aussi l'abbé Vidieu, que le divorce rendra plus fidèles ces époux, ces pères qui, abandonnant les joies pures de la famille, vont chercher ailleurs des satisfactions illégitimes ? Ces hommes, qui fuient le devoir et cherchent le plaisir, facilement se lassent des jouissances, toujours ils croient trouver ailleurs plus d'attraits, plus de charmes, et changent, à chaque instant, l'objet de leurs passions ; le divorce légitimera leurs vices, leur haine du devoir ; ils feront plus de malheureuses et n'en seront pas moins malheureux. »

On a prétendu justifier encore le divorce en disant que sans lui la société serait privée de nombre de familles, dont elle pourrait s'enrichir (Treilhard). Cet argument est absolument erroné.

Si le divorce permet aux époux divorcés de contracter de nouveaux mariages — unions dont on peut à juste titre contester le bienfait pour la société — il faut reconnaître qu'il empêche aussi bien des liens de se former ; et quand ils sont formés, qu'il inspire la crainte d'avoir des enfants ou d'en avoir un trop grand nombre.

Suivant quelques partisans du divorce, en effet, le fait d'avoir des enfants serait un obstacle à la dissolution du mariage, et en tout cas de nombreux enfants seront toujours une difficulté de plus à la formation d'une nouvelle union. D'ailleurs, M. de Carion-Nisas a fait justice au Tribunat de l'argument de M. Treilhard : « La société, disait-il, se forme-t-elle des enfants qui naissent ou des enfants qui se conservent ? Et quoiqu'il soit humiliant de compter les enfants des hommes, comme des petits animaux, je vous permets ce calcul. Où trouvez-vous encore les générations les plus nombreuses, en même temps les plus robustes et les plus saines ? N'est-ce point dans ces familles, pour qui le mariage est un nœud sacré, une religion inviolable ? Dans la classe aisée et polie, le divorce corrompt ; dans la classe laborieuse, il tue ; il produit un abandon monstrueux des enfants, qui moissonne des générations entières. »

On cite souvent l'exemple des pays étrangers qui ont admis le divorce, sans qu'il paraisse en résulter pour eux de trop grands inconvénients. Nous avons plus haut exposé la plupart des législations étrangères, nous avons remarqué que, dans beaucoup d'États, l'institution du divorce était garantie par la loi constitutionnelle elle-même ; nous avons rassemblé aussi quelques documents statistiques, qui permettent les comparaisons. Mais dans les rapprochements de ce genre, il faut se mettre en garde contre une propension fort naturelle à croire que l'assimilation des institutions peut être complète, d'un pays à un autre. Il existe, en effet, dans les mœurs, dans les croyances, dans les caractères, des différences telles qu'il est impossible souvent d'appliquer à un peuple une législation en vigueur, chez ses voisins ; telle loi qui serait bonne ici, serait funeste et désastreuse ailleurs. En ce qui concerne la France, la comparaison qui serait la plus permise serait celle qu'on voudrait faire avec les pays de même race, tels que l'Espagne et l'Italie ; or, l'institution du divorce répugne aux races latines, le divorce est pour elles un élément de corruption, comme on peut le constater par l'exemple des cantons catholiques Suisses, de la France pendant la Révolution, et, nous l'avons vu, de notre voisine la Belgique.

On peut même aller plus loin, et soutenir hardiment que le divorce produit des effets désastreux, dans tous les pays, et qu'il ruine la moralité des peuples protestants, dont l'austérité si vantée est considérée par beaucoup de partisans du divorce, comme un fruit de cette institution. Attribuer la pureté des mœurs au divorce est une thèse qu'il est impossible de soutenir raisonnablement, en présence surtout des résultats acquis.

Même en supposant les pays protestants d'une moralité plus grande que les pays catholiques (ce qui est très contestable), nous croyons que ces pays peuvent bien devoir leur prétendue pureté de mœurs à toute autre cause qu'au droit de divorcer. Le plus ou moins de moralité d'une nation est une question d'éducation nationale aussi bien que d'éducation individuelle, question de traditions, de croyances, d'instincts religieux ou irréligieux, question de caractère et de race, d'humeur nationale, de tempérament, d'organisation sociale, d'état politique, de trouble ou de paix. Il est certain, par exemple, que les pays Scandinaves par leur constitution physique, par leur éloignement des raffinements exagérés de la civilisation, par le caractère froid et paisible de leurs habitants, sont beaucoup plus portés aux mœurs patriarcales et à l'esprit de famille que les pays du midi de l'Europe, où s'agite une population légère, vive, ardente, comme le soleil qui l'éclaire, amie des plaisirs et du bruit, remuante, amoureuse du changement et portée, par la mollesse du climat, à s'abandonner à ses passions. Il faut donc s'armer d'une excessive prudence, lorsqu'on compare les résultats d'une même institution, chez les différents peuples et distinguer soigneusement ce qui est bien la suite directe de l'institution qu'on envisage et ce qui découle d'autres causes, ce qui doit être attribué à d'autres influences particulières, souvent difficiles à définir.

Nous n'avons guère toutes ces précautions à prendre en ce qui concerne le divorce. Quelques efforts qu'on fasse pour le cacher, presque tous les renseignements, recueillis dans les législations étrangères, constatent l'influence funeste et chaque jour plus désastreuse, exercée par l'institution du divorce.

En Russie, aux États-Unis, on se récrie déjà contre des excès et des abus scandaleux, dans la pratique de la dissolution du mariage, abus qu'on cherche vainement à attribuer à la jeunesse relative de ces deux pays. Les pays Scandinaves semblent, il est vrai, ne pas voir progresser trop vite les maux du divorce, mais il n'en est pas de même de l'Allemagne, dont personne n'oserait aujourd'hui vanter la pureté des mœurs et qui voit, chaque jour, s'écrouler sa réputation légendaire de vertu et d'austérité ; le divorce, facilité récemment par une loi très large, fait des progrès de plus en plus menaçants pour la morale publique.

De tous les pays d'origine Germanique, l'Angleterre est celui où les mœurs sont restées les plus pures : le mariage y est encore entouré du plus profond respect. C'est que les femmes Anglaises comprennent l'importance des devoirs qu'il fait naître et les observent sans défaillance : « se marier c'est se donner tout à fait et pour toujours... La jeune fille reste Anglaise, c'est-à-dire positive et pratique... Elle veut être l'auxiliaire, l'associée utile de son mari, dans les longs voyages, dans les entreprises pénibles, dans tous les travaux même ennuyeux et dangereux[1]. » En Angleterre, le divorce a été restreint dans les plus sages limites, et pourtant on se plaint encore de ses funestes effets. Sur dix demandes en divorce, il y en a neuf où le séducteur est convenu d'avance avec le mari, de lui fournir les preuves de l'infidélité de sa femme et où, par suite de cet arrangement, la demande en dommages formée

1. M. Taine, *Notes sur l'Angleterre.*

par le mari contre le séducteur est réduite à la plus faible prétention [1].

Nous avons vu les craintes exprimées par le burau fédéral, et les progrès effrayants du divorce en Suisse. La moralité de celle qui fut appelée l'austère Genève s'est en effet fortement ressentie de la ruine, apportée dans la famille par le divorce. Toute la Suisse subit, du reste, l'influence de cette corruption. A Berne, suivant le sénateur Wein, le gros du peuple est tellement dissolu, grâce au divorce, « qu'on y trouve des faits rappelant les mœurs des Lapons et des insulaires de la mer du Sud. »

La Belgique voit augmenter, chaque jour, le nombre des divorces et diminuer celui des mariages. On prétend aussi que les mœurs sont loin de s'améliorer et ce pays, le plus catholique peut-être des races Latines, commence à s'effrayer sérieusement des progrès de la dépravation publique.

En résumé, dans tous les pays où le divorce est admis, on voit s'affaiblir plus ou moins lentement l'esprit de famille, le respect du mariage, le culte du foyer domestique et les sages limites

1. M. Georges Berry, *Moralité du divorce*, p. 80.

que le législateur a su imposer, chez certains peuples à la faculté du divorce, commencent à paraître insuffisantes.

Parle-t-on de l'antiquité ?

Dans la société la plus fortement constituée qui fut jamais, dans la société Romaine, l'histoire du divorce est instructive. La puissance Romaine, ayant pour base la forte organisation de la famille, demeura inébranlable, tant que le lien conjugal fut considéré indissoluble par le respect de tous ; mais elle fut ébranlée et déclina rapidement, lorsque les divorces commencèrent et vinrent jeter la division dans les familles. Alors la décadence se précipita, de jour en jour. Nous avons déjà trop insisté ailleurs sur cette phase déplorable de l'histoire Romaine, pour revenir encore ici sur le tableau de la corruption de Rome, lorsqu'elle eut perdu les vertus solides que les mœurs antiques lui avaient données. Citons seulement un passage de M. Troplong : « C'est assurément, dit-il, un des travers les plus curieux de l'esprit humain que les abus du divorce, qui signalèrent la fin de la république Romaine, ainsi que le règne des premiers empereurs. Le divorce était une mode et une spéculation, le mariage un essai passager et une courte fantaisie... Il semble que plus le mariage est indissoluble, plus il y a des chaînes effrayantes pour les esprits changeants (qui ne sont pas les moins nombreux) ; et qu'au contraire, plus le mariage est facile à rompre, plus il tente les cœurs légers, qui craignent les longs engagements. Eh bien, c'est un phénomène contraire qui se manifeste à Rome. Autant le mariage était fragile et précaire, autant il inspira d'éloignement à la foule éprise du célibat ; d'où l'on pourrait conclure que le mariage est une des choses qui attachent, en raison de la contrainte qu'elles inspirent. »

Mais la France elle-même n'a-t-elle pas fait l'expérience du divorce et cette expérience ne conclut-elle pas énergiquement contre le rétablissement d'un pareil élément de corruption, dans un État? La période révolutionnaire nous a déjà fourni un effrayant exemple de ce que peut produire l'habitude, la mode et bientôt la folie du divorce. On voit disparaître toute la dignité du lien conjugal ; la loi, faite ou modifiée par un législateur, qui partage bientôt le mépris de tous pour la sainteté du mariage, rend de plus en plus facile sa dissolution et l'on aboutit au divorce, par simple consentement mutuel. On en vient à un concubinage légal, à une polygamie successive, à une sorte de communauté de femmes, qui serait la ruine de la société. Sans doute on n'arrive pas du premier coup à cet état déplorable, mais l'esprit de famille baisse insensiblement ; il fléchit plus ou moins vite, selon les mœurs, le caractère national, selon les circonstances politiques, selon le plus ou moins de facilité, le plus ou moins d'encouragement, donné par la loi à la dissolution du mariage. Sans doute encore les scandales de la période révolutionnaire, en ce qui concerne le divorce, tenaient à un état politique particulier et exceptionnel, ainsi qu'à une excessive tolérance de la part de la loi. Mais on ne peut nier absolument que le temps actuel ne présente une analogie frappante avec l'époque dont nous parlons, certain trouble ne règne dans les esprits, dans les croyances, qu'avec l'indifférence, presque générale, qui domine les consciences et grâce au désarroi qui règne dans la morale publique, on ne serait que trop porté à s'exagérer les bienfaits du divorce, à en étendre l'application et par conséquent à en multiplier les désastreux effets. Notons enfin que cette tolérance de la loi révolutionnaire, que les plus sages partisans du divorce blâment, avec raison, n'est pourtant pas rejetée par beaucoup d'entre eux, et qu'il serait facile de prévoir, le divorce une fois admis, le moment où la plus extrême facilité serait accordée aux époux pour l'obtenir. Si l'on ne voit dans le mariage qu'un contrat, destiné à ne subsister qu'autant que les deux parties remplissent leurs obligations réciproques et qui maintient entre elles la bonne harmonie, ne sera-t-on pas amené à permettre la rupture de ce contrat, aussitôt que cette bonne harmonie cessera, ou dès que les époux seront d'accord pour éteindre les obligations, qu'ils se doivent mutuellement ?

Et alors tout ce qu'on a eu de scandale à reprocher à la période révolutionnaire, se reproduirait encore et susciterait des protestations semblables à celles qu'on entendit formuler, alors que le nombre des divorces en était venu à dépasser à Paris le nombre des mariages : « Le divorce, disait alors Bonguyod, n'obtient que trop de facilité et il en résulte que les enfants sont abandonnés, leur éducation négligée ; ils ne reçoivent plus les exemples des vertus domestiques, ni les soins, ni les secours de la tendresse et de la sollicitude paternelle[1]. »

1. Séance du 20 floréal an III (28 mai 1795).

Deux mois plus tard, Mailhe demandait à la Convention « des modifications à la loi du divorce, qui est plutôt un tarif d'agiotage qu'une loi. Le mariage, disait-il, n'est plus en ce moment qu'une affaire de spéculation ; on prend une femme, comme une marchandise, en calculant le profit dont elle peut être, et l'on s'en défait, sitôt qu'elle n'est plus d'aucun avantage ; c'est un scandale vraiment révoltant [1]. »

Et l'année suivante (Renault de l'Orne) demandait au Conseil des Cinq-Cents « sinon qu'on supprimât, mais qu'on suspendît provisoirement l'effet des demandes pour incompatibilité d'humeur, dont le libertinage se prévaut et qui semblent n'avoir été mises dans la loi que pour l'encourager et le faire triompher [2]. »

Le divorce n'est donc pas un remède ; loin d'améliorer la morale publique, il l'ébranle. Avec notre seule séparation de corps, nous ne sommes pas une nation plus immorale que la plupart des pays où le divorce existe, où étant appliqué depuis longtemps, il devrait avoir déjà régénéré les mœurs. La séparation de corps n'a pas produit, chez nous, ces funestes effets que ses adversaires

1. Séance du 2 thermidor an III (21 juillet 1795).
2. Moniteur réimprimé en 1852. — T. XXVIII, p. 490.

s'efforcent de trouver en elle. Nous n'avons pas à déplorer une corruption plus grande, plus de concubinages, plus de naissances illégitimes que les nations qui remplacent par le divorce — ce seul remède si efficace — la séparation de corps, ce danger social et cette institution dépravante. L'histoire est là pour établir que les époques les plus fécondes en divorces furent aussi les plus fécondes en enfants illégitimes. La statistique est là pour démontrer que les pays Latins, loin d'occuper les premiers rangs, dans l'état comparatif de l'immoralité des peuples, occupent au contraire une place fort honorable. La France n'arrive qu'au septième rang, et c'est un pays de divorce, le Wurtemberg, qui tient la tête, avec la proportion énorme de 15 enfants illégitimes sur 100.

La séparation de corps n'est pas sans doute une institution parfaite, et sur ses imperfections, les partisans du divorce ont beau jeu. C'est une loi cruelle, disent-ils ; elle place les époux séparés dans une position fausse et dangereuse ; elle les oblige à une espèce de célibat involontaire ; elle multiplie aussi les concubinages, les adultères, en forçant l'époux innocent à porter le poids du nom et du déshonneur d'un conjoint, flétri par une condamnation infamante, l'époux victime de mauvais traitements, à rester indissolublement retenu par des liens insupportables, l'époux sain à voir son sort, attaché pour la vie à celui d'un infirme incurable. Par là elle fait sentir aux victimes le désir et presque le besoin d'une libération violente, elle pousse à l'explosion des impatiences, des rancunes, des vengeances, elle porte au crime même, presque légitimé par l'implacable injustice d'une loi barbare.

Sur ce thème les partisans du divorce ont écrit des pages éloquentes. On pourrait certes se laisser ébranler par le sentiment de pitié, qu'ils soulèvent avec raison en faveur des époux séparés.

« Que d'injustices, dit Daniel Stern, commises et souffertes sous le manteau de la légalité ! Que d'êtres nobles et délicats mortellement atteints, dès les premiers jours de la jeunesse ! est-il juste, peut-il être utile que l'époux de la femme adultère porte la honte au front, que celui de la femme stérile se voie à jamais déshérité des joies de la paternité ; que la femme aimante et chaste subisse, à toute heure, l'affreuse pensée de l'irrévocable, le despotisme sans contrôle d'un mari vicieux, débauché, accepté plus souvent que choisi avant l'âge du vrai discernement ? »

Mais tandis que les partisans du divorce s'apitoient sentimentalement, sur le sort créé aux époux par la séparation, ils ne s'aperçoivent pas que les maux du divorce sont bien plus grands encore que ceux d'une institution, qui relâche simplement les liens du mariage, au lieu de les rompre définitivement. Ils ne voient pas qu'en accusant la séparation de pousser les époux à la débauche, ils font injure à un grand nombre de personnes qui savent observer la continence [1] ; ils ne se rendent pas compte des effets désastreux du divorce, en ce qui concerne les enfants et leurs intérêts matériels et moraux, en ce qui concerne l'esprit de famille, le bien de la société où la corruption grandirait à mesure qu'on rendrait moins stables les bases sur lesquelles elle est assise. Ils ne songent pas que la proclamation du divorce déchaînerait les passions, et que la démoralisation publique ne ferait que s'accroître dans une nation où les mœurs ne sont déjà que trop ébranlées ; ils ne s'aperçoivent pas enfin que si le divorce du Code civil n'a pas produit jus-

1. V. M. Glasson, *op. cit.*, 2e édition.

qu'en 1816 trop d'effets déplorables, il n'y aurait pas lieu d'espérer aujourd'hui un résultat raisonnable. Ils oublient en effet que l'organisation récente de l'assistance publique vulgariserait singulièrement l'usage du divorce et, le rendant accessible à tous, multiplierait rapidement dans le peuple ses excès et ses abus.

En résumé, nous ne défendons pas la séparation contre les vices réels, qu'on lui reproche, vices inhérents à toute institution humaine. Mais nous n'hésitons pas à conclure que ces maux sont bien minimes, en comparaison de ceux que comporterait le rétablissement du divorce. Entre ces deux remèdes, tous deux imparfaits, nous choisissons le moins désastreux, celui qui méconnaît le moins la sainteté du mariage, le caractère élevé de l'union légitime et tous les intérêts qui sont attachés à son maintien.

Les plus grands esprits parmi ceux qui ont soutenu le divorce, et qui même en ont usé, en ont reconnu eux-mêmes tout le danger. « Le divorce, disait le premier Consul, devait être dans notre législation. La liberté des cultes le réclamait ; mais ce serait un grand malheur qu'il passât dans nos habitudes. Qu'est-ce qu'une famille dissoute ? Que sont les époux qui, après avoir vécu, dans les liens les plus étroits que la nature et la loi puissent former entre des êtres raisonnables, deviennent tout à coup étrangers l'un à l'autre, sans néanmoins pouvoir s'oublier ? Que sont des enfants qui n'ont plus de père, qui ne peuvent confondre, dans les mêmes embrassements, les auteurs désunis de leurs jours ; qui, obligés de les chérir et de les respecter également, sont pour ainsi dire forcés de prendre parti entre eux ; qui n'osent rappeler en leur présence le déplorable mariage, dont ils sont les fruits ? Oh ! gardons-nous d'encourager le divorce ! De toutes les modes, ce serait la plus funeste ! N'imprimons pas le sceau de la honte à l'époux qui en use ; mais plaignons-le, comme un homme auquel il est arrivé un grand malheur. Que les mœurs repoussent la triste nécessité, que la loi n'a pu refuser aux époux malheureux[1]. »

Respectons donc dans le mariage l'union indissoluble du mari et de la femme ; voyons en lui un contrat sacré, qu'on ne peut former à la légère, parce que sa nature même, son institution divine en ont fait un lien, qui enchaîne pour la vie les existences et les âmes ;

1. Locré, *Proleg. Hist. des codes*, t. Ier, p. 92.

faisons du mariage rendu sacré, par le caractère indélébile d'époux, qu'il confère aux parties contractantes, la plus ferme base de la famille et de la société, et, comme l'a dit un moraliste éminent : Adorons la famille telle que Dieu l'a faite [1]. »

Le rétablissement du divorce en 1881 nous ferait craindre que ce ne soit un moyen, dans la famille Française, déjà si profondément battue en brèche, si profondément ébranlée par l'adultère apparent ou occulte, d'ajouter un nouveau mode de débauche, changeante à volonté, autorisée par la loi et dont le tableau qui suit proclame les dangers.

X

STATISTIQUE DU DIVORCE.

Les documents statistiques font défaut pour un certain nombre de pays, qu'il serait intéressant de faire rentrer dans un tableau comparatif; nous avons cependant recueilli quelques chiffres qui permettent de se faire une idée assez exacte des résultats, obtenus par l'institution du divorce et par celle de la séparation de corps. Quant à

1. M. J. Simon, *Liberté civile*, ch. Ier.

apprécier exactement au point de vue moral le mouvement des divorces et des séparations de corps, il faudrait pouvoir tenir compte des séparations volontaires, ce qui est de toute impossibilité.

I. — *Pays où la séparation de corps perpétuelle pour causes*[2] *déterminées existe seule :* France, Espagne, Portugal, Mexique, États de l'Amérique du Sud.

II. — *Pays où la séparation perpétuelle existe seule pour causes déterminées ou par consentement mutuel :* Italie.

III. — *Pays où le divorce existe seul pour causes déterminées :* Suisse, Bavière, Brunswick, Hambourg, Hanovre annexé, Saxe, Wurtemberg, Suède, Russie, Serbie.

IV. — *Pays où le divorce existe seul, soit pour causes déterminées, soit par consentement mutuel :* Roumanie, Bade, Danemarck, Norvège, Prusse.

V. — *Pays où existent la séparation de corps et le divorce, mais seulement pour causes déterminées :* Angleterre.

1. *L'Europe politique et sociale.* (Maurice Block.)

2. V. Rapport de M. Léon Renault, p. 45, et Em. Combier. (*Thèse.*)

VI. — *Pays où existe le divorce pour causes déterminées et la séparation de corps pour causes déterminées ou par consentement mutuel :* Hollande.

VII. — *Pays où la séparation de corps pour causes déterminées et le divorce pour causes déterminées existent, mais conformément à la religion des époux :* Pologne Russe.

VIII. — *Pays où la séparation de corps pour causes déterminées ou par consentement mutuel existe seule pour les catholiques et pour les autres le divorce, conformément à la loi religieuse, ou même par la volonté d'un seul pour incompatibilité d'humeur :* Autriche.

IX. — *Pays où existent le divorce pour causes déterminées ou par consentement mutuel et même la répudiation :* Turquie.

Aux États-Unis, si la procédure varie suivant les États, tous admettent conjointement le divorce et la séparation de corps. Parcourons maintenant quelques chiffres.

Comme on le voit par le tableau ci-dessus, la Roumanie est le seul pays de race Latine qui ait admis le divorce seul. Dans ce pays le nombre des instances en divorce s'élevait à 832 en 1865 et tombait subitement à 35 en 1866. Ces résultats étaient dus évidemment aux dispositions plus strictes du nouveau Code civil mis en application le 1er décembre 1865. Mais depuis, le mouvement ascensionnel a repris et le chiffre total de 1870 est de 553.

En Angleterre il a été prononcé en moyenne de 1869 à 1873, 282 divorces dont 197 conditionnels et 23 séparations [1]. On sait que l'Angleterre se montre très difficile pour l'admission des demandes en divorce.

Environ 175 divorces ont lieu annuellement en Suède (moyenne de 1871 à 1875). Si nous consultons le recensement de 1870 nous constaterons que, sur une population de 4,168,000 habitants il y a 1,341,499 personnes mariées et 2,514 divorcées; le nombre des divorces est à celui des mariages comme 0,58 à 100 [2].

Dans les Pays-Bas de 1866 à 1870 nous trouvons une moyenne de 110 divorces, par an et 44 séparations. En Belgique, pendant la même période, 323 divorces et 258 séparations.

1. V. Yvernès. *Justice civile et commerciale en Europe*, 1876.

2. V. *Exposé statistique de Suède*, 1878.

En France les moyennes des séparations ont été de :

1845 à 1850........	1080	séparations
1851 à 1855........	1529	—
1856 à 1860........	1913	—
1861 à 1865........	2395	—
1866 à 1869........	2922	—
1872 à 1875........	2881	—
1876................	3251	—

Il faut noter que l'organisation de l'assistance judiciaire a contribué, dans une notable proportion, à l'accroissement considérable qu'on peut remarquer dans ce tableau. Autrefois, les femmes se taisaient et se réconciliaient, après avoir été battues, aujourd'hui elles plaident et se séparent, sans bourse délier.

Nous avons vu en parlant de la loi fédérale de 1874[1], que le divorce faisait en Suisse des progrès beaucoup plus rapides que la séparation en France. Nous ne reviendrons pas sur les chiffres

1. Dans le canton de Zurich, on compte, en 1875, 5,43 divorces sur 100 mariages; en 1876, 8,91; en 1877, 6,92; en 1878, 7,62. Dans le canton de Schaffouse, en 1875, 6,68; en 1876, 14,02; en 1877, 12,94; en 1878, 6,67. Dans l'Appenzell, en 1875, 7,65; en 1876, 5,19; en 1877, 13,05; en 1878, 15,45. Dans le canton de Vaud, en 1875, 2,78; en 1876, 4,75; en 1878, 4,45. Dans le canton de Neufchâtel, en 1875, 1,71; en 1876, 3,11; en 1877, 4,50.

déjà cités, mais nous emprunterons au bureau fédéral de statistique un tableau comparatif du nombre des divorces pour sept pays. Dans ces pays on compte par 100 mariages :

	1871 à 1875	1876	1877	1878
Grand-Duché de Bade..	0,38	0,62	0,74	»
Saxe..................	2,22	2,61	2,58	»
Hesse..................	0,43	0,64	»	
Belgique	0,28	0,35	»	»
Pays-Bas..	0,46	0,43	0,50	0,54
Suède................	0,58	0,68	0,69	»
Suisse.	»	4,92	4,74	5,03

Quant aux motifs servant de base aux instances en divorce ou en séparation de corps, voici les chiffres fournis par les documents officiels de six pays [1].

	Excès, sévices injures graves	Adultère	Autres motifs
Saxe.............	66 %	26 %	8 %
Wurtemberg......	64	36	»
Bade............	76	16	8
France...........	92	7	1
Roumanie........	86	8	6
Colonies française.	68	15	17

Des statistiques spéciales, sur la durée des mariages dissous, nous montrent qu'en Saxe et

1. Yvernès, *op. cit.*

en Roumanie le mariage est dissous dans un délai relativement court, 65 et 79 fois pour 0/0 dans les dix ans ; tandis qu'en France la séparation n'intervient que 47 fois sur 100, dans le laps de temps ci-dessus. Nous constatons aussi qu'en France, dans un tiers à peine des cas, les unions avaient été stériles.

Les professions se décomposent ainsi :

	France	Roumanie
Propriétaires, fonctions libérales.	20 %	27 %
Commerçants..................	21	17
Cultivateurs.................	15	42
Ouvriers.....................	44	14

En Suisse, on constate que l'agriculture n'est représentée parmi les divorces que dans une proportion de moitié plus faible que parmi la population entière, tandis que toutes les autres professions y figurent dans une proportion d'autant plus forte. On y remarque de plus qu'un bon tiers des divorcés n'ont pas d'enfants, circonstance qui ne se rencontre que dans un cinquième, à peine, des unions conjugales.

Une attention particulière est due à notre voisine, la Belgique, qui a conservé le divorce tel que le Code civil l'a organisé et tel qu'on se propose de le rétablir, chez nous. On a dit et répété à satiété que les divorces étaient rares en Belgique et que leur nombre n'égalait pas celui des séparations, prononcées en France, proportionnellement au chiffre de la population. Il n'en est pas moins curieux d'étudier les chiffres donnés par la statistique, qui montrent la progression constante des divorces, depuis un certain nombre d'années :

En 1840	on comptait	1	divorce	sur	1175	mariages.
En 1865	—	1	—	sur	739	—
En 1874	—	1	—	sur	337	—
En 1877	—	1	—	sur	313	—

Prenons la commune de Bruxelles : en 1870, on y comptait 22 divorces, en 1879, il y en a 38 ; par contre le chiffre des mariages est descendu dans cet intervalle de 1739 à 1580, alors que la population montait de 166,706 à 175,188 habitants.

Quant à l'ensemble du royaume, le nombre des mariages qui était, en moyenne, de 39,520 de 1870 à 1875, n'a plus été que de 38,228 en 1876, et de 36,734 en 1879. — (*Me Glasson. Lefebvre, avocat Belge. Liberté de Fribourg. Combier.*)

CONCLUSION

Dans les pages qui précèdent se déroulent le *Crime et la débauche à Paris*, les faits dans leur chronologie, avec les noms, les chiffres, en dévoilant la réalité, les causes, l'accroissement.

Comme Asmodée, nous avons, d'une main hardie, soulevé les toits des 75 000 maisons, où logent deux millions d'habitants, et qui rapportent 580 millions.

Parmi ces demeures, il en est qui renferment des réduits obscurs; 3000 même n'ont pas de cheminée, pour aérer, sinon pour réchauffer les ménages, qui s'y entassent, jour et nuit, dans une honteuse promiscuité. De là, la source de tant de misères, de tant de crimes, qui souillent la famille et l'enfance dans sa fleur?

L'alcoolisme revendique aussi sa domination dégradante sur les déshérités, qui cherchent, dans des boissons, trop souvent frelatées, une factice surexcitation. Les enfants imitent volontiers, comme d'instinct: ils boivent, ils fument, parce que, sous leurs yeux, ils voient boire et fumer. Une précoce puberté, dont les ateliers, réunissant les sexes en commun, activent les effluves, vient achever l'œuvre de démoralisation et d'épuisement, au physique comme au moral.

Les parents occupés ailleurs, séparés par le travail, ou la justice[1], ne peuvent suffisamment veiller d'ailleurs ; on évite l'école, ses enseignements, pour vivre dans la rue, toujours pleine d'agitation et de bruit.

Arrivera-t-on par la persuasion ou par une loi promise[2], à rendre l'instruction, en France, obligatoire et gratuite, alors que, lans les familles nombreuses, l'enfant est considéré, comme un instrument de travail, qu'il faut jeter, au plus vite, dans les ateliers des manufactures? On a bien édicté une loi, pour protéger cette faiblesse, contre une besogne excessive, prématurée; des

1. Séparations de corps demandées à Paris à l'assistance judiciaire 6,673 : 3,062 admises, 2,019 rejetées.

Séparations de biens, 2,137 demandées : 1,321 admises, 625 rejetées.

Devant cette juridiction, 11,252 demandes sont admises et 8,567 rejetées après sérieux examen.

2. Voir : *La loi sur le travail des enfants dans les manufactures*, commentée par Jules Périn, avocat; et la brochure du même auteur sur les *Saltimbanques*, Cosse et Marchal, éditeurs, place Dauphine, 27.

inspecteurs sont établis et fonctionnent, nous aimons à le penser, pour constater les contraventions et en faire punir les auteurs. Le mal dure encore partout. Nous ne manquons certes pas de lois, il ne s'agit donc pas d'en édicter de nouvelles, mais de prendre les dispositions rangées dans l'arsenal si complet du passé. Malheureusement, le temps se passe dans des discussions stériles, appliquées bien plus aux personnes, aux élections à valider ou à invalider, qu'à tant de lois attendues. (Associations, biens mobiliers des femmes, des mineurs, des aliénés à protéger, extraditions à simplifier, suppression de l'exception immorale des jeux de bourse, invoquée par celui-là seulement qui perd, inscription d'office du budget de Paris capitale, qui ne doit pas être considérée comme une commune, mais comme un État, disait déjà Charles-Quint[1].)

Nous n'appliquons jamais, avec suite, les dispositions sages, qui protègent ; par exemple, il y a des années, la regrettable danseuse Emma Livry, mourait brûlée par ses vêtements. De suite, on décida que les jupons des ballérines,

1. Sur 80 membres, le Conseil municipal de Paris, compte en 1880, 13 médecins, 3 avocats ; faut-il féliciter leurs clients ou la ville ? on hésite.

seraient au préalable enduits de carteronine ou d'autre substance saline, empêchant l'incendie, et, hier, dans les féeries de l'*Arbre de Noël*, une enfant recevait encore de graves brûlures.

Il y a ici des Sociétés protectrices des animaux, de l'Enfance et, l'autre soir, une acrobate courageuse, qu'une catapulte (renouvelée des Grecs, qui s'en servaient pour projeter des pierres) lançait dans l'arène, quittait, un instant, son travail, pour mettre au monde, dans le cabinet du directeur, un enfant nouveau-né. De la mère, ni du fœtus, personne ne s'est enquis ; on a loué hautement une écuyère qui, au pied levé, a remplacé, pour un cachet de cent francs, la camarade momentanément empêchée. Depuis plusieurs mois, on criait dans les rues, sur les places, des feuilles pornographiques, dont le titre seul était un outrage et aux réclamations on répondait : que le colportage est libre, que les feuilles étaient déposées, non poursuivies... Enfin, ce fut un *tolle* tellement unanime (même de la part de la presse), que l'on se décida à commencer des poursuites, par un mandat d'amener ; en même temps, après avoir laissé annoncer une souscription pour un Polonais, dont on exaltait aussi l'action, condamnée par un jury Français, on reconnaissait enfin qu'une loi réprimait encore l'apologie des faits, qualifiés crimes, par nos Codes.

Toujours trop, trop peu, ou trop tard, en ce pays si intelligent, mais si mobile, si distrait, si oublieux !

Que dans d'autres contrées plus sages, où règnent toutes les libertés, on laisse l'indifférence, le bon sens des citoyens laisser passer de pareils outrages, on le comprend ; mais ici, où existe la censure préalable sur les dessins, ceux qui paraissent ne sont publiés que s'ils ont été approuvés. De même pour les journaux, à l'égard desquels une poursuite est toujours facile et rapide, pourquoi ces complaisances ou ces oublis, trop prolongés ?

Depuis qu'elle tient un rang, parmi les autres nations, seule, dans ce concert, la France joue une tragédie, que l'on pourrait intituler : *Philanthropie et Repentir*.

Partout et toujours, à l'extérieur, comme au dedans, entraînés par la sensibilité, mauvaise conseillère, nous courons aux aventures, et nous en rapportons des déceptions, des marques d'ingratitude, des trahisons, mais nous ne nous corrigeons jamais.

Par tempérament, nous sommes contre l'autorité, contre la loi, contre ses agents, et nous nous trouvons si bien, dans notre pays, favorisé du ciel, que nous ne savons ni voyager, ni coloniser, ni fonder.

Le nombre, toujours croissant des malfaiteurs, est dû à l'absence d'instruction ou à l'instruction incomplète, aux surexcitations, de toutes sortes, données par la grande ville, à la misère et à l'abandon. On ne croit plus à rien, les colonnes de la société sont ébranlées, comme à plaisir, et la famille même n'est plus un asile, un lieu de salut.

Autrefois, pour les peines temporelles, des commutations, mûrement examinées, préparées par la conduite des détenus étaient, le 15 août seulement, accordées. Aujourd'hui, la peine prononcée, la veille, est effacée le lendemain et les parquets ont souvent, dans le même mois, leur examen, de nouveau, appelé sur un même recours en grâce.

Que la fête nationale ait été transférée du 15 août (fête de saint Louis, le Grand Justicier) au 14 juillet (date de la prise de la Bastille), on peut le comprendre, mais il faudrait bien, pour les décisions à prendre, en revenir aux sages et anciennes mesures. Agir autrement, c'est sans préparation pour eux, et au péril de leurs concitoyens, rejeter dans une société, dont ils ne sont plus restés dignes, des individus dangereux encore[1].

Pour la débauche, ses causes sont multiples, elles découlent des séductions exercées par le luxe, par l'abandon, par la misère, qui assiègent ici les jeunes filles, à leur début dans la vie. Elles se trouvent aussi dans ces unions, trop disproportionnées, dans lesquelles des familles cherchent à unir des fortunes, non des sympathies. Cependant, avant d'arriver aux qualités morales, on est séduit ou éloigné, par les beautés ou les imperfections physiques. De là, des froideurs, trop souvent des adultères, dont le monde frivole parle, sans surprise, sans reproche même, sans demander à qui la faute ?

1. Dernièrement, on a appris qu'un lieutenant (fils du baron colonel Pohsard), a été, à la tête de sa compagnie, abattu par deux coups de fusil, tirés par un soldat, qu'il venait de réprimander et de punir.

L'assassin, condamné à la peine de mort par l'unanimité du Conseil de guerre de Grenoble, fut gracié (1880). Il est vrai que la victime laisse une mère veuve et une sœur, dont il était l'orgueil et l'espoir; nous le savons personnellement, ayant connu cette honorable famille.

M. de Montalembert (de l'Académie française) condamné, sous l'Empire, pour délit de presse, à Paris, se pourvut devant la Cour (chambre correctionnelle), pour y refuser dédaigneusement, par la voix de Berryer, la grâce, que lui avait accordée Napoléon III, avant l'expiration du délai d'appel, accordé au prévenu.

Les enfants, qui devraient être un lien si puissant, devenant une gêne, on les éloigne, dans des pensions d'où ils sortent à époques lointaines et périodiques.

Soyons fiers de nos départements, des Flandres, et du Nord (où l'Espagne a laissé encore son empreinte, depuis le seizième siècle), montrant des types gracieux, de nos provinces du Midi, la Provence, l'Auvergne, les Bouches-du-Rhône, avec les piquantes filles de Marseille, d'Arles, du Gard, où tout Nîmois est à demi Romain, comme l'a si bien dit le poète Reboul [1]; de l'Aveyron aux vertes montagnes, d'où s'écoulent de frais ruisseaux, comme le Lot et la Truyère, réunis à Entraygues, près d'Espairac ; où la parole vibre, ardente, comme le cœur et le sang ; du Languedoc, où chantent les belles voix; de Bordeaux, où les regards grisent, comme le vin ; de Granville, cette colonie de Phocéennes, toujours coiffées d'un bonnet, qui représente un vaisseau, voiles déployées ; de la Lorraine, enfin, qui re-

1. En janvier 1860, il m'a été donné de faire visite, chez lui, au poète Nîmois, l'auteur inspiré de l'*Ange et l'enfant*. Dans notre conversation, il m'a surtout parlé de Paris et de son illustre protecteur et compatriote Guizot, le grand ministre et l'illustre historien.

garde, avec une douce fierté, l'Alsace, sa sœur perdue, hélas!

Ces grâces, ces séductions diverses, il faudrait enfin les mélanger, les fusionner bien vite, et ne plus prendre autant souci des questions d'argent, qui se dressent au seuil de toutes les unions, projetées ou réalisées, comme pour les détruire, par avance. Pour ces situations, le rôle de l'homme est décisif, prépondérant; c'est toujours lui qui a commencé, la femme ne fait que suivre la voie, dont on lui a montré d'abord l'accès. L'histoire si vraie de *Denise*[1] est celle de beaucoup de ses semblables[2]:

Quand son mari devint l'amant d'une autre femme,
Oublieux ou lassé de son premier bonheur,
Cette enfant de seize ans, qu'on appelait madame,
Étouffa ses sanglots, sous un masque moqueur.

C'est donc à l'enfance, à la jeune fille qu'il faut, pour en faire plus tard des femmes, porter tout d'abord protection. Il faut relever celles qui sont tombées, une première fois[3], et ne pas les

1. Dreyfous, éditeur, rue du Faubourg-Montmartre, 13.

2. Voir aussi *Madame Bovary*, l'œuvre vivante de notre ami Gustave Flaubert, si prématurément enlevé aux lettres. (Charpentier, éditeur.)

3. La police des mœurs a beaucoup fait parler d'elle, depuis quelque temps (1881). Tandis que les uns ont réclamé

rejeter impitoyablement, comme des damnées, dans un cercle fatal, où elles se meuvent forcément avec cet autre paria, qui les recherche et qui est repris de justice, à tous deux il faut des juges, s'ils ont commis des délits.

Nous ne sommes plus au temps de Louis XV, alors qu'après de véritables chasses à courre, données à la femme, on embarquait pour le Nouveau-Monde, tant de Manon Lescaut, dont l'abbé Prévost a écrit l'histoire attendrie. Il est donc urgent, après tant d'autres réformes, moins

la suppression de la brigade spécialement chargée de ce service, qui serait désormais confié aux sergents de ville, d'autres se sont contentés de demander des modifications, ou plutôt des améliorations de l'état de choses actuel.

Nous croyons savoir qu'il sera bientôt donné satisfaction, dans la mesure du possible, à ce dernier désir. Loin de tolérer la liberté de la prostitution, le préfet de police songerait, au contraire, à prendre des mesures plus sévères à l'égard de certains individus rôdeurs de barrières, dont les moyens d'existence sont inavouables.

De même que le recéleur fait le voleur, de même le souteneur fait la prostituée, a dit récemment au conseil municipal M. Andrieux. Le fait est certain. C'est donc surtout contre cette catégorie de gens sans aveu que la Préfecture de police va sévir. Leur nombre a augmenté dans de telles proportions durant ces dernières années, qu'il est indispensable d'adopter une réglementation nouvelle pour mettre fin à une situation qui ne fait qu'empirer. Les honnêtes gens ne pourront que remercier le préfet de police de prendre les dispositions nécessaires, pour nettoyer ces écuries d'Augias.

nécessaires, de remettre[1] la fille, même dégradée,

1. Les mesures arbitraires, administratives, seront enfin supprimées, à commencer par cette visite corporelle infligée, redoutée comme un reste de torture. Il y aura des peines prononcées pour contravention de simple police, et des jugements constatant les délits commis publiquement et réprimés par l'article 330 du Code pénal leurs coauteurs ou complices. Seront impunies les filles qui consentiront à être parquées dans les maisons de tolérances dont l'intérêt, bien entendu, est de se soumettre à toutes les conditions sanitaires imposées par l'administration, qui les surveille sans cesse.

CONSEIL MUNICIPAL DE PARIS

Séance du 28 décembre 1880.

Reprise de la discussion relative à la suppression de la brigade des mœurs et du dispensaire de salubrité.

Plusieurs conseillers déposent la proposition suivante : « Cette brigade sera supprimée, à partir du 1er janvier 1882 ; M. le préfet de police est invité à étudier et à proposer d'ici à cette époque une organisation conforme aux indications contenues dans le rapport de la commission du budget. »

Deux amendements sont proposés : l'un auquel se rallie M. le préfet de police, invite celui-ci à étudier une réglementation nouvelle de la police des mœurs et, au besoin, à provoquer le vote d'une loi nouvelle sur la matière ; mais le conseil adopte, article par article, un autre amendement en quatre articles, par lequel l'administration municipale est invitée : à présenter un projet d'installation de services médicaux gratuits contre les maladies syphilitiques, — à étudier le moyen de remplacer les agents des mœurs par des gardiens de la paix pour le service d'ordre public, — à renvoyer à la justice régulière les délits ou contraventions soumis aujourd'hui à l'arbitraire administratif, — à supprimer la brigade des mœurs. Le vote sur l'ensemble donne 33 voix pour l'adoption et 12 contre.

au rang qu'elle a momentanément perdu, en lui facilitant le retour au travail ou bien à la moralité.

Que les tours se rouvrent pour éviter les infanticides, ils augmentent partout, que l'assistance publique concentre ses immenses ressources uniquement sur les crèches, les asiles, les hôpitaux, où l'œuvre admirable des chirurgiens et médecins ne doit pas être isolée, mais continuée sur les convalescents et les guéris ; il y a toujours des rechutes à craindre et à prévenir, sinon à éviter complètement. Par ce tableau sommaire, complet pourtant, de la situation que nous avons envisagée, en face, nous avons appelé l'attention de tous sur une double question, digne de méditation et de remède. Ce n'est ni au loin, ni au dehors que nous devons songer, mais d'abord au mal le plus pressé, le plus voisin :...

> Jàm proximus ardet
> Ucalegon.....

Nous avons vanté notre législation Française, si complète dans tous ses Codes, auxquels il n'est pas permis de toucher partiellement et que l'on regarde comme insuffisante, parce qu'elle est irrégulièrement ou mollement appliquée.

De notre organisation judiciaire, enviée de tous les peuples, à cause de l'intégrité, de l'économie, de la rapidité de sa justice[1], nous n'avons pas à parler ici, ce n'est ni le temps, ni le lieu[2].

Les seules critiques dirigées contre la magistrature, viennent de ce qu'elle a été, sur la demande même de ceux qui s'en plaignent maintenant, en en ayant été les victimes, chargée de juger les délits de presse, précédemment déférés au jury (1848)[3].

1. *Des récidives en matière criminelle*, par M. l'avocat général Petiton, discours de rentrée à la Cour de cassation (3 novembre .1880). — *Des réformes judiciaires et de l'instruction ouverte*, discours de rentrée prononcé par M. Dauphin, sénateur, procureur général près la Cour d'appel de Paris (3 novembre 1880).

2. Voir les beaux discours prononcés au sénat, par MM. Jules Simon, d'Audiffret-Pasquier, Buffet, Oscar de Vallée (1880).

3. La commission de la presse s'évertue, depuis un an, sans rien produire, à faire autrement, sinon mieux que le décret du 17 février 1852.

PIÈCES JUSTIFICATIVES

PIÈCES JUSTIFICATIVES

I

LA TRAITE DES BLANCHES

Tous les petits ménages ont eu plus ou moins affaire aux bureaux de placement, pour avoir des servantes, des nourrices ou des bonnes.

Malgré quelques procédés, plus ou moins ingénieux d'exploitation, il n'y a pas trop à se plaindre, et c'est encore aux bureaux qu'il est préférable de recourir, parce que les parties contractantes prennent, l'une et l'autre, des engagements qu'elles peuvent rompre en se conformant aux usages, sans avoir à compter avec un intermédiaire gracieux. Cet embarras se présente trop souvent, quand on prend un serviteur sur la recommandation d'un ami ou d'une amie qui, le plus souvent, s'est débarrassé .

1. Après certains renseignements envoyés par la police anglaise, le parquet de Bruxelles a fait une descente dans une maison de tolérance qui lui avait été désignée. L'enquête, qui a duré neuf heures, a révélé qu'une jeune Anglaise était entrée dans cette maison à l'âge de quinze ans, encore pure. Le « tenancier » a été arrêté et condamné en 1880, à payer 1000 francs de dommages-intérêts à mademoiselle Tanner, cette jeune Anglaise qu'il avait séquestrée, chez lui, refusant de la laisser emmener par un riche Américain, s'intéressant à elle, qui, malgré son nom, n'avait pas jeûné.

Je n'ai pas d'ailleurs, à traiter la question des serviteurs et des domestiques, question insoluble. La Fontaine ayant dit, il y a deux siècles, et n'ayant jamais été démenti :

Notre ennemi, c'est notre maître.

Les bureaux de placement sont donc des établissements utiles; la plupart se bornent à être les intermédiaires entre l'offre et la demande de service.

Mais on vient d'apprendre une odieuse combinaison internationale qui doit être signalée, espérant que le gouvernement prendra des mesures pour en empêcher le retour.

Il y a quelque temps, le directeur d'un important bureau de Paris offrit à plusieurs jeunes filles, sans place, de très belles situations à Londres.

— Mais nous ne savons pas parler anglais.

— C'est bien pour cela que je vous offre ces places; c'est une condition expresse.

Les jeunes filles, l'une d'elles renonça même à une bonne place, donnèrent chacune dix francs au bureau, réalisèrent toutes leurs économies et partirent pour Londres, à leurs frais, bien entendu.

On doit noter que ces jeunes filles sont de figure très agréable.

Arrivées à Londres, elles se firent conduire aux adresses indiquées.

Amère déception! c'était un bureau de placement qui n'avait pas de places pour elles, et une maison meublée. Et quelle maison ! située au-dessus d'un bar (café-restaurant) de dixième ordre.

Ne connaissant ni Londres ni la langue Anglaise, elles durent subir les conditions de la maison et payer 3 shellings (3 fr. 75) par jour, pour être nourries et logées.

Malheureuses filles ! Leurs petites ressources s'épuisaient vite et elles entrevoyaient avec terreur le moment où elles tomberaient fatalement dans l'abîme infâme vers lequel les deux bureaux de placement coalisés les poussaient.

Elles avaient été devancées par d'autres pauvres filles Françaises...

Heureusement, un Français de passage à Londres se trouva sur le chemin de ces jeunes filles; il apprit leur histoire; il intervint auprès du comité de secours des Français établis à Londres; il obtint leur rapatriement.

Son œuvre n'est pas finie; il s'occupe en ce moment de trouver des places pour ces jeunes filles; ce n'est pas tout; il faut que la justice soit appelée à se prononcer.

Grâce à leur protecteur, les jeunes filles rapatriées ont obtenu l'assistance judiciaire; elles poursuivent le directeur du bureau de placement.

Qu'elles obtiennent des dommages-intérêts; cela ne fait pas doute; ce n'est pas assez; il faut que ce trafic international, qui ressemble si fort à la traite des blanches, ne puisse pas se renouveler.

A la suite d'un scandale semblable, qui fut découvert de Suisse en Autriche et réciproquement, un bureau officiel de renseignements a été créé dans les deux pays.

Toute personne à qui une place est offerte demande à ce bureau si la place existe réellement.

Pourquoi ne créerait-on pas au Ministère des affaires étrangères un bureau semblable qui, par les ambassades et les consulats, serait à même de renseigner exactement les pauvres gens qui en seraient réduits à s'expatrier.

Pour les femmes surtout c'est une cruelle extrémité; et celles qui veulent rester honnêtes doivent avoir des garanties, quand on les attire hors de leur pays natal.

II

PRÉSERVATION

L'opinion des médecins, d'accord avec celle des moralistes et des familles, serait qu'il faudrait, en cette matière, user en France[1] d'une réglementation sévère, réclamée par le Congrès médical (1867), opérer de fréquentes visites, dans les maisons clandestines, ordonner l'inscription d'office des insoumises, prescrire, dans les maisons tolérées, l'usage des lotions chlorurées et phéniquées, prophylactiques utiles.

Sans doute, il peut y avoir quelques erreurs possibles; mais il faut songer qu'à Paris les arrestations d'insoumises s'élèvent, par an, de 7,000 à 7,500.

1. Maxime Du Camp, *Paris et ses organes*.

III

ABAISSEMENT DU NIVEAU DES ÉTUDES

Le journal de l'*Instruction Publique* donne la statistique sommaire, dressée par les soins du Ministre de l'instruction publique, des examens du baccalauréat ès lettres et du baccalauréat ès sciences pendant la session de juillet-août 1880. 6,692 jeunes gens se sont présentés devant les Facultés des Lettres, pour la première partie du baccalauréat ès lettres (examen de rhétorique) ; 3,423 ont été éliminés après l'épreuve écrite, 426 ont été ajournés après l'épreuve orale et 2,843 ont été admis, ce qui constitue une proportion de 42 0/0 [1].

Pour la deuxième partie (examen de philosophie) 4,711 candidats se sont présentés ; 2,052 ont été exclus après les épreuves écrites, et 529 après les épreuves orales; 2,310 jeunes gens ont été définitivement admis au grade, ce qui constitue une proportion de 45 0/0.

3,624 jeunes gens ont subi les épreuves du baccalauréat ès sciences complet; 2,013 ont été éliminés après les épreuves écrites ; 260 après les épreuves orales, et 1,317 ont été jugés dignes du grade, ce qui donne une faible proportion de 33 0/0 [2].

1. Un collège, il est vrai qu'il est en Champagne, a vu refuser tous ses candidats à l'examen (1880)!

2. On devrait bien décréter la science (laïque ou même cléricale) obligatoire pour tous.

IV

LES FACTIONNAIRES SUPPRIMÉS ET LES POSTES DU GUET

On a lu dans les journaux d'août 1880 :

Conformément aux ordres du général Farre, tous les postes, *reconnus inutiles*, ont été supprimés à Paris. A huit heures, les officiers ont été informés qu'ils devaient rentrer à la caserne avec leurs hommes, sans attendre d'être relevés par la garde montante.

A dix heures, toutes les sentinelles étaient retirées et les postes évacués[1]. Il ne reste plus actuellement à Paris, en dehors des piquets de service aux portes des casernes, que deux ou trois points, occupés militairement par la seule garde républicaine, entre autres le poste de Saint-Eustache, à part les gardes d'honneur de l'Élysée, du Sénat, de la Chambre et de l'état-major général.

Après l'enlèvement inattendu et inexpliqué des tambours aux tambours et des cuirasses aux vaillants

1. Les attroupements étaient punis, sous l'ancienne monarchie, comme acte de rébellion en réunion. — Nos agitations politiques amenèrent vite les décrets des 26-27 juillet 1791, complétant la loi du 21 octobre 1789, auxquels il faut ajouter les articles 96, 265 du Code pénal, les lois du 8 octobre 1830, 10 avril 1831, qui prescrivent l'emploi de la force, après sommations précédées d'un roulement de tambour ou de son de trompe. Il n'y a plus maintenant de tambours !

cuirassiers, il ne restait plus qu'à supprimer les postes, destinés à protéger les monuments publics et les domiciles privés ; à quoi servent les garnisons, si considérables, en temps de paix ?

A Paris, les postes du guet étaient autrefois placés [1] :

Place des Carreaux ;
Au guichet des diverses prisons ;
Dans la cour du Palais ;
Au Carrefour du Pont Saint-Michel ;
Sur le Quai des Augustins ;
Au Carrefour Saint-Cosme ;
A Saint-Ives ;
A Saint-Honoré ;
A la Croix des Carmes ;
Au Carrefour Saint-Séverin ;
Près l'Église de la Magdeleine ;
Aux Planches-Mibray ;
A la Croix de Grue ;
A l'Hôtel de Sens ;
A la Porte Bauldier ;
Au Coin Saint-Pol ;
A la Traverse Quadier ;
A l'Échelle du Temple ;
A Saint-Nicolas des Champs ;

1. Louis XIV, dont le règne fut si glorieux et si long, donnait aux officiers et archers de la compagnie du guet leur solde et gratification, sur les États du comptant, où se trouvent aussi 60,000 francs pour les pauvres et malades des faubourgs de Paris. (*Archives nationales, section historique*, K. 12,012.)

A Saint-Jacques de l'Hospital;
A la Fontaine Saint-Innocent;
A la pointe Saint-Eustache;
A l'École Saint-Germain;
A la Place aux Chats.

Aujourd'hui, le crime redouble, *Parisiens, dormez!*

V

LA PRÉFECTURE DE POLICE

On a beaucoup parlé, dans ces derniers temps, de cette grande administration[1], dont l'origine se confond presque avec celle de la Ville de Paris. D'après nos historiens, d'après les récents travaux sur le *Châtelet de Paris*, le Prévôt était, pour ses actives attributions, sous le contrôle du Parlement, le prédécesseur direct et comme l'ancêtre inmédiat de nos Préfets de police, qui remontent au commencement de ce siècle.

En janvier 1796, fut créé un ministère de la Po-

1. En 1869, on ne comptait guère plus de 4,800 agents. Aujourd'hui, les cadres comprennent 7,800 commissaires de police, officiers de paix, inspecteurs, brigadiers, sous-brigadiers, gardiens de la paix, etc., etc. Ce personnel ne coûte pas moins de 15,400,000 francs, dont moitié est supportée par l'État, moitié par la Ville de Paris. De pareils chiffres paraissent déjà fort respectables. Eh bien, cependant, nous sommes à la veille de les voir s'accroître encore.

Nous apprenons, en effet, que M. Andrieux, loin de suplice, pour assurer la tranquillité intérieure de la République.

Le 17 février 1800, Bonaparte nommait un préfet de police, chargé de veiller à la sécurité des douze arrondissements de Paris.

Depuis cette époque jusqu'à nos jours, on compte trente-neuf préfets ou ministres de la police; leur administration, avec des règles ou des tendances diverses, a traversé tous les régimes, regardée par les honnêtes gens, comme un palladium nécessaire, comme une protection, dont Girod (de l'Ain) en 1830, comme Caussidière en 1848, réclamèrent le maintien.

Consulté en 1870, par le gouvernement, M. Ducoux répondait à la proposition, alors faite par M. de Kératry, le 19 septembre : « Ce serait une faute énorme, à toutes les époques; mais aujourd'hui, un acte criminel ou insensé, dont aurait à souffrir la mémoire de tous ceux qui y auraient participé. » M. Macé, dont on connaît l'expérience, conclut dans le même sens. Malgré de vives attaques, toujours impuissantes, bien que renouvelées, la Préfecture

primer telle ou telle brigade affectée à un service spécial, songe au contraire à en augmenter le nombre. Aujourd'hui, les gardiens de la paix sont au nombre de 6,800 ; il s'agirait d'y joindre 200 nouvelles recrues, de manière à arriver au chiffre rond de 7,000. Il est question de proposer au conseil municipal l'établissement de patrouilles de nuit. Pour cette organisation nouvelle, on choisirait les gardiens de la paix, qui ont fait leur service dans la cavalerie.

Ce projet est en ce moment élaboré à la Préfecture de police et nous croyons savoir qu'il est approuvé d'avance par le ministre de l'intérieur.

de police a été maintenue, elle fonctionne, dans les limites tracées par les lois, qui assurent l'ordre et la sécurité dans notre capitale, si souvent inquiétée et troublée par de grands crimes.

La police municipale comprend une légion d'agents, recrutés parmi les anciens soldats, la plupart décorés de la Légion d'honneur, de la médaille militaire ou des médailles de Crimée, du Mexique, de Chine ou d'Italie, répartis, jour et nuit, en uniforme, dans les vingt arrondissements. Il convient d'y ajouter la brigade centrale, l'important et trop peu nombreux service de la sûreté, la surveillance des garnis, des mœurs, des voitures et de la politique, en ce pays, si mobile et ondoyante.

VI

LES MARCHANDES DE FLEURS ET LE VAGABONDAGE

Paris, le 1er septembre.

M. le Préfet de police vient d'adresser aux commissaires de police de la ville de Paris la circulaire suivante :

Messieurs,

J'appelle votre attention sur les filles de mauvaises mœurs, qui offrent en vente des fleurs aux passants.

Ces offres sont faites, le plus souvent, par de très

jeunes filles, même par des enfants et n'ont d'autre but que de dissimuler des provocations honteuses[1].

Je vous rappelle, messieurs, que le fait d'offrir sur la voie publique des marchandises aux passants constitue une contravention aux dispositions, trop oubliées de l'article 1er de l'ordonnance de police du 28 décembre 1859, lequel est ainsi conçu :

« Il est défendu de circuler sur la voie publique, en quête d'acheteurs, avec des marchandises ou denrées de quelque nature que ce soit, exposées en vente sur des appareils quelconques ou par tout autre moyen.

« Sont réputés quêtes d'acheteurs, le stationnement sur la voie publique, quelque courte qu'en soit la durée, l'offre de vente et la vente. »

Je charge M. le chef de la police municipale de donner des instructions aux agents placés sous ses ordres pour qu'ils conduisent les contrevenants dans vos bureaux où vous statuerez à leur égard, conformément à l'ordonnance précitée.

Mais vous ne vous bornerez pas à constater la contravention de simple police, Vous chercherez si elle n'a pas été acompagnée de faits constituant l'outrage public à la pudeur, vous examinerez aussi la situation du contrevenant au point de vue du domicile et des moyens d'existence, afin de relever,

1. Une enfant de huit ans, arrêtée en ces circonstances, interrogée sur les provocations, dont sa jeunesse eut dû la préserver, répondait en souriant : Je ne travaille qu'avec mes mains !

s'il y a lieu, le délit de vagabondage et de me mettre à même d'ordonner les mesures administratives qui y sont applicables.

Enfin, quand vous serez en présence de filles mineures, vous rechercherez, avec le plus grand soin, si elles sont exploitées et poussées à leur honteux métier, soit par leurs parents, soit par des souteneurs, et vous m'adresserez, avec vos procès-verbaux, tous les renseignements de nature à me permettre de déférer ces derniers à la justice, pour excitation de mineures à la débauche.

Le Préfet de police : ANDRIEUX.

Si les prescriptions de cette circulaire permettent d'atteindre et de faire condamner un certain nombre de vagabonds, elles présentent deux inconvénients sérieux. Le premier est d'englober, dans une répression arbitraire, toute une catégorie très intéressante de petits vendeurs ambulants, à qui leur commerce permet précisément d'échapper au vagabondage. Le second est de distraire le service de la sûreté et de la police municipale de l'importante et si nécessaire surveillance des malfaiteurs.

La circulaire permettra d'arrêter beaucoup d'enfants, qui essaient de faire quelque chose, mais nous ne voyons pas quelles mesures elle édicte contre ceux qui sont bien résolus à ne jamais travailler et à ne vivre que de la prostitution. La police des mœurs doit cependant connaître ces individus. Si elle les connaît, qu'en fait-elle ? Nous ne supposons pas qu'elle les utilise. Et, si elle ne les connaît pas, qu'elle les recherche activement, ils sont une menace et un danger permanent.

VII

PREMIER TROTTOIR

Il est intéressant de reproduire, pour servir à l'histoire de la prostitution, le journal dont suit le spécimen :

Le Procureur (Journal des Alphonses). Paris (1880).

Bien que la mère doive en défendre aussi soigneusement que possible la lecture à sa fille, *le Procureur* est un journal essentiellement moral.

Faire cesser le scandale quotidien que, chaque nuit, et même déjà chaque après-midi, présentent les cafés, promenades, jardins, avenues, boulevards et rues de Paris, encombrées de créatures, folles de leur corps, venant s'offrir aux hommes, sans même souvent s'inquiéter de regarder s'ils sont accompagnés de leur femme ou de leur fille, tel est le but louable que nous nous proposons, et pour lequel nous avons la délicatesse de ne pas demander une subvention que, certes, le gouvernement serait fort empêché de trouver des motifs plausibles de nous refuser.

Nous en convenons, pour certains rapprochements, nos colonnes ne pourront jamais suppléer à celles Rambuteau. Mais néanmoins, elles peuvent rendre de grands, d'immenses services, en enregistrant, moyennant une très légère rétribution, les demandes et les offres de nos clients et clientes, et en leur donnant les uns sur les autres tous les renseignements que notre délicatesse et notre tact, si hautement appréciés dans le monde, nous permettront de divulguer.

Quelques journaux ont déjà entrepris de remplir cette belle tâche. Mais ils veulent la mener de front avec d'autres, ce qui ne leur permet pas de parvenir à réaliser les conditions d'économie, précision, célérité et les commodités de toute sorte auxquelles nous atteindrons, consacrant à ce but utile et humanitaire tout notre temps et tous nos efforts.....

VIII

LES DUELS

Les duels fleurissent dans les années, qui suivent les guerres. On se bat pour un rien, pour le plaisir. L'épidémie de duels qui s'est abattue sur Paris, il y a quelque temps, a éveillé l'attention de M. le Préfet de police. Un travail très important vient d'être entrepris à cet sujet, sur son ordre.

Une statistique détaillée des rencontres, qui ont eu lieu depuis le 1er janvier dernier, et dont les parquets n'ont pas été saisis, a été commencée ces jours-ci (1880).

On est arrivé au chiffre respectable de quatre duels

par semaine, soit cent quarante à peu près, depuis le commencement de l'année; beaucoup de bruit, peu de sang et à la frontière [1].

L'écrivain Fiévée disait :

— Quand je parle de quelqu'un, je le fais toujours comme si je lui parlais.

Et le général Mollière posait est axiome militaire :

— On ne doit jamais toucher un homme qu'avec du fer ou avec du plomb!

IX

LES DRAMES DU VITRIOL

Les journaux de Toulouse rapportent que mercredi soir, vers huit heures et demie, la demoiselle Hortense Fabre s'introduisait dans le café Josse, rue du Canard, n° 11, où se trouvaient plusieurs consommateurs, sur lesquels elle a lancé un liquide corrosif que l'on croit être du vitriol. Les sieurs Gélis, Mothes, menuisiers, et Jean-Joseph, voiturier, ont été assez grièvement atteints. Hortense Fabre prétend avoir eu avec ledit voiturier des

1. Les duels ont lieu surtout lorsque la poursuite paraît devoir être lente ou incertaine, suivie aux assises d'un acquittement ou en police correctionnelle d'une condamnation, pour coups et blessures, alors que l'intention homicide est revendiquée par l'inculpé. (22 juin 1837. Arrêt rendu sur le réquisitoire du procureur général Dupin.)

relations intimes, dont la naissance d'un enfant aurait été le résultat, l'éternelle histoire que tout le monde sait : abandon de l'amant, désespoir de la jeune fille, et puis enfin dénouement ordinaire : vengeance au vitriol. Hortense Fabre a été mise à la disposition du procureur de la République[1].

X

LES MORTS SUBITES ET MYSTÉRIEUSES

Vidocq, dans ses *Mémoires*, raconte qu'il eut, un jour, à enlever le cadavre d'un homme, tombé mort chez une femme mariée, qu'il importait de ne pas compromettre.

Léon Gozlan et Sardou ont, avec art, exploité cette curieuse et sombre donnée, dans une nouvelle et au théâtre.

Citons ici miss (Annah) Neison, 22 ans, artiste dramatique, venue le 20 août 1880 de Londres pour contracter, à Paris, un engagement théâtral. Descendue à *l'hôtel Continental*, elle sort, pour se promener, en voiture, au bois de Boulogne, y boit, vers trois heures, une tasse de lait. Prise de douleurs abdominales, vainement combattues par les méde-

1. Ces vengeances féminines, devant le jury, trouvent indulgence ou impunité. (Assises de la Seine, affaire de la femme Paulard, 13 décembre 1880). A Laon, Virginie Dumaire a été condamnée à 10 années de réclusion, pour avoir tué son amant qui allait se marier.

cins de Neuilly appelés, la mort survient dans la nuit du samedi au dimanche (22 août 1880), le commissaire de police appelé envoie le cadavre à la Morgue, où l'autopsie, pratiquée par les docteurs Brouardel et Descouts démontre que la cause réelle de la mort était une hémorragie, survenue à la suite d'une grossesse extra-utérine, de trois mois au plus.

Toute présomption de crime ayant été effacée, on mit en liberté des Anglais, qui avaient assisté miss Neison, et n'avaient pu expliquer la cause d'une mort, accompagnée de circonstances étranges et d'abord suspectes[1].

XI

L'ENFANCE COUPABLE ET LES ENFANTS ABANDONNÉS A PARIS (1880)

La *Société générale de protection pour l'enfance abandonnée ou coupable,* dont le promoteur est M. Georges Bonjean, a tenu, 47, rue de Lille, sa première séance depuis l'autorisation ministérielle. On a constitué un Comité de direction composé de dix membres du Conseil, pouvant se réunir très fréquemment. Ce Comité sera chargé d'élaborer immédiatement le règlement intérieur de la Société. M. Bonjean a fait part au Conseil des diverses

1. De pareils accidents, dont les témoins cherchent à dissimuler les circonstances, au début, sont bien fréquents à Paris.

offres qui lui sont parvenues, soit pour la fondation de colonies particulières dans des établissements agricoles, soit pour l'acceptation des pupilles de la Société, sous sa surveillance et dans des conditions exceptionnellement favorables. Il a été décidé que pour assurer une surveillance efficace et intelligente des enfants recueillis, assistés ou patronnés, la Société s'occuperait de former, tout de suite, un personnel de surveillants. Le Conseil a reconnu à l'unanimité que les efforts devaient tendre à fonder dans un très bref délai une *maison sociale*, qui fût comme le type de celles qu'on veut créer. A l'unanimité également, il a été décidé que, pour faire une expérience éclatante du principe de l'œuvre, les enfants simplement abandonnés et les enfants déjà coupables, c'est-à-dire pour être plus exact déjà détenus y seraient recueillis indistinctement et sur un pied d'égalité parfaite. Une seule réserve a été faite et accueillie par tout le monde : il va sans dire que le Conseil entend *choisir* entre les jeunes détenus et ne point s'exposer à placer, auprès de malheureux, qui n'ont point failli, des enfants déjà pervertis.

Le 28 juin 1793, la Convention rendait un décret ainsi conçu : « La nation se charge de l'éducation physique et morale des enfants abandonnés. » Mais elle n'avait en vue que les orphelins ou du moins ceux dont les pères et mères étaient inconnus. Il en fut de même du décret du 19 janvier 1811 qui institua les tours, et de la Constitution de 1848 qui inscrivit, dans ses principes essentiels, le droit à l'assistance des enfants abandonnés. Rien n'a été fait pour les enfants moralement abandonnés, c'est-à-dire ceux que leurs parents, retenus par un labeur quotidien, dans les usines ou dans les ateliers, laissent livrés à eux-mêmes, sans ressources, sans surveillance, sans éducation, et qui grandissent dans la misère et dans l'oisiveté, mères de tous les vices; rien n'a été fait pour les enfants que leurs parents repoussent, et rejettent, à tous les hasards, à tous les dangers d'une vie de vagabondage sur les voies publiques. Ceux-là, les agents de police les arrêtent quand ils les trouvent par les rues, les conduisent au Dépôt, puis on les livre à la justice, qui n'a d'autre alternative que de les faire enfermer, dans des maisons de correction ou de les rendre à leurs parents, c'est-à-dire de les remettre, dans le milieu funeste où, par l'insouciance et la mauvaise conduite de ceux à qui ils doivent le jour, ils ont contracté de funestes habitudes et où ils s'enracinent, de plus en plus, dans le mal. Veut-on savoir à quel chiffre s'élève annuellement, à Paris, le nombre d'enfants arrêtés dans ces conditions? En 1878 il y en a eu 2,056; en 1879, on en comptait 1,672; la moyenne dépasse 1,500. Si nous y joignons les abandonnés de la France entière, c'est au moins 4 ou 6,000 qui, chaque année, sont traduits devant les tribunaux[1] correctionnels et vont grossir la population des maisons de correction[2].

1. Une pénalité devrait atteindre les parents qui refusent de reprendre leurs enfants arrêtés.

2. *Rapport du directeur de l'Assistance publique*, 1880. —

XII

LE TRAVAIL DES FEMMES

Dans la grande question de l'organisation du travail, des relations entre le capital et le travail, le point le plus délicat est celui qui concerne les femmes.

Moins bien payées que les hommes, ayant plus à lutter contre la concurrence des établissements pénitentiaires ou des communautés religieuses, isolées pour la plupart, les femmes se trouvent, sous le rapport social, dans une situation d'infériorité que les économistes ont vainement cherché jusqu'à présent à faire disparaître.

Mais si, d'une manière générale, la femme ouvrière est insuffisamment payée, si elle ne jouit pas des avantages que trouvent les hommes dans les associations mutuelles que possèdent tous ou presque tous les corps d'états, il est quelques maisons exemplaires ou les ouvrières sont traitées comme de véritables coopératrices et considérées mieux et plus que comme des « abatteuses d'ou-

Signalons l'institution organisée par M. Voisin, ancien préfet de police, conseiller à la Cour de cassation, pour faciliter si utilement l'admission dans les armées de terre et de mer des enfants abandonnés, dignes de tout intérêt, les colonies dépendant du ministère de l'intérieur, la colonie fondée à Orgeville, par M. G. Bonjean.

vrage. » A la séance publique annuelle de la Société d'encouragement au bien, une des nombreuses récompenses était ainsi motivée : M. Jolifié (Édouard-Hippolyte), cinquante ans, fabricant de broderies, et madame Jolifié, née Louis (Lucile-Augustine), quarante ans, à Paris. Se dévouent, depuis vingt ans, au soulagement des ouvriers. M. Jolifié commença à apporter des améliorations dans son industrie en 1866, en installant, à grands frais, une machine à vapeur qui, au point de vue du soulagement de ses employés, obtint un résultat inespéré.

Le confortable et l'hygiène ont toujours été leur constante occupation, s'attacher les ouvriers au prix des plus grands sacrifices, leur faciliter le travail, leur donner l'exemple de la conduite et du devoir accompli, telle fut toujours la base de l'organisation de cette maison.

Les apprenties qu'ils occupent résident chez leurs parents et l'on exige d'elles une conduite, une tenue irréprochables.

Elles reçoivent pendant les quatre premiers mois de 15 à 30 francs. Devenues ouvrières, elles gagnent 3 francs par jour au minimum.

Des fourneaux sont à la disposition des ouvriers pour cuire ou chauffer leurs aliments, ce qui est pour eux une grande économie. La devise de la maison est : *Ordre et travail.*

Par ces moyens, M. et madame Jolifié se voient entourés d'ouvriers laborieux et dévoués, qui apprécient ce qu'on fait poux eux et acquièrent, par leur assiduité et leur économie, l'assurance d'un avenir exempt de gêne.

En contribuant à la fortune du patron, ils s'enrichissent eux-mêmes.

Une médaille d'honneur collective est accordée à M. et madame Jolifié, qui ont voulu associer leurs ouvrières à cette distinction honorifique. Le 5 juillet 1880, c'était fête dans leur établissement, rue des Fontaines-du-Temple. Le vaste atelier avait été transformé en salle de concert, orné de guirlandes, de feuillage et de fleurs, décoré avec les plus belles pièces de broderies, dont quelques-unes sont de véritables œuvres d'art.

M. Honoré Arnoul, secrétaire général de la Société d'encouragement au bien, présidait la réunion composée de deux cents personnes, y compris les cent ouvrières de la fabrique. C'était une fête de famille où M. Honoré Arnoul a prononcé un discours, dont un passage résume un plaidoyer en faveur des femmes :

« Quand le salaire des femmes sera ce qu'il doit « être, quand cette aiguille, si peu prisée, pourra, « dans la laine et la soie, gagner, avec certitude, ce « qui est juste et équitable, on verra moins de « fautes contre les mœurs. L'argent des riches « désœuvrés et libertins perdra de sa puissance « corruptive, et la fille encore pure marchera d'un « pas plus hardi et plus ferme sur les bords de « l'abîme fascinateur. »

XIII

EXÉCUTION D'UN PARRICIDE

Le parricide Jules Isaac Huart, condamné à mort par la cour d'assises de la Charente, a été exécuté. Le 27 février .880, à Cognac, Huart avait lâchement et de la manière la plus féroce assassiné sa bonne vieille mère. Au moment même où il se disposait à la frapper, il l'assurait qu'il n'était venu chez elle que pour l'embrasser. Quand le directeur de la prison est entré dans la cellule du condamné, pour lui apprendre que l'heure était venue, Huart n'a manifesté aucune émotion. Après une demi-minute d'immobilité, il s'est mis sur son séant et s'est disposé à s'habiller. Ceux qui assistaient à son lever étaient plus émus que lui. Resté seul avec M. l'abbé Renaud, vicaire de Saint-Martial, il a causé un quart d'heure avec le digne prêtre; puis un gardien est venu lui offrir des biscuits et un peu d'eau-de-vie qu'il a pris. Un instant après, il a demandé une cigarette. Sur l'invitation de M. l'abbé Renaud d'assister à la messe, Huart a répondu par un signe négatif. Au greffe, il prit encore deux verres de vin et mangea un biscuit. On lui donne lecture des divers arrêts qui le concernent. Il n'écoute pas, et quand on a fini, il demande un nouveau verre de vin et des biscuits. Le parricide a été conduit à l'échafaud, en chemise, la tête couverte d'un voile noir et les pieds nus. Il avait environ vingt mètres à parcourir. Huart les a parcourus, sans défaillance, un bras appuyé sur celui de l'abbé Renaud, l'autre sur celui de l'exécuteur. Huart est très pâle, mais il continue à faire bonne contenance. Les apprêts sont faits en un clin d'œil, la bascule tombe, le couperet s'abat... et un long frémissement agite la foule qui se sépare lentement, vivement impressionnée par ce spectacle terrible.

Le corps du supplicié a été conduit à l'hôpital où l'opération du pesage de la masse encéphalique a été aussitôt faite par MM. les docteurs Fournier et Nadaud, médecins de l'hôpital, assistés de M. le docteur Bonger.

La face de Huart ne présentait aucune contraction; la section, faite par le couperet, était très nette.

Le poids de cerveau et du cervelet atteint 1380 grammes se décomposant comme suit :

Lobe droit du cerveau 600 grammes.
Lobe gauche 600 grammes.
Cervelle 180 grammes.

La masse encéphalique de Huart est à 2 grammes près, semblable à celle de Menesclou, qui a donné un poids de 1,382 grammes.

Aucun vice de conformation n'existait sur la boîte osseuse.

XIV

GRACE ACCORDÉE A UN EMPOISONNEUR

Aujourd'hui, mercredi 5 septembre 1880, a eu lieu au Palais de Justice (salle des appels correctionnels), l'entérinement des lettres de grâce de Baude, l'empoisonneur de Saint-Denis, et d'Oblin, l'assassin de Courbevoie, dont la peine de mort vient d'être commuée par M. le président de la République, en celle des travaux forcés à perpétuité.

Baude avait, pour se venger de son patron, jeté de l'arsenic à pleines mains, dans le pain servi à une centaine de clients, dont heureusement aucun n'a jusqu'ici succombé.

En montant sur le trône, nos rois de France prêtaient (la main étendue sur les Saints-Évangiles) serment de ne jamais faire grâce aux empoisonneurs.

XV

LA RÉORGANISATION DE LA MORGUE

M. le préfet de la Seine, d'accord avec M. le procureur de la République et sur ses indications, avait saisi, il a quelque temps, le conseil général d'un projet de réorganisation de la Morgue, point central des recherches et des expertises judiciaires.

Ce projet consiste à assurer :

La conservation presqu'indéfinie des corps;

La recherche des poisons de toute nature et notamment des poisons volatils;

L'enseignement médico-légal, organisé sur le lieu même où se font les expertises judiciaires.

M. le docteur Brouardel avait reçu la mission d'étudier, dans les principales villes de l'Europe, les laboratoires et les méthodes d'expertises médico-légales.

Dans quelques jours, le conseil général, qui a adopté déjà les conclusions du remarquable rapport du savant professeur, s'occupera de la question pratique.

Ce qui importe avant tout, écrit le médecin-légiste, c'est la conservation des corps. Il faut que l'on puisse les exposer assez longtemps, pour que leur identité soit reconnue. Mais ce n'est pas tout; alors même que l'on a atteint ce but, il peut être utile à la justice d'arrêter longtemps encore la décomposition. Quand un crime a été commis, les marques des violences sont souvent les seuls caractères, qui permettent de saisir les moyens employés pour l'accomplir. Actuellement la crainte de laisser envahir le cadavre par la putréfaction, oblige à pratiquer l'autopsie immédiatement. On pourrait, au contraire, si l'on possédait des moyens de conservation suffisants, reproduire avant l'autopsie, l'aspect des lésions extérieures par le dessin ou même par la peinture et graver ainsi définitivement des stigmates, dont la meilleure description ne donnera jamais qu'une idée vague. Les conclusions de l'autopsie peuvent d'ailleurs être discutées, soit par l'accusation, soit par la défense, et les exhumations répétées, que l'on fait actuellement sont le plus souvent rendues infructueuses par l'état de décomposition du cadavre.

Mais les intérêts de la justice ne sont pas seuls compromis par la décomposition rapide des corps, il faut pouvoir établir « l'état civil » des huit cents personnes, qui sont apportées, chaque année, en moyenne, à la Morgue, à la suite de crimes, de suicides ou de simples accidents, et le temps borné de l'exposition actuelle le permet trop rarement.

XVI

L'AUTOPSIE DE MENESCLOU

L'autopsie de Menesclou a été pratiquée sous la direction de MM. les docteurs Dassay et Sappey. Elle a démontré que l'assassin avait dû être doué d'une force peu commune et que son cerveau, dont le lobe droit était beaucoup plus gros que le gauche, ne pesait pas moins de 1,382 grammes. Les docteurs ont encore pratiqué une autre opération, celle de la transfusion du sang d'un jeune chien, sous la peau de la face; mais soit qu'il se fût écoulé un temps trop long entre le moment de la décollation et celui où a pu être tentée l'expérience, soit aussi tout autre motif, le résultat n'a pas répondu à l'attente des expérimentateurs. Cependant on a remarqué une légère coloration de la peau, ainsi que quelques mouvements des lèvres.

La même expérience, renouvelée sur le tronc, n'a produit aucun effet. Les restes de Menesclou ont été en outre l'objet de diverses recherches d'histologie qui seront ultérieurement mises au jour. Les poumons du supplicié étaient atteints de tubercules. Menesclou était donc phtisique à un degré assez avancé. La taille de Menesclou était de 1 mètre 73. On avait attribué à Menesclou des habitudes contre nature; après vérification des organes examinés, il a été reconnu par M. Dassay, que cette accusation était mal fondée. La famille de Menesclou ignorait encore à midi que le condamné avait été guillotiné, le matin.

XVII

UN RÉGICIDE GLORIFIÉ

Sur une curieuse gravure du temps, possédée par M. F. Febvre, sociétaire de la Comédie-Française, dans son hospitalière *Villa Fritz*, à Champs, on lit : *L'histoire au vray de la Victoire, obtenue par Frère Jacques Clément, Religieux de l'Ordre Saint-Dominique lequel tua, d'un cousteau, Henri de Valois les jours d'Aoust, au bourg St-Cloud, luy présentant une lettre, et le désespoir de d'Espernon, sur la mort du dit Henry de Valois, son maistre.*

En un autre coin de la gravure sont inscrits ces vers :

Un Jacobin, nommé Jacques Clément,
Considérant le mal qu'Henri faisait en France
Lui remit une lettre, et puis, très promptement
Luy donna d'un coustel, à droiste, près de la panse[1].

XVIII

EXÉCUTION A NEW-YORK

Le *Messager franco-américain*, qui se publie à New-York (août 1880), porte :

Maintenant que Chastine Cox et Pietro Balbo ont payé leur dette à la justice humaine, il sera utile de savoir ce que fera cette même justice des meurtriers, exceptionnellement nombreux, en ce moment, qui attendent ses décisions aux Tombs. On en compte en ce moment dix dans cette prison, et sur ce nombre cinq ont assassiné leur femme. C'est d'abord Augustus Leighton, quarante-quatre ans, d'apparence distinguée et d'humeur joviale. Il avait épousé Mary Deane et s'était séparé volontairement ensuite de son épouse. Malgré cela, il était reste jaloux et comme Mary avait un amant, Leighton lui rendit visite, le

1. De nos jours, on a tenté d'offrir aux régicides des armes d'honneur, pour perpétuer, dans leur famille et la mémoire des hommes, le souvenir des crimes accomplis ou tentés.

13 juin dernier et l'entourant tendrement de ses bras, lui coupa la gorge.

Vient ensuite Benjamin Davis, le véritable type du nègre et de la brute. Nellie Crawfort, sa femme, menait une existence interlope, dont le misérable profitait. Trouvant qu'elle ne lui donnait pas assez d'argent, il la saisit, la jeta à terre et la tua à coups de botte.

La cellule 41 est occupée par Onnifrio Mangano, c'est encore un Italien et lui aussi a tué sa femme, dans un accès de jalousie.

Deux autres assassins habitent la cellule 15, Charles Powers, qui a tué sa femme dans des circonstances atroces. Catherine Powers venait d'accoucher, lorsque son infâme mari rentra ivre, dans la misérable cave qu'elle occupait. Elle l'appela à son aide et le bandit lui répondit, par des coups de poing et de bâton. Le lendemain, la pauvre mère et son enfant mouraient à l'hôpital.

Thomas Weldon rentre, le 21 juin; les voisins entendent Julia, sa femme, crier bientôt : « Tom, ne me tuez pas. » La brute était ivre et la tue à coups de tisonnier.

Puis viennent ensuite Richard Caulfiel, qui a assassiné, le 20 juin, son camarade Balcock d'un coup de hache; Henri Riley, le charretier meurtrier d'un enfant, qui jouait sur sa voiture; Michael O'Neil, excellent père qui a pris la caisse dans laquelle son bébé dormait sur le toit de la maison et l'a précipitée dans la rue; Frederik Munzberg, qui a assassiné il y a quelques jours le malheureux peintre

Xavier Lindhauer; enfin, George Apps, le meurtrier de John Collins.

Comme on le voit, la peine de mort étant aujourd'hui érigée en principe absolu, dans l'État de New-York, il y a de l'ouvrage en réserve, pour le bourreau [1].

XIX

DÉPENSE D'UN MÉNAGE PARISIEN (1698) D'APRÈS MADAME DE MAINTENON

Versailles, novembre 1698.

Lettre de madame de Maintenon à madame d'Aubigné [2].

Je vous promets un laquais fort grand; les petits ne sont bons à rien. S'il vous déplaît, chassez-le, si son successeur a le même malheur, chassez-le aussi jusqu'à ce que vous en aie trouvé un bon. J'en ai deux très inutiles, que je vous prêterai. Il vous faut un bon feu, de la gelée et peu de train. Quatre che-

1. Les Américains dépassent, pour l'esprit pratique et utilitaire, les Anglais.

2. *Lettres de madame de Maintenon.* — *Mémoires complets* 24 vol (*Bibliot. nation.*). — *État de la France où l'on voit tous les princes, ducs et pairs, ensemble les noms des officiers de la maison du roy, avecque leurs gages, privilèges, suivant l'état porté à la cour des Aydes* (dédié au roy), 3 vol in-12. Paris, Trabouillet, 1697. Cet ouvrage donne les détails sur le cérémonial pour le lever, le coucher, l'habillement du roy, l'emploi de sa journée.

vaux vous suffiront. Je vous écris tout ce qui me vient dans la tête — non pour vous gêner, mais pour vous instruire. — Vous croirez bien que je connais Paris mieux que vous.

Dans ce même esprit, voici, ma chère sœur, un projet de dépense tel que je l'exécuterais, si j'étais hors de la cour [1].

Vous êtes donc deux personnes, monsieur et madame;

3 femmes;
4 laquais;
2 cochers;
1 valet de chambre.

Quinze livres de viande, à 5 sols la livre..	3 livres	15 sols.
Deux pièces de rôti..	2	10
Du pain.	1	10
Du vin..	2	10
Le bois..	2	»
Le fruit.	1	10
La bougie.	»	10
La chandelle..	»	8
	14 livres	13 sols

Je compte 4 sols de vin pour vos quatre laquais et

1. En 1684, le roi, qui se levait entre huit et neuf heures du matin, allait chez madame de Maintenon, de sept heures du soir jusqu'à dix heures, qui était l'heure de son souper ; après quoi, il passait chez madame de Montespan jusqu'à minuit, et le petit coucher était ordinairement fini à minuit et demi, au plus tard, à une heure.

vos deux cochers. C'est ce que madame de Montespan donne aux siens. Si vous avez de vin en cave, il ne vous coûterait pas trois sols. J'en mets 6 pour votre valet de chambre et 20 pour vous deux, qui n'en buvez pas pour trois.

Je mets une livre de chandelle, par jour, quoiqu'il n'en faille qu'une demi-livre.

Je mets 10 sols en bougie; il y en a six à la livre, qui coûte 1 livre 10 sols et qui dure trois jours.

Je mets deux livres pour le bois. Cependant, vous n'en brûlerez que trois mois de l'année; car il ne faut que deux feux.

Je mets une livre 10 sols pour le fruit. Le sucre ne coûte que 11 sols la livre, et il n'en faut qu'un quarteron[1] pour une compote.

Je mets deux pièces de rôti; on en épargne une, quand monsieur ou madame soupe ou dîne en ville. Mais aussi j'ai oublié une volaille bouillie pour le potage; nous entendons le ménage. Vous pouvez fort bien, sans passer 25 livres, avoir une entrée,

1. La veuve de Scarron déterminait le roi à entreprendre des travaux ruineux, pour les finances et les hommes, à Maintenon, où 20,000 soldats empruntés aux régiments de Picardie, Champagne, Royal des Vaisseaux, Languedoc, Navarre, Feuquières, Crussol, La Fare, Fusiliers du Roi, Alsace, Vaubecourt, Lyonnais, Dauphin, la Reine, Anjou, Vermandois, Dragons, remuaient des terres, sous le commandement du Marquis d'Uxelles, surveillant 8.000 maçons. La favorite écrivait à madame St. Géran (28 juillet 1687) : Les hommes sont bien fous de se donner tant de soins, pour embellir une demeure, où ils n'ont que deux jours à loger. (Voir aux Archives les États du Comptant, signés par Louis XIV.)

tantôt de saucisses, tantôt de langue de mouton ou de fraise de veau, le gigot bourgeois, la pyramide éternelle et la compote, que vous aimez tant! Cela posé, et que j'apprends à la cour, ma chère enfant, votre dépense ne doit pas passer 100 livres par semaine, c'est 400 par mois. Posons 500, afin que les bagatelles, que j'oublie ne se plaignent point que je leur fais une injustice.

500 livres par mois, font pour votre dépense de bouche.	6,000 livres.
Pour vos habits.	1,000
Pour loyer de maison.	1,000
Pour gages et habits des gens. . . .	1,000
Pour les habits, l'opéra et les magnificences de monsieur.	3,000

Tout cela n'est-il pas honnête? Et le reste de vos revenus ne peut-il suffire à certains extraordinaires, qu'on ne peut prévoir ou éluder, comme quelques grands repas, l'entretien de deux carrosses, l'acquit de quelques petites dettes?

Cent pistoles (*mille livres*) suffiront pour vos habits. Vous avez une année d'avance, et je vous en donnerai.

Bonsoir, en voilà assez pour un jour. Si de tout ce que je vous ai dit, un mot peut vous être utile, je n'aurai nul regret à ma peine. Et du moins, je vous aurai appris à ne pas dédaigner le ménage; en lisant ce projet, peut-être me trouverez-vous naïve. Essayez-en, et l'on vous trouvera magnifique.

Adieu, mon enfant, aimez-moi comme je vous aime.

XX

ATTAQUES NOCTURNES AUX ÉTATS-UNIS

On s'est plaint à diverses époques, à Paris, à Londres, des attaques nocturnes : voici ce qui se passe, dans les rues de New-York, en plein midi, en 1880, et doit nous consoler et nous fortifier, dans la résignation.

Le mercredi 8 septembre, quelques instants après midi, le nommé James Mooney, mécanicien de son état, demeurant 125 Ouest 24e rue, se rendait tranquillement chez lui, lorsque deux individus l'ont assailli à l'improviste, par derrière, et l'ont renversé sur le pavé. Mooney a tenté de leur résister, mais il n'a réussi qu'à se faire meurtrir la tête et le corps de coups de pied, après quoi l'un des bandits a retourné ses poches et a pris le peu d'argent qu'elles contenaient. Cela se passait au coin de la 6e avenue et de la 24e rue, sous les yeux d'une cinquantaine de personnes. Quelques hommes résolus se sont élancés sur les deux audacieux coquins, mais ceux-ci ont aussitôt tiré un revolver et ont menacé de tuer quiconque s'approcherait d'eux. A la vue des revolvers le rassemblement s'est dispersé, en toute hâte, et les deux bandits se sont éloignés tranquillement, sans se presser, personne n'osant les molester.

La police a fini pourtant par les arrêter.

La loi de Lynch est toujours en honneur, en Amérique, et personne ne songe à en médire, quand on croit qu'elle ne fait que devancer l'application de la loi régulière; mais souvent elle est inspirée par d'autres sentiments que ceux de la justice, comme dans le cas suivant :

Un nommé Thomas Mac Donald, âgé de vingt-huit ans, fermier, demeurant près de Commercial-Point, à quelques milles de Columbus (Ohio), a été enlevé de sa maison et pendu à un arbre d'un bosquet voisin, par des hommes restés inconnus. Mac Donald était venu du Kentucky, il y a quelques années et avait épousé la fille d'un riche cultivateur de la localité.

Il s'était fait détester de ses voisins, par son caractère querelleur et vindicatif. Samedi dernier, il s'est pris de querelle avec l'un d'eux, nommé Thomas Beaver, et a été fort maltraité. Les villageois ont ensuite décidé de se débarrasser de lui, et pour cela ils n'ont rien trouvé de mieux que de le pendre.

Quant aux exécutions régulières, il y en a toutes les semaines. Cette semaine, deux nègres, Williere Powell et Achille Thomas, âgés de dix-neuf et vingt-trois ans, ont été pendus devant la Court House de la paroisse Saint-James (Louisiane), en présence de trois mille spectateurs. Il avaient été condamnés comme meurtriers d'un nommé Théogène Gaudet. Tous deux ont parlé du haut de l'échafaud, un quart d'heure environ. Ils ont reconnu leur culpabilité et exprimé l'espoir de recevoir le pardon de

Dieu. La mort produite par strangulation pour chacun d'eux, n'est survenue qu'après vingt-six minutes de pendaison.

Décidément, nous n'avons pas tant à envier à la libre Amérique, en France, on ne tue plus que les honnêtes gens, livrés au bon plaisir des malfaiteurs.

XXI

MEURTRE D'UN DENTISTE
(Francisco, 1er juillet 1880).

A Oakland, le docteur Alfred Lefèvre [1], dentiste établi en cette ville, a été blessé mortellement de deux coups de revolver, par un des principaux employés de la *London and San Francisco Bank*, M. Édouard Schrœder, lequel était venu à Oakland pour accomplir son funeste projet. La victime n'a

1. Ne disons pas de mal de cette profession et souvenons-nous qu'un chirurgien dentiste (en 1763) rue Mauconseil, au premier étage, nommé Talma, originaire du Brabant, mais de souche Espagnole, eut, le 15 octobre, pour fils, François-Joseph, qui fut le plus illustre tragédien, non seulement de France, mais du monde entier. En face, était un bureau de loterie, tenu par le Castillan Mira, dit Brunet, où naquit Jean Joseph (1766), mort en 1851, qui fonda les Variétés (1805), où il obtint les succès comiques, qu'il avait déjà ébauchés sur le théâtre de la Cité (ancien Prado) avec Odry, Legrand, Lepeintre et Potier.

survécu que peu d'instants à sa blessure; la balle lui ayant perforé les intestins.

Le docteur Alfred Lefèvre était l'un des plus populaires et des plus habiles dentistes d'Oakland, où il résidait depuis dix-sept ans et où il avait toujours joui d'une excellente réputation, aussi bien comme homme privé que comme praticien émérite. Il était âgé de quarante-sept ans et natif de France. Il laisse une veuve et quatre enfants, dont l'aîné n'a pas encore onze ans et le plus jeune quatorze mois.

Edward F. Schrœder, l'assassin du docteur Lefèvre, est un jeune homme de trente-deux ans, occupant une fort jolie position à la Banque de Londres, à San Francisco. Il a toujours mené une conduite exemplaire et s'est acquis l'estime générale. Sa jeune femme, âgée d'environ vingt-cinq ans, est la fille du Rév. docteur Stebbins, de San Francisco. Il l'avait épousée clandestinement et à l'insu de son père, qui s'en était montré scandalisé. Mais depuis lors, l'accord s'était fait dans la famille qui vivait en bonne intelligence.

Quant aux causes réelles qui ont motivé la tragédie, elles ne sont pas encore bien établies, et il règne à ce sujet quelques doutes, que n'a pas éclairci l'enquête. Il est néanmoins certain que madame Schrœder, qui habitait Oakland, avait souvent rendu visite au docteur Lefèvre, dans le but de se faire nettoyer ou arracher des dents.

Elle rapporte que, lors de sa dernière visite, c'est-à-dire samedi dernier, elle aurait été soumise par le dentiste à l'influence du chloroforme, et qu'en cet état le docteur Lefèvre l'aurait outragée. Lundi, dans l'après-midi, elle était allée au-devant de son mari, arrivant de San Francisco, et l'avait informé de ce qui lui était arrivé. Le mari, voulant venger l'honneur de sa femme outragée, serait allé immédiatement trouver le docteur pour le tuer.

D'après une autre version, celle de Mary Agnew, qui a depuis fort longtemps été employée, par le docteur Lefèvre, en qualité d'assistante, pendant les opérations, il paraît établi que jamais le docteur n'a administré le chloroforme à l'une de ses clientes, sans qu'une tierce personne fût présente; que d'ailleurs les portes étaient toujours grandes ouvertes, afin que tout le monde pût aller et venir, et que[1], par conséquent, il était littéralement impossible qu'il se passât rien d'illicite.

Maintenant, les docteurs experts appelés en témoignage ont émis l'opinion que l'emploi des agents anesthésiques sur des patients, pouvaient leur causer certaines hallucinations, qui leur faisaient croire à l'accomplissement de faits, qui n'existaient que dans leur imagination, et ils en concluent

1. Des faits de cette nature sont fréquents, souvent cachés par le silence intéressé des victimes ou des familles. Espérons qu'ils sont limités à la libre Amérique, en souhaitant que l'éther et le chloroforme, toujours si délicats, si difficiles à manier, ne soient appliqués que par des docteurs-médecins et non par des Mns-dentistes, ce qui veut dire seulement : *Mécaniciens-Dentistes!* (Voir les débats de l'affaire *femme Préterre* contre son mari. — Cour de Paris, chambre civile, Mes Allou et Rousse.)

que l'accusation, formulée par madame Schrœder contre le docteur Lefèvre, pourrait bien être purement imaginaire.

Quoi qu'il en soit, le jury du coroner, en rendant son verdict, a déclaré que le défunt Alfred Lefèvre, âgé de quarante-sept ans, et natif de France, était mort le 26 juillet, dans son office, au coin des rues Huitième et Bradway, à Oakland, par suite d'une hémorragie interne, causée par une blessure d'arme à feu dans la région de l'abdomen, et que cette blessure lui avait été infligée, par un nommé Edward F. Schrœder, coupable du crime de meurtre.

Les débats qui auront lieu au cours du procès détermineront sans doute le cas qu'on doit faire de certaines versions contradictoires. En attendant, et comme pour ajouter encore au mystère, qui semble entourer cette tragique affaire, on rapporte que madame Schrœder a disparu du domicile de son père, où elle s'était réfugiée avec ses enfants, et l'on ajoute qu'elle aurait dit à la prison de ville en quittant son mari qui l'engageait à prendre soin des enfants : « Adieu! car vous ne me reverrez plus vivante! »

XXII

EXÉCUTION DANS LES PRISONS ET CORDES DE PENDUS

On se rappelle que lors du ministère de M. Dufaure, un projet fut élaboré concernant la façon dont seraient réglées, à l'avenir, les exécutions capitales[1].

Aux termes de ce projet, on voulait éviter de rendre publiques ces exécutions, tout en leur maintenant la publicité exigée par la loi. Nous croyons savoir que les Chambres auront à en délibérer, dans le cours de la présente session. Cette mesure est bien inutile; il importe de maintenir au supplice, sa publicité, son exemple et de mettre, autour de l'échafaud, un important cordon de troupes, comme pour les exécutions militaires. On ne croira pas, en France, à la réalité de l'exécution, qui n'aura pas eu lieu en public.

Dans une pendaison de cinq Allemands (faisant partie d'une bande d'assassins), qui vient d'avoir lieu (août 1880) aux État-Unis, la foule se précipita de force dans l'une des cours de la prison, où le supplice venait d'avoir lieu, et là, elle piétina les corps, encore chauds, des condamnés, pour leur arracher et se partager les cordes des pendus, sur les corps desquels des industriels mirent des affiches, pour réclames.

Le même fait s'est récemment produit à l'Opéra de de Paris, où un machiniste s'était pendu, sous la scène. Quand le commissaire de police du IXe arrondissement, M. Daudet, vint, pour constater le suicide, on ne put lui représenter un seul morceau de la corde, tous les *rats* l'avaient coupée et partagée, pour se porter bonheur, dans leur carrière si agitée.

1. Loi du 27 décembre 1880.

XXIII

LE SUICIDE

« Nous sortons de cette vie par trois portes : l'une immense, aux proportions colossales, par laquelle passe une foule de plus en plus compacte, c'est la porte des maladies; la seconde, de moindre grandeur, et qui semble se rétrécir graduellement, c'est la porte de la vieillesse; la troisième, sombre, d'apparence sinistre, toute maculée de sang, c'est la porte des morts violentes, accidents, meurtres, duels et *suicides.* »

Ces lignes, extraites d'un livre curieux et rare, l'*Ordre divin,* par le révérend Sussmilch, ont été écrites en 1740, et, de nos jours, elles ont acquis un caractère frappant de vérité.

En effet, si la mortalité par les maladies peut avoir quelque peu diminué, la mortalité, par les accidents et surtout par les suicides, s'augmente, dans des proportions extraordinaires. La rapidité d'accroissement du nombre des morts volontaires dans les divers États européens est aujourd'hui telle que les gouvernements se sont émus et ont prescrit des enquêtes, dont les résultats ne sont pas encore connus très complètement, quant aux causes déterminantes de la mort volontaire, mais ont été dénombrés, avec une grande exactitude, par pays et par époques.

Un statisticien Italien, le professeur Morselli, a relevé les résultats déjà constatés, car il établit ces points principaux : 1° Que le suicide s'accroît, à peu d'exceptions près, dans tous les pays européens; 2 Que la proportion d'accroissement du nombre des suicides est plus rapide que la proportion d'accroissement de la population. Il s'ensuivrait donc que le nombre des morts volontaires augmente, avec les progrès de la civilisation matérielle et avec l'affaiblissement des idées religieuses.

En comparant les chiffres des suicides, obtenus pour les trente dernières années du siècle, on constate que le nombre moyen annuel des suicides est passé de 1845 à 1875 :

De 212 à 347 pour la Suède; de 138 à 129 pour la Norvège; de 306 à 4[illegible]8, pour le Danemark; de 1,642 à 3,343 pour la Prusse; de 235 à 362 pour la Belgique; de 340 à 706 pour la Saxe royale; de 809 à 2,472 pour l' Autriche; de 2,951 à 5,256 pour la France[1].

On ne connaît pas les chiffres de l'Angleterre et de l'Italie, pour la période de 1865 à 1875; mais de 1025 suicides annuels qu'elle comptait vers 1850, l'Angleterre est passée au chiffre de 1544, pour la période de 1871 à 1875. L'Italie comptait, pendant la période de 1860 à 1865, une moyenne annuelle de 718 suicides; ce chiffre est passé à 923 pour la période de 1871-1875. En Hollande, on n'a pas de chiffres antérieurs à la période de 1865-1877; ce

1. Les suicides dans l'arrondissement de Laon (1853).

pays comptait à cette époque 94 suicides contre 146 dans la dernière série d'années. Notons enfin, pour qui voudrait comparer les nombres des suicides, en France et en Allemagne, que la proportion d'accroissement a été beaucoup plus forte, dans l'ensemble des contrées, groupées sous la qualification d'empire Allemand, que dans notre pays. Ce nombre, qui, en 1845, était de 2751, s'est élevé au chiffre de 5389 pendant la période dernière de 1871 à 1875.

Sauf dans les pays Scandinaves, où l'épidémie du suicide paraît s'être amoindrie, on constate que partout il y a progression et dans quelques pays les aggravations sont énormes. Ainsi, de 1845 à 1875, le fléau du suicide a doublé en Prusse, en Bavière, en Saxe, a triplé en Autriche et dans le duché de Bade; il a augmenté de 80 pour cent en France, d'environ 60 pour cent en Angleterre, en Danemark, en Belgique. Les contrées où la proportion d'accroissement est vraiment effrayante sont : le canton de Neuchâtel, où cette proportion a quadruplé; celui de Genève, où elle a triplé.

Bien que les nombres cités plus haut soient le résultat de relèvements, faits avec soin sur des documents officiels, il n'en est pas moins vrai que l'exactitude des déclarations n'est pas la même pour tous les pays.

Il existe, en effet, un très grand nombre de localités où le décès, par suicide, échappe aux constatations judiciaires, par suite à la statistique. Si une telle constatation est facile, dans les contrées de populations agglomérées, elle est plus difficile, dans les pays où les habitants se trouvent disséminés sur de grands espaces, où les familles peuvent plus aisément dissimuler les causes véritables du décès.

Par conséquent, si nous connaissons, d'une manière précise, le chiffre des décès par suicide, dans les grands pays comme la France et l'Angleterre, il n'en est pas de même pour l'Allemagne, l'Autriche, la Russie, l'Italie, où nombre d'habitants n'ont que peu de relations avec les centres administratifs.

A quelles causes faut-il attribuer cette maladie du suicide, un genre de folie, suivant beaucoup de médecins, qui doit avoir pour origine une lésion au cerveau?

M. Morselli divise ces causes ou influences en quatre grandes divisions : la division des influences cosmiques ou naturelles; la division démographique, la division sociale et la division individuelle, cette dernière embrassant, comme subdivisions, le sexe, l'état civil, la profession, la condition sociale, le tempérament mental, etc.

Les influences dites cosmiques, c'est-à-dire de climat, de saison, de jour et d'heure, ne donnent que des résultats négatifs. Toutefois, on a constaté une simultanéité entre l'accroissement du nombre des suicides et l'élévation de la température.

Les influences ethnographiques et démographiques ne paraissent pas devoir nous arrêter, car on ne découvre pas aisément quels sont les rapports qui peuvent exister entre les mœurs et les usages du pays et la fréquence des suicides. Notons toutefois que l'influence de race paraît se manifester surtout pour les peuples Germains, puisque dans tous les États Allemands, qu'ils fassent partie de l'Empire Allemand ou de l'agglomération Autrichienne, le nombre des suicides qu'ils comptent, est constamment le plus élevé.

Les influences sociales ne se font sentir bien clairement que pour le culte. On remarque que le suicide est plus fréquent chez les protestants que chez les catholiques et surtout les juifs. La densité de la population reste sans importance sur le chiffre des suicides, mais c'est un fait bien connu, que l'on se suicide beaucoup plus fréquemment et beaucoup plus facilement, dans les villes que dans les campagnes.

Les influences individuelles, biopsychologiques sont celles que l'on a essayé le plus souvent de déterminer, d'une manière précise. Trois points seulement sont établis sans réplique, c'est que le nombre des femmes qui se tuent est de trois à quatre fois moins élevé que celui des hommes; que le suicide fait moins de victimes, parmi les personnes, engagées dans les liens du mariage, que parmi celles qui vivent isolées, principalement en ce qui concerne les hommes. On constate, en effet, que le nombre des morts volontaires est beaucoup plus élevé parmi les célibataires que chez les veufs, et plus élevé également chez les veufs que chez les hommes mariés.

Enfin le suicide s'accroît avec l'âge jusqu'à la limite extrême de la vie, le nombre de personnes suicidées est plus grand parmi les vieillards que parmi les personnes, dans la jeunesse ou dans la force de l'âge.

Quant aux motifs de suicides, il est difficile de les établir d'une manière bien précise, les statistiques officielles ne donnant, à cet égard, aucun renseignement sur lequel on puisse baser une opinion. La cause de cette lacune réside surtout dans ce fait que les familles, si elles déclarent le suicide d'un parent, n'indiquent pas toujours les causes de sa funeste résolution.

Notons aussi que pour un grand nombre de suicides, quand l'individu se tue secrètement ou loin de sa demeure, la cause de sa mort reste absolument inconnue. On peut toutefois énumérer comme causes principales de suicide : la perte de la fortune, le désir d'échapper à une action judiciaire, celui de ne plus être à charge à une famille, les déceptions de cœur[1], la monomanie, les maladies incurables et douloureuses, etc.

Un curieux enseignement ressort des documents statistiques que l'on possède en France : les motifs qui poussent la femme au suicide sont habituellement plus généreux, plus élevés, plus empreints de cette grande morale, qui rend bien des philosophes indulgents pour le suicide.

Quant aux modes de suicide, ils varient peu,

1. Surtout dans la jeunesse ou dans la vieillesse :

Car lorsqu'on est très vieux, on devient très enfant.
(VICTOR HUGO).

suivant les pays, partout les désespérés ont recours à la pendaison, au pistolet, à l'arme blanche, au poison, à l'asphyxie par immersion ou le charbon. Les femmes ont rarement recours aux armes blanches ou à feu, mais presque toujours se donnent la mort, par les deux derniers modes indiqués.

La manie du suicide est-elle guérissable? A cette question manque la réponse, puisqu'aux philosophes qui réclament, pour la combattre, une instruction forte et étendue, une éducation morale bien suivie, on répond que le suicide est aussi commun dans les classes élevées de la société que parmi les classes inférieures. Seules, les personnes dont les convictions religieuses sont sincères, à quelque culte qu'elles appartiennent, ne présentent que des cas fort rares de suicides ; quels que soient leurs chagrins, leurs déceptions et leurs souffrances, elles se conforment au précepte religieux, qui interdit à l'être humain de chercher à devancer l'heure finale de sa vie.

XXIV

CONSTAT DES SUICIDES EN AMÉRIQUE

États-Unis (New-York, 9 septembre 1880). Voici quelques menus faits, dont la signification concorde bien avec le caractère spécial aux mœurs Américaines. Commençons par le monde judiciaire. Un coroner, nommé Herman, a expédié, dans une seule audience, quatorze enquêtes de cas de suicides, qui avaient été laissées en retard, pour une cause ou pour une autre, et dont les « sujets » étaient enterrés depuis un mois ou deux. Le jury a refusé, malgré les adjurations du coroner, de considérer comme sérieuses ces formalités, qui ne pouvaient plus avoir aucune raison d'être, sauf de justifier le payement des honoraires légaux.

Dès le commencement de la séance, les jurés ont demandé à voir les corps, attendu qu'en cas de suicide l'enquête doit être tenue « sur le corps. » Le coroner a répondu que la loi exigeant la vue du corps est tombée en désuétude, et le jury s'est prêté complaisamment à jouer le rôle jusqu'au bout, mais non sans quelques taquineries, destinées à rappeler au coroner que la fournée d'enquêtes tardives par lui entreprise, était purement et simplement une farce lugubre. Dans le premier cas, qui était celui d'un homme qui s'est tué avec un pistolet, on a proposé un verdict censurant les armuriers, qui vendent des pistolets, avec lesquels les acheteurs se suicident ensuite, et l'on a finalement rendu un verdict de « mort causée par une maladie des reins, accélérée par un coup de pistolet, dans la tête. » Le deuxième sujet s'était pendu. Un juge a demandé de censurer toutes personnes, vendant aux gens des cordes, dont ils abusent pour se pendre. Pour les autres cas, le jury, ne voulant pas éterniser la séance, s'est borné à proclamer que le défunt « s'est suicidé de ses propres mains. »

XXV

LE SYSTÈME PÉNITENTIAIRE EN FRANCE

Le nouveau conseil aura lieu de s'occuper de la loi récente, prescrivant pour les condamnés, l'établissement du système pénitentiaire, l'organisation de notre système cellulaire devient une question d'actualité, que nous allons étudier brièvement.

Le service pénitentiaire est placé sous l'autorité du ministre de l'intérieur (sauf en ce qui concerne les prisons affectées aux militaires et marins, dont le service ressortit au ministère de la guerre et de la marine).

En outre, depuis la suppression des bagnes, qui a eu lieu sous l'Empire, en 1854, les lieux d'outremer, affectés à la transportation, dépendent du ministère de la marine.

Les condamnés à plus d'un an de prison subissent leur peine dans une maison centrale.

Voici, du reste, le dénombrement statistique des prisons et des établissements pénitentiaires sur lesquels s'étendra la juridiction du nouveau conseil supérieur des prisons.

Il existe actuellement, tant en France qu'en Algérie, 15 établissements pénitentiaires affectés aux hommes.

Ces établissements sont, pour la France : Albertville, Aniane, Beaulieu, Clairvaux, Embrun, Eysses,

Fontevrault, Gaillon, Loos, Melun, Nîmes, Poissy, Riom.

Pour l'Algérie : Lambessa, l'Harrach.

Il faut ajouter à ces quinze établissements les trois pénitenciers agricoles de la Corse, qui sont : Casabianda, Castelluccio et Chiavari.

Cela fait en tout dix-huit maisons centrales, maisons de détention ou pénitenciers agricoles.

Il existe en outre pour les condamnés, pour faits insurrectionnels 2 maisons de détention (Belle-Isle et Thouars) et une maison centrale de correction spéciale à Landerneau. Les établissements pénitentiaires affectés aux femmes, sont au nombre de 7, dont 6 pour la France et 1 pour l'Algérie.

Ce sont en France : Auberive, Cadillac, Clermont, Doullens, Montpellier et Rennes.

En Algérie : Le Lazaret.

En dehors des maisons centrales, maisons de détention et pénitenciers agricoles, il existe en France 38 établissements d'éducation correctionnelle affectés aux garçons.

Ce sont : les Douaires, Saint-Bernard, Saint-Hilaire, Saint-Maurice, le val d'Yèvre, Dijon, Lyon, Nantes, Rouen, Villeneuve-sur-Lot, Armentières, Autreville, Bar-sur-Aube, Beaurecueil, Citeaux, Courcelles, Fontgombault, Fontillet, La Trappe Jommelières, Labarde, La Loge, Laugonnet, Le Luc, Mettray, Moiselles, Naumoncel, Oullins, Saint-Éloi, Sainte-Foy, Saint-Ilan, Saint-Urbain, Société de patronage de la Seine, Tesson, Vailhanquez, Voigny.

En Algérie, il n'existe qu'un seul établissement d'éducation correctionnelle, affecté aux garçons : c'est M'zéra.

Les établissements d'éducation correctionnelle, affectés aux filles, sont au nombre de vingt-cinq. Savoir : Nevers, Saint-Lazare, Sainte-Marthe, Amiens, Angers, Bavilliers, Bordeaux, Bourges, Diaconesses, Dôle, Israélites, la Madeleine, le Mans, Limoges, Lyon, Méplier-Blanzy, Montpellier, Rouen, Sainte-Anne-d'Auray, Saint-Omer, Sens, Société de patronage de la Seine, Tours, Varenne-les-Nevers et Villepreux.

On ne compte en Algérie aucun établissement d'éducation correctionnelle affecté aux filles.

Ajoutons qu'il existe en outre des maisons d'arrêt, de justice et de correction dans tous les départements, et des dépôts de sûreté dans tous les chefs-lieux de canton.

Enfin il y a à l'île Saint-Martin de Ré un dépôt, pour les condamnés aux travaux forcés, avant leur transférement dans les colonies de déportation et de transportation.

XXVI

UN LYPÉMANIAQUE

En 1849, Bertrand, le vampire du cimetière Montparnasse, y déterrait les cadavres, la nuit, les dépeçait avec son sabre et ses dents, sans les violer ni les voler; il était âgé[1] de vingt-cinq ans et demi, sergent au 74e de ligne. Le docteur aliéniste Marchal (de Calvi) vint déclarer que, pour lui, Bertrand, était un lypémaniaque, un homme absolument irresponsable de ses actes[2]. Voici comment Bertrand, dans une note, expliquait lui-même les horribles tentations, auxquelles il succombait : Ce n'est que le 23 ou le 25 février 1847, qu'une espèce de fureur s'est emparée de moi et m'a porté à accomplir les faits pour lesquels je suis arrêté. Étant allé un jour me promener à la campagne, avec un de mes camarades, nous passâmes devant un cimetière; la curiosité nous y fit entrer. Une personne avait été enterrée la veille; les fossoyeurs, surpris par la pluie, n'avaient pas entièrement rempli la fosse et avaient, de plus, laissé les outils sur le terrain. A cette vue, de noires idées me vinrent; j'eus comme un violent mal de tête, mon cœur battait avec force; je ne me possédais plus. A peine débarrassé de mon camarade, je retourne au cimetière; je m'empare d'une pelle et je me mets à creuser la fosse. Bertrand raconte ainsi lui-même, — dans un mémoire adressé au médecin, — les diverses exhumations et

1. Ce précurseur de Prévot, de Billoir, de Menesclou, renvoyé devant le deuxième conseil de guerre, à Paris, fut condamné à une année seulement d'emprisonnement, pour violation de sépultures. (*Gazette des Tribunaux*, 11 juillet 1849.)

2. Voir la remarquable lettre de M. le premier président Gilardin, adressée à Ambroise Tardieu, sur la responsabilité des aliénés et leurs testaments. (Les aliénés. (Proposition Gambetta et Magnin.) Delahaye, éditeur.)

profanations, auxquelles il s'est livré, et il ajoute : Nous étions au camp d'Ivry. Pendant la nuit, les sentinelles étaient très rapprochées et leur consigne était sévère; mais rien ne pouvait m'arrêter. Je sortais du camp, toutes les nuits, pour aller au cimetière de Montparnasse, où je me livrais à de grands excès. La première victime de ma fureur fut une jeune fille, dont je dispersai les membres après l'avoir mutilée. La seconde fois, je déterrai une vieille femme et un enfant, que je traitai de la même manière que mes autres victimes. Tout le reste se passa dans le cimetière où sont enterrés les suicidés et les personnes mortes aux hôpitaux. Il est à remarquer que je n'ai jamais pu mutiler un homme; je n'y touchais presque jamais, tandis que je coupais une femme en morceaux, avec un plaisir extrême. Je ne sais à quoi attribuer cela?

XXVII

LES CHAMPS-ÉLYSÉES ET LE BOIS DE VINCENNES

On n'ose plus trop parler de l'aventure du bois de Vincennes et de l'historiette, digne de certaines pages de Tallemant des Réaux, qui a conduit, devant des juges civils, un ancien capitaine de l'armée et un artilleur de la garnison. C'est un joli scandale, Il amène aussitôt sur les lèvres des citations d'une étrange latinité et fait penser au pasteur Corydon. Triste pastorale et lugubre matière à plaisanteries. On a peut-être un peu trop abusé d'une certaine excuse, en plus d'un crime[1], l'excuse pathologique. En bien des cas, en effet, la maladie est une circonstance par trop atténuante. Mais, si jamais lésion cérébrale dut être recherchée, c'est évidemment ici; il doit y avoir là je ne sais quel trouble malsain, pathologique, un capitaine amené avec le canonnier, ce Chouard en uniforme, devant un aliéniste, n'eût pas fini sur les bancs d'un tribunal. Le médecin eût peut-être été dur pour la raison et l'état sanitaire de cet homme, mais il eût évidemment sauvé son honneur. Voilà une affreuse chute : il paraît que ce soldat fut un brave. Il avait vaillamment gagné l'épaulette, qu'il laissa pour se faire pianiste. Premier symptôme morbide, ce qui ne serait peut-être pas très flatteur pour les pianistes, mais ce qui est fort exact. Le capitaine concertant devint un moment à la mode, on l'applaudit à la salle Hertz, il donna des concerts suivis. L'*Illustration* publia son portrait, absolument comme s'il se fût agi d'un nouvel académicien, d'un premier ministre, nouvellement arrivé au pouvoir ou du petit prodige Jacques Inaudi, plus fort que Barême. Qui diable eût jamais pu s'imaginer que le capitaine finirait par une telle aventure, par une idylle à la Virgile, d'une antiquité douteuse? En y songeant, la pitié s'en mêle et on en vient à se dire : « Ne parlons point d'un tel sujet. Cela est trop répugnant et trop mélancolique! »

1. Claretie. *Les amours d'un interne.*

Des philosophes, ont même poussé l'émotion jusqu'à conseiller au capitaine d'en finir bel et bien et tôt par un coup de pistolet, dans la cervelle. Ce sont là des choses qu'on exécute, mais qu'on ne conseille point, surtout du fond d'un cabinet de rédaction. Le malheureux sait sans doute aussi bien que vous ce qui lui reste à faire! Mais à ce dénouement qui s'appelle le suicide et qui implique l'idée de remords et de châtiment, ne vaudrait-il pas mieux le cabanon à perpétuité, qui serait du moins une explication et une excuse? Sterne et Balzac, qui croyaient à l'influence des noms, eussent remarqué que l'*y grec* figurait dans chacun des noms de ces imitateurs d'une forme de l'amour Grec. Voulez-vous que je vous dise? Il ne faut pas croire aux noms, et le détraquement du cervelet, en matière littéraire, aura quelque peu agi sur cet homme. Le bizarre, l'excentrique, le paroxysme (avec un *y grec*) menacent d'envahir toutes choses, et il n'y a plus guère à compter sur rien. Pas plus tard qu'hier, un journal me tombe sous les yeux, dont le titre enrubanné et tendrement élégant pouvait bien faire espérer, je pense, une littérature un peu douce et reposante : *le Troubadour*, après *Alphonse et Nana!* Les contrastes toujours.

XXVIII

SIGNES D'IDENTITÉ

L'identité des malfaiteurs se constate par des photographies, par des signalements, par les tatouages, pratiqués dans les bagnes et les prisons, stigmates ineffaçables. On dit que les signes certains de l'identité sont : l'écriture, le visage, les pieds et la parole. D'après le docteur Delaunay, la voix est plus aiguë chez les animaux inférieurs que chez les supérieurs. chez les oiseaux que chez les mammifères. Les anciens devaient avoir la voix aiguë, car sur les statues Grecques et Romaines n'apparaît pas la pomme d'Adam, qui est d'autant plus prononcée que la voix est plus basse et qu'ils regardaient comme une difformité. Les peuples primitifs de l'Europe devaient être des ténors, leurs descendants sont des barytons, nos petits-fils auront des voix de basse-taille. Les races inférieures (Nègres, Mongols) ont la voix plus haute que les races blanches supérieures. On est ténor à seize ans, baryton à vingt-cinq ans, basse à trente-cinq; les faibles et les petits ont la voix plus haute que les forts et les grands. Les blonds ont la voix plus aiguë que les bruns, les blondes ont la voix flûtée. Les sopranis et les ténors sont blonds, les contralti et les basses sont bruns; les premiers sont minces et grêles, les basses gros et ventrus. Les ténors sont des départements Pyrénéens, les basses du Nord; la voix est plus aiguë, le matin que le soir, — aussi la musique de matines est-elle plus élevée que celle des vêpres — la voix est plus haute l'été que l'hiver[1].

1. Tardieu (Amb.). — *Médecine légale.* Lacassagne. — *Le tatouage dans l'armée.*

XXIX

LES RÉCIDIVISTES

Une délibération prise par le conseil municipal de Verneuil, propose que « tout homme ou femme condamné pour la troisième fois, y compris les condamnations antérieures pour délit de vagabondage ou de vol, soit expatrié à vie dans une colonie pénitentiaire, agricole d'outre-mer. »

De leur côté, les francs-maçons de la loge « le Travail et la Persévérante amitié » adressent aux députés une pétition, dans le même sens; ils ajoutent « qu'après un certain temps de séjour à la colonie, le condamné, dont la conduite serait satisfaisante et honnête, pourrait avoir les moyens de se réhabiliter; dans ce cas, il lui serait fait don d'une fraction du sol, dont il deviendrait le propriétaire. »

Cette pétition se signe chez le vénérable de la Loge, M. Garnier, 82, boulevard des Batignolles.

Le nombre des signatures sera tel que la Chambre ne pourra se dispenser de s'en occuper. On aura peut-être un moyen d'action contre les prostituées[1],

1. *Les femmes d'après les statistiques criminelles.*

On vient de publier, dans les vingt mairies de Paris, le tableau des condamnations prononcées par la Cour d'assises de la Seine, dans les mois de mai et juin 1880.

Ce tableau relate 28 sentences prononcées contre un pareil

si audacieuses, qui considèrent le nombre de leurs condamnations comme des chevrons d'honneur, gagnés au service et que la perspective d'un voyage aux pays d'outre-mer rendrait sans doute moins effrontées ou corrigerait[1].

XXX

LES ACTRICES, LEURS DÉPENSES ET TOILETTES

Un écrivain déplore les exagérations de mise en scène, auxquelles certains directeurs se laissent entraîner depuis plusieurs années. Il conclut, du luxe des décors et des accessoires que les actrices, se montrant au milieu de ces magnificences, ont été obligées elles-mêmes de renoncer à « la sainte mousseline » et de faire la fortune des couturières célèbres. Les artistes-femmes, sauf de très rares exceptions, ne vivent plus de leur état. Il n'y a pas de pièce aujourd'hui, qui n'exige d'une comédienne qu'elle change de robe à chaque acte. Et quelles robes! Il n'est pas un de ces costumes, qui ne vaille

nombre d'individus, dont 25 du sexe masculin et 3 du sexe féminin.

La femme disparaît de plus en plus des annales de la criminalité. Les seules qui y paraissent encore sont condamnées pour le crime d'infanticide.

Aucune condamnation à mort ne figure sur le tableau de ces deux mois.

1. Voir le discours de M. l'avocat général Pelllon (3 novembre 1729).

de huit à quinze cents francs; quelques-uns coûtent davantage.

On peut dire qu'en moyenne toute création revient, à toute comédienne, sur un théâtre de genre, à 3 ou 4000 fr. Or, elle est considérée comme ayant de beaux appointements, quand on lui donne 7 à 800 fr. par mois.

On voit tout de suite la conséquence. Les directeurs cherchent, non les meilleures comédiennes, mais les plus richement entretenues...

Il m'arrive souvent dans mon cabinet, des jeunes filles piquées de la tarentule du théâtre, qui me demandent conseil sur les moyens d'y pénétrer. La première question que je leur adresse est celle-ci :

— Avez-vous de la fortune?

Elles me répondent généralement que c'est au contraire pour gagner beaucoup d'argent, en même temps qu'un peu de gloire, qu'elles prétendent entrer dans l'art dramatique.

— Eh bien! mon enfant, il faut en faire votre deuil. On n'est pas payée, on paye, pour être comédienne. On ne gagne d'argent dans cette profession qu'en y ajoutant un autre métier, qui en est l'annexe. Le tout est de savoir si vous vous résignez d'avance à cette nécessité.

Aucune ne veut me croire. Toutes me citent des noms; quelques-unes sont des exceptions brillantes. Les autres... Pour les autres, hélas! il y a le revers de la médaille, et tout ce qui reluit n'est pas or. Avec un talent hors ligne, une grande réputation et une incontestable honnêteté, telle que l'on envie n'a réussi qu'à réaliser dix ou vingt mille francs de dettes, qu'il lui faudra bien payer, un jour. Et comment? Son directeur, lui, n'entre pas dans les considérations de morale. Il lui distribue un rôle qui exige 4,000 fr. de toilette. C'est à elle de se les procurer.

Ces costumes, elle ne saurait s'en passer, car à côté d'elle paraîtra une comparse, une *grue*, à qui le velours, les plumes et les diamants ne coûtent rien, et par qui elle ne peut se laisser écraser. Il y a entre toutes ces dames une émulation de magnificence où le talent, réduit à ses seules ressources, serait inévitablement vaincu.

Est-ce que la convention dont je parlais tout à l'heure n'eût pas été bonne à conserver? Le théâtre est devenu, peu à peu, la proie des filles entretenues, et le mal va empirant tous les jours.

On n'obtiendra de réforme sur ce point que si elle est déjà accomplie, dans le reste de la mise en scène. Quand les fauteuils sont recouverts de vrai lampas, quand les rideaux sont de brocatelle, quand les meubles sont de palissandre ou d'ébène, quand les tapis viennent de Smyrne, quand tous les accessoires donnent à l'imagination l'idée de la richesse somptueuse, est-il possible que la femme, ce meuble vivant, apparaisse vêtue d'une simple mousseline?

Si les directeurs pouvaient s'entendre sur la mise en scène, la diminution de leurs dépenses aurait pour résultat la possibilité d'abaisser le prix des places et de conserver la vertu des débutantes [1].

1. Sarcey.

XXXI

LE MOUVEMENT DE LA POPULATION EN FRANCE (1878)

Le tableau du mouvement de la population de la France, pour la dernière année, dont on a les résultats authentiques, c'est-à-dire pour l'année 1878, constate que nous n'avons pas fait un pas en avant.

Loin de là, puisque la population de la France n'a réalisé qu'un gain de 98,175 habitants, produit par la soustraction du nombre de décès, faite du nombre des naissances de l'année. Il est né, en 1878, 444,316 enfants du sexe masculin et 424,983 enfants du sexe féminin issus de mariages, et, en outre, 35,032 garçons et 32,880 filles issus d'unions illégitimes, soit en tout 937,211 enfants des deux sexes, sans compter 43,251 enfants mort-nés. Les décès ont été au nombre de 839,036 : 432,867 pour les hommes et 406,169 pour les femmes.

Dans 61 départements il y a eu un excédent de 119,315 naissances, et dans les 26 autres un excédent de 21,140 décès. D'où se dégage l'excédent général de 98,175 habitants nouveaux.

Depuis 1871, nous avions eu successivement un excédent définitif de 172,936 naissances en 1872, de 101,776 en 1873, de 172,943 en 1874, de 105,913 en 1875, de 132,608 en 1876 et de 142,662 en 1877. Le chiffre de 1878 sera le plus faible de toute la série. Or les mariages se ralentissent[1], et là est l'une des causes, et la principale évidemment, du ralentissement de la population, chez nous, tandis que les autres nations croissent et multiplient, suivant les préceptes de l'Évangile.

XXXII

LE DÉPÔT DE LA PRÉFECTURE DE POLICE

Tous les individus déposés dans les violons, qui ne sont pas relâchés après l'interrogatoire, que leur font subir les commissaires de police chez lesquels ils sont amenés, sont conduits au Dépôt, bureau de la permanence, et remis à deux inspecteurs principaux de la police municipale, auxquels on remet également le procès-verbal du commissaire de police et l'ordre, délivré par lui de faire conduire la personne arrêtée au Dépôt.

Il y a au Dépôt de la préfecture deux quartiers, comprenant en tout 209 cellules, dont 50 environ sont absorbées par divers services, en sorte qu'on ne dispose que de 83 cellules, pour les hommes et de 76 pour les femmes. Quant aux enfants, ils sont en commun, le jour comme la nuit.

La population journalière du Dépôt, s'élevant en

1. Le projet de divorce, préparé par des discussions, est à l'ordre du jour, en attendant que les chambres le discutent. De là complet relâchement du lien conjugal, dans toutes les classes.

moyenne à plus de 500 individus, il est donc impossible de donner une cellule à chacun d'eux. Les cellules sont réservées d'abord à ceux que, dans l'intérêt de la justice ou dans leur propre intérêt, il est bon d'isoler : les cellules restantes sont données à ceux qui les demandent, dans l'ordre de leur arrivée au Dépôt.

Les prisonniers, auxquels une cellule n'a pu être accordée, sont enfermés dans deux grandes salles communes, sous la garde d'agents spéciaux. L'une des salles, la plus petite, connue sous le nom de *salle des habits noirs*, est destinée à ceux dont la mise est sinon convenable, au moins non encore délabrée. On met tous les autres dans la grande salle, la *salle des blouses*.

Cette grande salle commune, où se trouvent enfermés et quelquefois entassés des hommes, descendus au dernier degré de la corruption, constitue le lieu le plus horrible qu'on puisse voir.

La surveillance y est difficile : elle s'exerce du haut d'un balcon, qui domine la salle, car placés au milieu des détenus, les surveillants risqueraient d'y être fortement maltraités, d'autant plus que dans les prisons de la Seine, où sont les malfaiteurs dangereux, les gardes ne sont munis d'aucune arme pour se défendre.

Il s'agit aujourd'hui d'obvier aux graves inconvénients de cette situation.

D'après le mémoire présenté au conseil général par le préfet de la Seine, le quartier des hommes s'augmenterait de la presque totalité du quartier actuel des femmes, qui serait transféré, dans les bâtiments sud de la préfecture de police. La nouvelle installation du quartier des femmes aurait pour résultat de doter ce quartier, ainsi que celui des hommes, d'une vaste salle de bains et de les mettre en communication directe, avec le petit parquet.

Le quartier des hommes comprendrait alors 193 cellules, 5 salles communes, 2 dortoirs pour les vieillards et les enfants; le quartier des femmes comprendrait 92 cellules, 3 salles communes : soit en tout pour ces 2 quartiers, 285 cellules. Le bâtiment affecté aux détenus pour contravention, et principalement aux cochers, devant disparaître, on affecterait à cette catégorie spéciale de détenus le local, actuellement occupé par le dispensaire, qui passerait à la caserne de la Cité avec les autres services de la préfecture de police. Le local dit des cochers comprendrait un grand dortoir, pouvant contenir environ 60 lits, un réfectoire et un préau communs[1].

XXXIII

LISTE DES FEMMES SAVANTES DE FRANCE (1880)

Liste des femmes qui sont, en France, pourvues de grades universitaires.

1. Une prison pour les cochers, pris en maraude et en contravention, renfermés et réduits à jouer au bouchon, rappelle la détention infligée jadis aux gardes nationaux récalcitrants!

Voici ce relevé intéressant :

Docteurs en médecine (5). — Mademoiselle Marie Verneuil (Faculté de Paris, 1870). — Mademoiselle Andreline Domergue (Montpellier, 1875). — Madame Madeleine Brès, née Gobelin (Paris, 1875) — Madame Ribard (Paris, 1876), exerçant à Nantes. — Mademoiselle Anna Dahms, du Nord (Paris, 1877).

Licenciées ès sciences (2). — Mademoiselle Emma Chenu (Paris, 1868), auteur d'ouvrages pédagogiques. — Mademoiselle Lye (Paris, 1878).

Bachelières ès sciences et ès lettres (2). — Mademoiselle Benoist, de Fontenay le Comte (Poitiers, 1867 et 1875). — Mademoiselle Amélie de Barrau de Muratel (Toulouse, 1876).

Bachelières ès sciences (7). — Mademoiselle Perez, de Bordeaux (Bordeaux, 1871). — Mademoiselle Cornebois, de Constantine (Aix, 1872). — Mademoiselle M. Hugonin, de Lambin, Isère (Paris, 1873). — Mademoiselle E. Guenot de Bouillandy, Oise (Paris, 1873). — Mademoiselle Émilie Desportes, d'Orléans (Paris, 1877). — Mademoiselle Leblois, de Strasbourg (Toulouse, 1878). — Mademoiselle Joséphine Sénéchal (1879).

Bachelières ès lettres (20). — Mademoiselle J. Renguer de la Lime, d'Alger (Aix, 1866). — Mademoiselle C. Siber, de Vienne (Lyon, 1866). — Mademoiselle Berthe Mandel, de Rouen (Paris, 1868). — Mademoiselle C. Bulat, de Rouchère (Paris, 1870). — Mademoiselle Marie Florent (Douai, 1871). — Mademoiselle Bontemps, de Paris (Paris, 1871). — Mademoiselle Alexis, fille d'un conseiller général de Marseille (Aix, 1872). — Mademoiselle Regnault, de Marseille (Aix, 1872). — Mademoiselle Pugnault, (Lyon, 1872). — Mademoiselle Marie-Élise-Sophie Paturel (Paris, 1874). — Mademoiselle Oton, de Toul (Nancy, 1875). — Mademoiselle Yémeniz, petite-fille du savant bibliophile Lyonnais (Lyon, 1877). — Mademoiselle Marie-Zélie Boulard, institutrice à Toulon (Aix, 1877). — Mademoiselle Lahille, de Toulouse (Toulouse, 1878). — Mademoiselle Gidel, de Paris (Paris, 1878). — Mademoiselle Henriette Guisse, Paris (Paris, 1878). — Mademoiselle Justine Iryll, de Deleygne (Aix, 1878). — Mademoiselle Louise Audiat, de Saintes (Poitiers, 1878).

XXXIV

FERMETURE DES PORTES DU PALAIS DE JUSTICE DÉSORDRE DES VAGABONDS ET DES COIFFEURS

3 septembre 1674. — M. M. de Lamoignon et les propriétaires des bâtiments de la nouvelle entrée du Palais font fermer de portes à barreaux de fer les entrées, donnant sur la rue de Harlay et sur le quai de l'Horloge.

Louis Béranger est nommé portier de la première porte et Estienne Guérin portier de la seconde.

17 mars 1678. — Une ordonnance signée de la Reynie rendue sur la Remontrance dû Procureur du Roy, interdit aux gens sans aveu de s'attrouper et

se tenir, dans les salles neuves, proche le Palais, d'y jouer, fumer, à peine de punition exemplaire.

17 décembre 1692. — Ordonnance de la Reynie portant que les deux portes de l'Enclos du Palais, l'une du côté de la place Dauphine, l'autre du côté du quai de l'Horloge, seront fermées, à huit heures en hyver et à dix heures, en été.

20 mars 1692. — Le concierge du Palais, François Capot reçoit par chacun an, cinq cents livres, pour ses gages, salaire et logement, laquelle somme sera imposée sur toutes les maisons desdites cours neuves du Palais.

15 may 1711. — Ordonnance signée Pellet, lieutenant général de police concernant les coiffeuses, qui se sont établis dans les salles du Palais et y causent du désordre, elles devront justifier d'une permission.

Les audiences, les galeries, les Cours, la grande salle étaient placées sous la juridiction spéciale d'un Bailliage [1], d'une justice locale. Paris est, disait un historien, plein de boutiques en plusieurs endroits où l'on trouve tout ce qu'on a envie d'acheter, mais le palais est comme l'extrait, le centre de toutes les boutiques de belles nippes. Les clameurs des filles, femmes, hommes, pour attirer les passants, durent sans cesse. La Frenoi, ce fameux mercier entre autres boutiques, en a une au Palais. Il a été quelque temps en si grande renommée à Paris, que rien n'a passé pour joli et galant, dans l'esprit des

1. *Le Bailliage du Palais.* (Willem, éditeur à Paris.)

petits maîtres et des personnages du sexe, s'il n'était pas sorti de la boutique de la Frénoi (*Le séjour de Paris ou Instructions fidèles pour les voyageurs de condition.*) On y trouvait aussi des marchands d'étoffes, des libraires, des armuriers, des parfumeurs, des marchands de fleurs artificielles, des cordonniers, des opticiens, des luthiers, des marchands de porcelaines de Saxe, de chimie, des sculpteurs et imagiers, modistes dont les boutiques étaient non seulement établies dans les galeries[1], mais encore adossées aux piliers de la grande salle. Le soin d'attirer les clients, même chez les libraires, était surtout dévolu aux femmes. Des marchandes, aussi jolies que des Romaines, aussi pétulantes que des Vénitiennes, aussi polies et aussi éveillées que des Florentines, disait le cardinal Bentivoglio, se tiennent dans ces boutiques et y attirent les chalands[2], par le moyen d'un sourire ou l'éloquence d'un regard. Aussi le Palais est-il fréquenté par les jeunes seigneurs de la Cour, avec une espèce de frénésie, et il n'est pas rare d'y rencontrer, pêle-mêle, les plus grands seigneurs, les plus riches bourgeois et même trop souvent hélas! quelques dignitaires de l'église... déguisés.

1. *Description de la ville de Paris*, par Germain Brun (1728).
2. *Les métiers de Paris.* (Leroux, éditeur à Paris.)

LIVRES A CONSULTER

Legrand du Saulle. — *Médecine légale.*

Curiosités des anciennes Justices. (Plon, éditeur, Paris.)

Pénalités anciennes, supplices, prisons et grâces. (Plon.)

Le Châtelet. (Didier, éditeur.)

Des attentats à la pudeur, par le professeur Ambroise Tardieu.

Les métiers de Paris. (Leroux, éditeur, Paris.)

Le Parlement de Paris. (Marchal et Billard, place Dauphine.)

Les aliénés. — Proposition Gambetta et Magnin. (Delahaye, éditeur.)

Les registres criminels du Châtelet, par Duplès-Agier.

Registre de Saint-Martin des Champs, par M. Tanon, directeur des affaires criminelles.

Étude sur les séparations de corps, par M. Dussac, D. M. P.

Briand et Chaudé. — *Médecine légale.*

Histoire de la Médecine légale. (Charpentier, éditeur.)

Devergie. — *Médecine légale.*

Lacassagne. — *Médecine judiciaire.*

Filleau. — *Des maladies vénériennes.*

Parent-Duchâtelet. — *De la prostitution.*

Lecour. — *De la prostitution à Paris et à Londres.*

Casper. — *De la Médecine légale.* (Berlin.)

Taylor. — *De la Médecine légale.* (Londres.)

La prostitution, par le docteur Mireur.

Des déformations vulvaires, par le docteur Martineau, médecin de l'Ourcine.

Des organes génitaux externes, chez les prostituées, par le docteur Charpy.

Delamare. — *Collection des manuscrits.* (Biblioth. Nation.)

Éloge de Louis, secrétaire perpétuel de l'Académie Royale de Chirurgie, par M. le docteur Louis A. Segond.

Regneri de Graaf. — *De mulierum organis generationi inservientibus.* (Lugd. Batav. ex officinâ Hockianâ. 1772.)

Du mouvement des muscles, de Galien, traduit par maître Jehan Canappe. (Lyon, chez Sulpice Sabbon, pour Antoine Constantin. 1541.)

Le livre des présaiges du Divin Hyppocrate, translaté par maître Pierre Vernei. (Lyon, Estienne Dolet. 1542.)

L'anatomie des os du corps humain, de Galien, traduit par maître Jehan Canappe. (Lyon, Estienne Dolet. 1541.)

De la raison de curer par évacuation du sang, de Galien. (Lyon, chez Sulpice Sabbon, pour Antoine Constantin.)

La manière de traiter les playes, faites par harquebuse, et autres bâtons à feu, par Ambroise Paré. (Paris, veuve Debris. 1552.)

Administration anatomique, de Galien, traduit par M. Jacques Daleschampes, docteur en médecine. (Lyon, 1571.)

Les morphiomones, par le docteur Levinstein. (Berlin.)

Mémoires sur les Ordonnances de d'Aguesseau, par Monnier. (Orléans, 1858. Imprimerie Colas-Gordin.)

La justice civile et criminelle dans les cahiers de 1789, par M. Preux, avocat général à Douai. (1864.)

Examen des comptes de la justice criminelle, par le docteur Vingtrinier. (Rouen, 1864.)

Le droit criminel avant la Révolution, par Campenon. (Paris, 1864.)

Les Maîtres des Requêtes et les États de Bourgogne, par Jules Pautel. (Durand, éditeur à Paris, 1864.)

Essai sur les institutions judiciaires d'Avignon, et du comté Venaissin, sous les Papes, par M. Victor Faudon, substitut du procureur général à Nîmes. (1867.)

De l'origine des épreuves judiciaires, par M. E. Châtillon, substitut du procureur général à Nancy. (1863.)

Claudius Cantiuncula, jurisconsulte Messin (XVIe *siècle*), par M. Prost. (Metz, 1868.)

Des jugements par jurés, en matière civile anciennement établis dans quelques tribunaux de la France, par M. Levrier, lieutenant général du bailliage royal de Meulan. (Mai 1790, Paris, chez Belin.)

Vie privée et criminelle d'Antoine François Desrues, détail de ses crimes. (Paris, Caillaux, 1777, in-8°.)

Paris sous Philippe le Bel, par Géraud (Paris, Crapelet, 1837).

Paris pendant la domination anglaise (1420-1439), par Longnon. (Paris, Champion, 1878.)

Antiquités de Paris, par Gilles Corrozet, avec notice de Bonnardot. (Guiraudet et Louvurt, 1848).

La ville de Paris (XVe siècle), par Guillebert de Metz. (Paris, Aubry, 1856.)

Théâtre des Antiquités de Paris, par Du Breul. (Paris, 1639).

Histoire de Paris, par Dulaure. (Paris, 1839.)

La démagogie à Paris, en 1793, par Dauban. (Plon, éditeur.)

Pariseum, par Blanvillain. (Paris, 1802.)

Les désastres de Paris, par la Commune, par Z. Mottu.

Idées anti-Proudhoniennes sur l'amour, les femmes et le mariage, par Juliette Lambert. (Lévy, Paris, 1862.)

Mémoires de Vidocq.

Mémoires de Canler, ancien chef de service de sûreté. (Paris, in-12.)

Le monde des coquins, par Moreau Christophe, inspecteur général des prisons. (Dentu éditeur, 1863.)

Curiosités judiciaires, par Warée. (1858.)

La femme dans l'antiquité, par de Rainneville. (1865.)

La femme au XVIIIe *siècle*, par Edmond et Jules de Goncourt. (1862.)

Le droit des femmes, par Al. Assolant. (1868.)

De la prostitution en Europe, par Rabertaux. (1851.)

Le Roman d'une femme, O. Feuillet, de l'Académie française. (1878, M. Lévy.)

Les rues du vieux Paris, par Victor Fournel, (Didot, éditeur.)

Les mœurs de Paris. (Amsterdam, Cortet, 1748.)

Notes sur Paris, par Faure. (Hachette, 1867.)

Histoire des galeries du Palais-Royal, par Lefaure. (Paris, Martenon, 1863.)

Huyssmans. *Croquis parisiens*.

Histoire des barrières de Paris, par A. Delvau. (Paris, Dentu, 1863.)

Le vrai théâtre de Paris, par Dessessart, avocat au Parlement. (Paris, 1777.)

Histoire de saint Louis, par le sire de Joinville, publié par de Wailly. (Didot éditeur.)

Le Roi des grecs, par Adolphe Belot. (1881).

Les amours d'un interne, par Jules Claretie. (1881.)

Héquet. — *De l'indécence aux hommes d'accoucher les femmes et de l'obligation aux mères de nourrir leurs enfants.* (Paris, 1744. In-12.)

Instructions chrétiennes sur la manière dont on doit se conduire en carême et sur les désordres du carnaval. (Paris, 1722. In-12. — Lottin.)

Ordonnance de S. M. (21 février 1752) *contre les indécences dans les églises de Paris, contre les dames qui y sont en robe abattue sans ceinture.*

Sentence de police du 28 juin 1732, *expulsant les locataires d'une maison dépendant du monastère des Prémontrés de la Croix-Rouge, rue de Sèvres, où ont lieu des scènes de débauche en un appartement ayant vue sur l'église du couvent.*

Décentralisation de la Préfecture de police, par C. Macé. (1870.)

Projet de loi rattachant le budget de la Préfecture de police au budget de l'État. (Avril 1881.)

TABLE ANALYTIQUE DES MATIÈRES

LA DÉBAUCHE A PARIS

LE DIVORCE

PIÈCES JUSTIFICATIVES

FIN DE LA TABLE ANALYTIQUE DES MATIÈRES

Paris. — Imp. E. Capiomont et V. Renault, rue des Poitevins, 6

Documents manquants (pages, cahiers...)

NF Z 43-120-13